中国传统礼仪文化的现代审视

田洁 著

吉林科学技术出版社

图书在版编目(CIP)数据

中国传统礼仪文化的现代审视 / 田洁著. --长春：
吉林科学技术出版社，2019.12
ISBN 978-7-5578-5227-6

Ⅰ. ①中… Ⅱ. ①田… Ⅲ. ①礼仪－文化研究－中国
Ⅳ. ①K892.26

中国版本图书馆 CIP 数据核字(2020)第 004249 号

ZHONGGUO CHUANTONG LIYI WENHUA DE XIANDAI SHENSHI
中国传统礼仪文化的现代审视

著　　田　洁
出版人　李　梁
责任编辑　李思言
封面设计　崔　蕾
制　　版　北京亚吉飞数码科技有限公司
开　　本　710mm×1000mm　1/16
字　　数　204 千字
印　　张　15.75
印　　数　1—5 000 册
版　　次　2021 年 1 月第 1 版
印　　次　2021 年 1 月第 1 次印刷

出　　版　吉林科学技术出版社
发　　行　吉林科学技术出版社
地　　址　长春市人民大街 4646 号
邮　　编　130021
发行部传真/电话　0431－85635176　85651759　85635177
　　　　　　　　　85651628　85652585
储运部电话　0431－86059116
编辑部电话　0431－85635186
网　　址　www.jlsycbs.net
印　　刷　北京亚吉飞数码科技有限公司

书　　号　ISBN 978-7-5578-5227-6
定　　价　86.00 元

前　言

中国具有五千年的文明史,素有"礼仪之邦"的称呼,中国人也因彬彬有礼著称于世。礼仪文化对中国社会历史有着深远与广泛的影响,并且中国传统礼仪文化内容十分丰富,是中国传统文化的一项重要内容。中国礼仪文化源远流长,最早形成于"三皇五帝"时代,根据记载,在尧舜时期,吉礼、凶礼、宾礼、军礼、嘉礼"五礼"就已经形成,并建立了一套完整的礼仪制度。之后,经过夏、商、周的发展与完善,诞生了很多古代文人必读的经典,如《仪礼》《周礼》《礼记》等,并且成为历代王朝制礼的基础,在社会的各个方面加以渗透。礼仪是人类社会关系的一种必然反映,这可以从中国历史发展中礼仪规范的形成与变迁中看出来。

在世界四大文明古国中,中国是唯一一个没有发生文化中断的文明。中国的礼仪文化以其中正、平和的特点,不仅影响着中华民族的发展,还对人类文明的发生发展有着深远的影响。要想对中国传统文化有所了解,就必须了解中国的传统礼仪文化。但是,任何一个民族都不可能是一成不变的,而是随着时代的发展,不断与时俱进,取其精华、去其糟粕,从而使优秀文化的因子在历史的长河中历久弥新,对民族的精神与面貌产生深远影响。基于此,作者从现代视角审视中国传统礼仪文化,精心撰写了《中国传统礼仪文化的现代审视》一书,以期让更多人了解中国的传统礼仪文化,并且将中国的礼仪文化发扬光大。

本书共包含九章。第一、二章开篇明义,对传统礼仪的内涵、缘起与流变进行分析。第一章从传统礼仪的内涵、本质、特点及其感情色彩上分析传统礼仪的内涵。第二章探讨了传统礼仪的历史变迁、演变原因以及向现代礼仪发展的途径。第三章对传统礼仪与中国传统文化的关系展开探讨,具体分析了礼与中国文明的起源、礼是中国传统文化的核心与表征、礼仪产生于传统文化、中国传统礼仪的基石——礼者,敬人也以及礼与中国人文精神。第四章至第七章为本书的重点,分析中国传统礼仪文化的各个层面。第五章为古代五礼制度,即吉礼、凶礼、宾礼、军礼、嘉礼。第六章为古代人生礼仪,包含古代诞生礼、寿礼、婚礼、丧礼。第六章为古代伦常礼仪,即古代君臣之礼、父子之礼、夫妻之礼、兄弟之礼、师生之礼。第七章为古代日常交际礼仪,包含古代交际礼仪、个人礼仪、餐饮礼仪、节俗礼仪。第八章与第九章是从现代视角入手,分析传统礼仪的现代意义以及传统礼仪与现代礼仪的关系。第七章分析了传统礼仪对德育、国民素质提升、核心价值观培育、科学发展的意义。第八章分析了传统礼仪与现代礼仪的区别以及中国礼仪的现状与走向。

本书具有系统性,对中国传统礼仪的各个层面展开分析,包含古代五礼制度、人生礼仪、伦常礼仪、日常交际礼仪,以便让读者对这些内容有清晰的把握。同时,本书亮点突出,因为中国传统礼仪文化随着时代的发展需要与时俱进,对于有些内容,不可能原封不动地拿过来,而需要采取批判继承的态度,所以必然需要从现代意义审视中国传统礼仪文化。可见,对传统礼仪文化与现代礼仪的关系进行探讨显得非常必要。

本书在撰写过程中参阅了许多有关我国传统礼仪文化的著作,也引用了许多专家和学者的研究成果,在这里一并表示衷心的感谢。由于时间仓促,作者水平有限,书中难免存在错误与疏漏,恳请各位专家、学者不吝批评指正,欢迎广大读者多提宝贵意见,以便本书日后的修改与完善。

作　者
2019 年 11 月

目　录

第一章 文明古国,礼仪之邦——
传统礼仪的内涵

一直以来我国都十分注重礼仪,而且以"文明古国""礼仪之邦"著称于世。在五千年的历史长河中,我国形成了一套宏达的礼仪思想和规范,而且精髓深入人心,对人们的伦理道德和行为规范有着重要的影响作用。这一套完整理论思想和规范逐渐形成了一种"文化",即传统礼仪文化。本章将对我国传统礼仪的内涵进行详细说明。

第一节 中国传统礼仪的内涵与本质

礼仪是内涵丰富且不断变化发展的概念。在古代,"礼仪"一词时常出现在各类著作中,而且是思想家、哲学家和教育家关注和研究的重点。以下就对中国传统礼仪的内涵与本质进行简要分析。

一、中国传统礼仪的内涵

(一)传统礼仪的定义

在中国传统文化中,"礼仪"是"礼"和"仪"的综合。其中,"礼"是指尊重,即在人际交往中尊重自己和他人,古人讲"礼仪者,敬人也",实际上是一种待人接物的基本要求。"仪"是指仪者仪式,即尊重自己和别人的表现形式。可以说,礼仪是尊重自己和他人的表现形式,是一种待人接物之道,也是一种交往艺术。

传统礼仪是指人们在不同历史、风俗、制度和潮流等影响下,在社会交往中表示互相尊重,在仪表、仪容、仪态、仪式、言谈举止等方面约定俗成的、共同认可的规范与程序。[①] 从个人修养的角度来讲,礼仪是一个人内在修养和素质的外在表现。从交际的角度来讲,礼仪是一种交际方式或方法,是人际交往中适用的一种艺术。我国传统礼仪在形成良好人际关系和处世态度、养成具有民族特色的生活习惯以及维护社会稳定、推动社会发展等方面发挥着重要的意义和作用。

(二)传统礼仪的范围

柳诒徵所曾说:"故中国古代所谓'礼'者,实无乎不包,而未易以一语说明其定义也。"由此可以看出,传统礼仪范围非常广泛。法国学者孟德斯鸠曾说:"中国人的生活完全以礼为指南。"他指出,中国人将风俗、法律、礼仪等融合在一起,这些都是道德,都是品德,也是礼教;中国人整个青年时代都在学习这种礼教,而且一生都在实践这种礼教,这些礼教渗透至人们生活中的各个细微之处。作为一个西方人和旁观者,孟德斯鸠在许多方面观察得都很清楚。实际上,中国人不仅将风俗、法律、礼仪等混在一起,而且还将制度和教育混在一起,说中国"以礼为指南"也是非常贴切的。

在中国传统文化中,"礼"占据着极其重要的地位,而且映射着中国的风俗习惯和政治历史。具体而言,中国传统礼仪主要包含以下几个方面。

(1)仪式、仪典、仪礼。《仪礼》是中国春秋战国时代的礼制汇编,也是"三礼"之一,是记载周代婚、丧、朝、祭等各种礼仪的著作。

---

① 郭瑞民. 中国的礼仪文化[M]. 芜湖:安徽师范大学出版社,2012:2.

（2）礼节、规矩。传统礼仪包括礼节和规矩，即注重个人行为举止方面。

（3）法度、准则。传统礼仪包括国家政治生活中的制度、法律、规则等，如《国语·周语下》云："所以宣布哲人之令德，示民轨仪也。"《管子·形势解》云："法度者，万民之仪表也。"这些都表明礼仪功能的重要性。

（4）容貌、举止。这里的容貌、举止是指容止仪表、体态风度，它们是传统礼仪的重要内容。

（5）礼物。这里的礼物指的是贺仪、奠仪，即在不同的仪式上赠送的礼物。

二、中国传统礼仪的本质

北宫文子指出，礼为政之本就在于区分"君臣、上下、父子、兄弟、内外、大小"（《左传·襄公三十一年》）。荀子在《王制》中提出，礼仪的本质可用"分"这一字来概括。"分"即等级，可以说中国传统礼仪的本质就在于维护等级。

中国古代社会等级分明，是典型的等级社会，因社会地位的不同，社会成员被划分为不同的社会阶层。中国传统的等级制度具有开放性和多样性特点，根据不同的标准可以分为不同的等级，如宗法等级、爵秩等级、官僚的秩品阶位等级等。因等级之分而有了君臣上下之分，有了权力大小之分，有了衣、食、住、行等外在形式之分。社会成员之间的尊卑等级，主要是通过服饰、饮食、起居、器皿等外在物化的符号体现和区分的。例如，在传统礼仪中，礼器中的鼎十分重要，鼎数量的多少与社会等级和权力有着直接的关系，《左传》《战国策》都记载了各诸侯国想要从周天子手中抢夺周鼎的历史事件，这说明鼎在当时是十分重要的，象征着一个国家的权力。

在等级社会的人际交往中，礼仪是非常重要的媒介，它首先严格区分和规定了人们的身份和地位，然后在此基础上以相应的规范去指导人们的交往过程。例如,在举行典礼时,等级差别一般通过宫室、衣服、鼎器、车舆及其装饰表现出来,并以多少、华素等来体现尊卑贵贱。此外,在交往活动中,还可通过人的仪容,如进退、登降、坐兴、俯仰等来判断礼仪交往中人们的尊卑贵贱。在古代燕礼中,这种等级制度体现得更为明显。参加者的席位安排以及饮酒次序都要体现出尊卑与等差。在席位安排方面,地位越尊贵,离国君的距离越近。燕礼包含正献、旅酬、无算三个主要程序。其中,旅酬是指按照由尊而卑的次序酬酒。《燕义》云:"献君,君举旅行酬而后献卿,卿举旅行酬而后献大夫,大夫举旅行酬而后献士,士举旅行酬而后献庶子。俎豆、牲体、荐羞,皆有等差,所以明贵贱也。"通过礼仪,人的尊卑与贵贱体现得十分清晰。此外,燕礼中的朝觐仪式,即诸侯、大臣觐见天子的仪式安排也展现了君臣之间的等级关系。《仪礼·觐礼》对此有详细的规定:"诸侯觐于天子,为宫方三百步,四门;坛十有二寻,深四尺,加方明于其上。方明者,木也,方四尺,设六色:东方青,南方赤,西方白,北方黑,上玄,下黄。设六玉:上圭,下璧,南方璋,西方琥,北方璜,东方圭。——上介皆奉其君之旗置于宫,尚左。公、侯、伯、子、男,皆就其旗而立。"由此可以看出,当诸侯觐见天子时,宫殿的尺寸、摆设、颜色等都有严格的规定,而且诸侯的爵位不同,所属位置也不相同。这些具体且细微的安排,一方面是为了显示天子的至高地位,另一方面是为了表现诸侯的臣服与忠诚之心,"君臣大义"在这些细致而烦琐的礼规中得到了彰显。

在封建社会,等级之别在衣冠上体现得尤为明显,可以说衣冠是等级之别的象征。《后汉书·舆服志》有云:"夫礼服之兴也,所以报功章德,尊仁尚贤。故礼尊尊贵贵,不得相逾,所以为礼也,非其人不得服其服,所以顺礼也。顺则上下有序,德薄者退,德盛者缛。故圣人处乎天子之位,服玉藻邃延,日月升龙,山车金根饰,黄屋左纛,所以副其德,章其功也。"由此可以看出,在古代人们常通过服饰的色彩、材料、装饰等来区分等级,彰显尊卑贵贱。人们也必须遵守与自己等级要求一致的生活方式,不能有僭越行为。《荀子·王制》亦云:"衣服有制,宫室有度,人徒有数,丧祭械用,皆有等宜。"汉代贾谊指出:"奇服文章以等上下而差贵贱,是以高下异,则名号异,则权力异,则事势异,则旗章异,则符瑞异,则礼宠异,则秩禄异,则冠履异,则衣带异,则环佩异,则车马异,则妻妾异,则泽厚异,则宫室异,则床席异,则器皿异,则食饮异,则祭祀异,则死丧异。"(《新书·服疑》)这充分说明中国古代社会成员的等级划分在衣、食、住、用、行等方面有着显著的体现。也正因为如此,在古代社会,人们可以通过一个人的着装、饮食等准确判断这个人的社会等级地位,即"见其服而知贵贱,闻其章而知其势"(《新书·服疑》)。严谨的礼仪规范、明显的等级制度也在一定程度上加强了中国等级秩序的稳定。

第二节　中国传统礼仪的特点及其情感色彩

中国传统礼仪有着博大精深的内涵,渗透至政治、生活的各个方面,既表现为外在的礼节,又表现为内在的精神与道德。作为意识形态的上层建筑,传统礼仪有自身鲜明的特点和情感色彩。了解传统礼仪的特点与情感色彩,有助于深化认识传统礼仪。以下就对中国传统礼仪的特点及其情感色彩进行具体论述。

一、中国传统礼仪的特点

纵观中国历史,中国传统礼仪有着独有的特点,集中体现在以下几个方面。

(一)规范性

最初,礼仪仅仅是人们生活习俗的一部分。在古代社会,人们为了祭祀，或是战争、出航、造屋奠基之类的大事，或是庆祝丰收、欢度节日，或是纪念诞生、成年、婚姻、丧葬等日子，都会举行相应的仪式。但是，这些仪式并不严谨和规范，而是具有一定的随意性，没有严格的约束机制。随着物质生产的发展、人们精神文明的提高以及阶级和国家的出现，国家统治者出于统治需要，对民间早已存在的一系列礼仪加以规范，要求人们统一遵循和严格按照这一规范去做，这种有着国家法典制度性质的规范通常称为"礼制"。

礼制形成之初，主要在统治阶级中施行，《周礼》中所说的吉、凶、军、宾、嘉五礼，可以说都是国君、诸侯、士大夫们举行的礼仪，与民众无关。当时的民众被称为"庶人"，《礼记·典礼上》中说："礼不下庶人"。到春秋战国时期，孔子强调礼是人的一个普遍的行为准则，从而将礼推向全民阶层，出现了"礼下庶人"的转折，礼制开始从统治阶级推向民间，要求全体人民加以遵循。

总体而言，礼仪是在人类共同生活的基础上形成的，是同一社会成员调节相互关系的行为规范。作为一种约定俗成的自尊、敬人的方式，礼仪的规范性表现在人类生活的各个方面，任何人都无条件加以遵守。

(二)差异性

"十里不同风，百里不同俗"，这一俗语也说明了礼仪要受时间、地点等因素的影响，甚至同一礼仪会因时间、地点和对象的不同而发生变化，这也体现了礼仪的差异性特征。具体而言，礼仪的差异性主要体现在以下几个方面。

第一，民族性差异。中国拥有众多民族，每个民族都是在特定的自然和社会条件下形成的，而且有着独特的历史文化、风俗习惯和道德观念，因此不同的民族有着不同的礼仪风俗。"因俗而治""因俗制礼"，可以说是各民族统治阶级制定礼仪的原则。例如，古代的成人礼为冠礼，但是汉族和一些民族的加冠形式和礼节有着显著的差异。此外，我国古代婚姻"六礼"是当时社会的主流婚礼，但当时的少数民族一直保持着本民族的特点。我国少数民族中傣族的泼水节、蒙古族的敬酒礼仪等，都体现着礼仪的民族差异性。

第二，个体性差异。每个人因其地位、性格、资质等因素的不同，在使用同样的礼仪时会表现出不同的形式和特点。例如，古代的见面礼会因见面对象的不同而不同，对于帝王、诸侯、平民的礼仪是完全不同的，而且仪式差别很大。

第三，时代性差异。礼仪不是固定不变的，而是随着社会的进步而不断发展、丰富和完善的。礼仪总是体现着时代的要求，因此会随着时代的发展而产生差异。在历史的长河中，各个时代的礼仪有着很大的差异，商鞅《商君书·更法》中记载："三代不同礼而王，五伯不同法而霸。"这就说明在不同的朝代，其礼各有不同。《礼记·礼器》中指出："礼，时为大，顺次之，体次之，宜次之，称次之。"这说明了礼仪变化的原因，即时代变了，礼仪所依赖的社会基础发生了变化，人们的心理也会发生相应的变化，此时必然会引发礼仪规范的变革。

（三）传承性

《礼记·礼器》云："三代之礼一也，民共由之。或素或青，夏造殷因。"《论语·为政》云："殷因于夏礼，所损益，可知也；周因于殷礼，所损益，可知也；其或继周者，虽百世可知也。"这些都说明了传统礼仪是持续传承的，具有传承性。作为人类文明的一种积累，礼仪将人们在交际应酬中的习惯做法固定下来、流传下去，并逐渐形成自己的民族特色，这不是一种短暂的社会现象，而且不会因为社会制度的更替而消失。那些体现着人类精神文明和社会进步的主流礼仪世代相传，而且不断发展和完善。

（四）公开性

礼仪是在公众范围之内演绎的，无论是哪一种礼仪，都是以百官和庶士为对象的。礼仪的公开性使得礼仪所展示的礼制事项为广大群众所周知、为公众所确认。无论是官方的礼仪还是民间的礼仪，都是如此。以婚姻礼仪为例，男女婚姻虽属于个人的事情，但必须得到社会的承认，即使是皇帝册立皇后，也要下诏书昭告天下。再如，民间过继儿子，因其涉及抚育、养老、财产继承等问题，所以古人会邀请组长、村长以及亲友等参加，仪式公开，以为见证。

（五）强制性

法律具有明显的强制性，它是由有统治阶级所制定，用来强制人们执行的行为规则，目的是发展社会关系，巩固社会秩序。其显然与礼仪不同。在春秋战国时期，就到底是法制还是礼仪的问题展开了一场论战，法家主张"以法治国"，儒家主张"为国以礼"，两大家争论激烈，各执一端。荀子则提出了调和主张，即"援法人儒"，以礼为主，礼法统一。荀子认为，礼是基本的社会规范，应指导立法并受法律保护，礼以法律为后盾，用来治理国家。这一礼治思想受到后世儒家的认可，而且中国封建社会基本上实行的是以礼治为主的统治。

通常来讲，传统礼仪的强制性远不上法律，但我国古代十分注重礼仪，强调礼治，以礼治思想来指导法律体系，相关的法律政策处处体现着礼治精神，而且很多法律内容都是配合着礼仪规范来制定的，法律也成为保证礼仪规范实施的重要后盾。总体而言，在封建社会，法律的目的是保障礼治的通行无阻。例如，不忠不孝是对礼仪规范的破坏和违背，这在封建社会被看作最大的犯罪，而且会受到严厉的刑罚。就这一点而言，礼仪就有了明显的强制性。

（六）自律性

礼仪是社会生活中约定俗成的习惯和规则，对人们的各种行为规范都有着广泛的约束性，虽然这种约束力具有一定的强制性，但毕竟不同于法律。法律注重他律，是政府部门强制百姓去遵守社会规范，但礼仪侧重自律，主要是依靠人们自觉地利用礼仪规范来约束自己的行为，自觉地去遵守社会规范，这就是礼仪的自律性。礼仪的这一特点要求人们在实施礼仪的过程中，树立起一种内心的道德信念和行为修养准则，不断提高自我约束和自我克制的能力，在人际交往中自觉地遵守礼仪规范。但礼仪的自律性并不是说礼仪就可以随意冒犯，不注重礼仪的人在社会生活中就会处处碰壁，难免会遇到尴尬的事情，而自觉地遵守礼仪规范则能避免尴尬的情况发生，处处受人尊重。

二、中国传统礼仪的情感色彩

中国传统礼仪不仅特点突出，而且具有强烈的情感色彩，能够使整个仪式场所充满感情氛围，进而有力推动行为的进程和既定目标的实现。具体而言，传统礼仪的情感色彩集中体现为以下几个方面。

(一)隆重

一般情况下，在古代的政治或带有政治性的祭祀活动中，常会举行隆重的礼仪，这种礼仪的主礼者与参礼者职位、规模、服饰和利器的规格都是最高级的，而且声势浩大。在封建社会，这样的礼仪适用于皇帝登基、禅让大典和封禅大礼。例如，《旧唐书·礼仪志》记载唐玄宗泰山封禅时，规模巨大，不仅台坛、玉牒、玉策、金绳、玺印等精致完备，而且礼仪之斋戒、祭天、三献读祝、焚燎、祀地等环节纷繁，所耗时间达七天之久，其扈从兵卫，声势浩大。

(二)喜庆

在传统礼仪中，很多礼仪都传达着喜庆的气氛，其中最为喜庆的节日是皇帝、太后的寿辰和元正、冬至两大岁时节日，至于个人出生、成人、婚娶诸礼,不论贵贱尊卑,都是喜庆之时,都适用带有欢乐特点的礼仪予以庆祝。此外,皇帝的游幸及庶民的拜月、登高、春秋赛社等相关礼仪,也属此类。

(三)和谐融洽

在传统礼仪中,很多是以营造和谐融洽的气氛为主的。这种礼仪多以人际交往为主,上至国与国的外交往来,下到人与人的相见会晤,凭借礼仪表现宾主双方的文明礼貌、和善谦让。

(四)威严

古人非常重视礼仪的威严性,特别是君主的威仪,关系到国家治乱兴亡的大事,而君主的威仪是通过一定的仪式赋予的。《后汉书·礼志》开宗明义就说:"夫威仪,所以与君臣,序六亲也。若君亡(无)君之威,臣亡(无)臣之仪,上替下陵,此谓大乱。大乱作,则群生受其殃,可不慎哉!"统治阶级需要通过礼仪营造一个威严的气氛,保持对被统治阶级的高压统治。

(五)肃穆

古人重视祀神祭祖,其于郊祀、五帝、五祀、地祇、太岁、朝日、夕月与星宿山川、祖庙以及历代帝王、孔庙、关帝、贤良、昭忠等祠的祭祀都有一套相应的礼仪,在肃穆的气氛中礼神敬祖。

(六)悲哀

在传统礼仪中,有些是用来表达人们的悲哀情感的,如丧礼、葬礼以及对亡者的追思、缅怀和祭奠等有关礼仪。比较隆重的有帝后崩殂的营陵、出殡、奉安、袝庙等国丧和官庶的丧葬礼仪。传统的丧葬礼仪程序繁多,礼数复杂,举其要者有易箦、属纩、沐浴、饭含、小敛、倚庐、枕块、发讣、吊丧、哭临、立主、大敛、铭旌、殡、发引、执绋、窆葬、封树、守庐、反哭、虞祭、卒哭、班袝、小祥、大祥等,每个程序都弥漫着悲痛的气息,都有具体的礼仪。

　　总体而言,中国作为文明古国和礼仪之邦,其传统礼仪有着丰富的内涵,不仅范围广泛、特点鲜明,而且极富情感色彩。了解传统礼仪的内涵与特点,可以更加深刻地认识传统礼仪的本质,进而对优秀的传统礼仪加以传承和发展。

第二章 为礼以教人,使人以有礼——传统礼仪的缘起与流变

文化的发展具有累积性的特点,中国礼文化的形成与发展经历了一个漫长的历史演变过程,在这个过程中,礼的内涵也在不断地丰富与变化。纵观整个中国历史的变迁,我们可以看到礼仪所呈现出的阶段性特征,也可以清晰地看到不同时期的礼仪之间的联系与发展。本章主要分析传统礼仪的缘起与流变。

第一节 传统礼仪的历史变迁

礼的最早的表现形式是祭祀——对天地自然和神鬼祖先的祭祀,它主要处理的是人与神的关系。原始初民由于受到自然界的沉重压迫,把自然力和自然物神化,为了求福避祸,便把希望寄托在神的庇佑上,原始祭祀仪式就由此产生。

一、先秦时期的礼仪

如果把文化理解为人的一种生活方式,那么礼就生动地体现了古代中国人的生活方式。我们可以想象中国原始初民的生活状态,他们生活在无知的山谷里,对于生命、死亡、自然的变化以及周围的环境充满无知、恐惧与好奇。人们处在一种完全被奴役的状态,为了给自己一个解释,让自己生活得更有安全感,他们想到了一个方式来安慰自己的心灵。于是,那些死去的先人以及自

然的各种方面都幻化为神灵，并对现世产生决定性的深远影响。

正如英国人类学家马林诺夫斯基所说的那样："野蛮人恒常都是生活在神秘主义与仪式主义的世界里面。"为了与他们沟通并寻求他们的保佑与庇护，原始初民就想到通过各种方式去表达对他们的尊崇。这时的礼仪主要体现为祭祀之礼，通过祭祀祖先与自然神，达到人神沟通。

但是，随着阶级与国家的出现，这种祭祀的权利逐渐被权力阶层垄断，早期的人神关系也就由"民神不杂""民神杂糅"走向"绝地天通"的阶段，这种垄断也就由权力的主体部落联盟向国家联盟转变。

（一）夏、商、周三代：从宗教之礼到人文之礼的转变

把夏礼、商礼、周礼三礼相提并称始于孔子，非常熟悉古代文献的孔子从文化发展的连续性的角度指出了三代文化之间的"损益相因"。这在《论语》和《礼记》中都有所记载，如"子曰：殷因于夏礼，所损益，可知也；周因于殷礼，所损益，可知也。其或继周者，虽百世，可知也"。（《论语·为政》）孔子的这句话给我们提供了这样的信息，那就是"礼"从来就不是一成不变的，历代都要根据时代变迁而有所"损益"。

《论语·八佾》："夏礼，吾能言之，杞不足征也；殷礼，吾能言之，宋不足征也。文献不足故也。足，则吾能征之矣。"另外，在《礼记·中庸》云："子曰：吾说夏礼，杞不足徵也。吾学殷礼，有宋存焉。吾学周礼，今用之，吾从周。"据此可以推知，在中国文化的源头，夏代已经有"礼"，并且夏、商、周三代的"礼"之间有继承关系，周礼对夏礼和殷礼有历史继承关系，作为一种文化思想的遗产，对之曾有所"因革"和"损益"。那么，这三礼之间的联系与区别又何在呢？春秋时代，孔子在研习夏礼、殷礼时常慨叹文献"不足征"，我们今天如何能够准确分辨出它们之间的不同呢？人们借助考古学的帮助对早期的礼仪生活有了些认识。

1. 夏、商：宗教之礼，沟通人神

夏代是一个神秘的朝代，因为缺少文字上的证明，夏代文化的很多东西现在都处于不可考的阶段。在中国最早的文字——殷墟甲骨卜辞中，就有许多关于祀典及祭法的名称。可见，在殷代已经有了成系统的祭祀礼仪。商代是"巫"文化色彩浓厚的朝代，巫、史、祝、卜之类的神职人员是当时社会的最高文化阶层，是天地、先帝和现世人类之间的媒介，在国家的重大活动中起着决定作用。

商代社会弥漫着浓厚的神秘色彩，其文化特点为尊神重鬼，故可以称为"神本文化"。《礼记·表记》描述了夏、商与周三代文化之间的根本差异："夏道遵命，事鬼敬神而远之。……殷人尊神，率民以事神，先鬼而后礼。……其民之敝，荡而不静，胜而无耻。……周人尊礼尚施，事鬼敬神而远之。"也就是说，夏代人是尊崇政令，殷代人是尊崇鬼神，以鬼神为先而以礼教为后，周代人尊崇礼法。所以，虽有夏礼、殷礼与周礼之说，但其含义显然不同。夏礼、殷礼可以说是鬼神之礼、沟通人神关系之礼。

人们因为崇尚鬼神，故敬天祀祖，盛行占卜，用占卜沟通神人，对神秘的天虔敬无比。但是，虔敬总是要通过一定的形式表现出来，祭祀仪式则由此产生。这种祭祀仪式就是最初意义上的礼，也就是敬献礼物、举行仪式等。殷人的祭祀对象有三类：天神、地祇和人鬼。人不仅生活在现实世界，还生活在一个符号的意义世界——文化世界。对于人与神的沟通，殷商时代主要是通过一系列比较成熟的符号来表达人的情感以达到交往的目的的，所以就有了语言、文字、器物、行为、乐舞等具体的规定。殷人通过各种方式以达到感应神，并达到祈福的目的。

由于殷人的社会观念建立在神秘信仰的基础上，其在社会治理上是把希望寄托于天帝神灵的保佑和赐福，而不注重自身的进取，常常置道德的教导与礼的约束于不顾，从而在现实上采取彻底的享乐主义态度，这最终导致了殷王朝的灭亡。

2. 周代：人文之礼，注德于礼，以礼治国

作为偏处西方的一个小部族，周从崛起、壮大再到克商建周，经历了一个漫长的历史过程。打败了极端信奉敬畏鬼神的殷朝大邦，具有深切忧患意识的周朝并没有沉迷于胜利的喜悦，而是对殷政权的灭亡进行了深刻的反省。最后他们得出结论：商之所以覆灭，重要的教训在于商迷信天命，忽视了道德。仅仅依靠鬼神的力量是不行的，所以周公说："非天庸释有夏，非天庸释有殷；乃惟尔辟以尔多方，大淫图天之命，屑有辞。乃惟有夏图厥政，不集于享，天降时丧，有邦间之。乃惟尔商后王逸厥逸，图厥政，不蠲烝，天惟降时丧。"（《尚书·多方》）于是，为了维持其政权的稳固，周朝建立了新制度，进行了文化创新。

制度上的创新表现为在继承殷制的基础上，建立了一套完整的宗法等级制度。近代历史学家王国维在其名篇《殷周制度论》中进行了这样的概括："周人制度大异于商者，一曰立子立嫡之制，由是而生宗法及丧服之制，并由是而有封建子弟之制，君天子诸侯之制。二曰庙数之制。三曰同姓不婚之制。此数者因之所以纲纪天下。其旨则在纳上下于道德，而合天子诸侯卿大夫庶民以成一道德之团体，周公制作之本意实在于此。"

制度上的创新呼唤文化的创新，周公"制礼作乐"，把道德的精神注入礼中，礼从此也就发生了革命性的变革：商代的鬼神之礼转变为西周以道德为核心的礼制，用礼来确定上下尊卑等级差别。这源于现实政治需要的礼，逐渐成为西周政治生活、经济生活、社会生活以及家庭生活各种行为规范的准则，在当时的社会生活中具有重要的地位。礼由夏、殷时期的主要沟通人神关系的礼开始世俗化，转变为处理人与人之间关系的礼。在成书于春秋战国时期的《周礼》《仪礼》和《礼记》中，非常详细地记述了周代的礼仪制度，也可以得知周代已经发展了相当完备的礼仪制度。

正是在此意义上，王国维认为周代是一个政治和文化发生巨大变革的时代。他说："中国政治与文化之变革，莫剧于殷周

之际。……故夏、殷间政治与文物之变革,不似殷周之剧烈矣。殷周间之大变革,自其表言之,不过一姓一家之兴亡与都邑之转移;自其里言之,则旧制度废而新制度兴,旧文化废而新文化兴。"(《观堂集林·殷周制度论》)这种新制度与新文化肇始于西周的宗法制度与"礼乐"文化。"概括地说,西周时期礼文化的重要特征表现在两个方面:一是神学特色极度浓厚的人神之礼向人学特色占绝对上风的人伦之礼的转变;二是亲亲、尊尊成为贯穿周礼的主要思想观念。"但是,源于现实政治需要而产生的周礼,随着周王朝的衰落也不可避免地走向崩溃,当面对时代的巨大变迁以及政治生态的巨大变化时,周礼又该如何变化呢?

(二)春秋战国时期:礼仪的理性思考

东周时期中国社会发生重大变化,宗族国家"礼崩乐坏",开始向地域国家的郡县制转变,在礼仪的宗教色彩逐渐淡化的同时,礼学逐渐形成。由先秦两汉儒家学者保存、整理下来的礼学原典,即《仪礼》《周礼》和《礼记》,《仪礼》后来被称为"礼经",它主要包括典章制度和行为习惯两方面内容。

春秋战国时期是一个"礼崩乐坏"的时代,又是一个充满血腥、战乱与无数变数的动荡年代,它也是德国哲学家卡尔·雅斯贝斯(Karl Jaspers)所称的人类文明的"轴心时代"。在这个时代,作为天下之"共主"的周天子已经失去昔日政治上的绝对权威,于是诸侯争霸、血雨腥风。政治上的混乱与动荡却丝毫没有阻挡中国文明精神的重大突破,气象恢宏的"诸子百家争鸣"带来了中国文化上的辉煌。滥觞于两周的礼文化在诸子百家的争鸣中发展与成长,并在儒家的努力下逐渐走向大众,成为中国传统文化的主流。

春秋时代的礼世俗意味浓厚,礼成为人们生活中极为重要的观念。可以说,礼是春秋时期文化的代名词。这一时期的礼文化呈现出以下两个特点。

第一,开始注意"礼""仪"之辩,注重礼的形式与本质的区分。所谓仪,是指外在的行为规范,也可称之为形式、仪节,在《礼记》

中称为礼之"数"或礼之"文"；质则指内涵与精神，在《礼记》中称之为礼之"义"或礼之"本"。春秋以前，礼与仪是浑然一体的，但是到了春秋时期则有礼与仪之区分，《左传·昭公五年》记载了有名的女叔齐的礼仪之辩。被驱逐的鲁昭公访问晋国，虽然彬彬有礼，但在女叔齐看来，其并不知礼。女叔齐指出礼之本在于掌握权力，治国安邦，礼之末是揖让。鲁昭公执著于琐碎形式，却失去权力，他并没有懂得礼的真正意义。"按照儒家礼思想的传统，在理解礼的意义和变迁中，最重要的是区分'礼'和'仪'；或者用另外一种后来儒家常用的分疏，即强调'礼之本'和'礼之文'的分别。"

第二，礼与德的关系日趋密切。因为有了"礼""仪"之辩，所以也就开始注重探讨维系礼存在的精神。德于是走进了人们的视野，在当时的人看来，礼的根基是内心的德，失去了德支撑的礼仪就成了纯形式。这就形成了以礼来规定德，用德来界定礼的特点。这在《左传》中也有充分的论述。

赵衰谓："礼乐，德之则。"（《左传·僖公二十七年》）

"夫礼，所以整民也。"（《左传·庄公二十三年》）

"礼，经国家、定社稷、序民人、利后嗣者也。"（《左传·隐公十一年》）

"礼，国之干也。敬，礼之舆也。"（《左传·僖公十一年》）

"让，礼之主。"（《左传·襄公十三年》）

二、秦汉隋唐时期的礼仪

（一）汉代：礼仪的学术化

秦朝一统天下，结束了六国纷争的局面。统一而强大的封建帝国格局由此产生，在中国绵延存在两千多年。《史记·礼书》称："至秦有天下，悉内六国礼仪，采择其善，虽不合圣制，其尊君抑臣，朝廷济济，依古以来。"可见，秦朝建立后，为了维护其君尊臣卑的等级皇权和社会秩序,继承了古礼的传统,吸取了其中的精华,进行了创新。但是,秦代崇尚法家,以法治国,秦二世而亡。故礼仪无论在政治生活还是人们的日常生活中都并不突出。

以法家为统治思想的秦朝的灭亡引起了汉朝统治者的反思,重新认识德与法的关系,肯定道德教化对于巩固政权的重要作用,这为儒学成为正统的统治思想奠定了基础。儒学的被尊崇带来礼仪文化的新发展。汉儒们沐浴皇恩,积极挖掘整理先贤的著作与思想,对"礼"文化进行深入的开拓,编定、诠释《仪礼》《礼记》等儒家文集,作为社会政治和行为道德规范。"礼"的系统理论臻于完善和精密。

礼仪在社会生活中的地位非常突出,大到治理国家,小到个体修养以至于人们日常生活的方方面面都受到礼仪的规范与指导,如《白虎通·礼乐》说:"有贵贱焉,有亲属焉,有长幼焉。朝廷之礼,贵不让贱,所以明尊卑也;乡党之礼,长不让幼,所以明有年也;家庙之礼,亲不让疏,所以明有亲也。此二者行,然后王道得。"

(二)隋唐:礼仪的制度化

魏晋南北朝时期,礼仪文化遭到两方面的冲击与挑战:一是佛教兴盛,对中国文化的发展产生极为深远的影响;二是知识分子阶层里玄学盛行,清谈成风。隋唐文化,气度恢宏。唐朝建立后不久就沿袭隋礼,制定唐朝新礼。太宗贞观十一年,命房玄龄、魏徵组织礼官、学士在隋礼的基础上修成《五礼》,后世则称其为《贞观礼》。

唐高宗显庆三年,又由长孙无忌、李义府、许敬宗等人作《新礼》,后世则称其为《显庆礼》。到了开元盛世,唐玄宗在学士张说的提议下,开始召集学士编定新礼。他们在隋礼、《贞观礼》和《显庆礼》的基础上进行大规模的整理,纂修《大唐开元礼》,这是我国现存最早的一部官修礼典。《大唐开元礼》共一百五十卷,仪共一百五十二。其中，吉礼七十五卷，其仪有五十有五；宾礼二卷，其仪有六；军礼十卷，其仪二十有三；嘉礼四十卷，其仪五十；凶礼二十卷，其仪十有八。

三、宋元明清时期的礼仪

（一）宋朝：礼仪的世俗化

宋代的朝廷礼制基本沿袭唐代，没有什么突破性的成就，只是在细节上有所改变而已。探讨宋代礼仪变化可以从两个层面入手：思想文化领域和民间。

首先，在思想文化领域，理学兴起。理学的建构是宋代文化最重要的标志。理学是中国后期封建社会最为精致而完备的理论体系，其对礼仪的发展具有重要的影响。宋代的理学家重新阐释礼治思想，从而强化了礼治秩序。理学的集大成者朱熹遵循正统的儒学观点，提出"礼者，天理之节文，人事之仪则也"。程颐解释《论语·八佾》说："礼者，理也，文也；理者，实也；文者，华也，末也。理是一物，文是一物。"他们以"理"释"礼"，认为纲常伦理是传统礼仪的核心，而礼仪只是一种外在的形式。他们提出"天理人欲"之辩，主张"明天理，灭人欲"，如朱熹说："圣贤千言万语，只是教人明天理，灭人欲。"（《朱子语类》卷十二）

其次，在宋代，市井阶层崛起，市井文化勃兴。自佛教传入，以儒家文化为主流的中国传统文化以及大众层面受到了强烈冲击。宋代的一些有识之士开始主张弘扬儒家文化传统，有意识地在全社会推行冠、婚、丧、祭等礼仪，致力于民间礼俗的规范化，力图将古礼变为可操作的社会生活仪式，把在社会生活中恢复古礼作为重建礼仪文化的重要组成部分。这其中最著名的当数司马光的《书仪》和朱熹的《家礼》。北宋司马光顺应时变，对《仪礼》的诸礼仪进行简化和变通，撰成《书仪》。南宋朱熹在《书仪》的基础上撰写《家礼》。这类礼书主要侧重冠、婚、丧、祭"四礼"和一些民间日常生活的行为规范,因其较为简化、和民众生活更为贴近,所以易为大众所接受和掌握。

朱熹非常注重礼仪的操作性,其所著的《家礼》特别强调强简化仪节度数,如把原来婚礼的"六礼"简化为"四礼",即将原先的纳采和问名合并、纳吉和纳征合并,把丧礼中子女守丧三年改成了一年或半年。这种在不违背礼仪本质,而在形式上进行"损益"的变革使传统礼仪对社会生活的渗透与规范具有重要意义。这样更加"切人伦日用之常",将贵族社会的古礼演变为世间普遍实行的世俗之礼。据说,朱熹的《家礼》在明清二代几乎传遍全国,成为家庭礼仪的圭臬,在明朝被视为民间社会的礼仪指南,并在政府力量的影响下成为国家的礼书,如洪武元年,政府颁令:"民间婚娶,并依《朱子家礼》。"

此外,宋代理学家还致力于乡规民约、家训格言一类文字的撰写,传统礼仪的精神要想真正支配和指导人们的生活,实现对民间生活的渗透,这需要思想家、政治家等各方面的努力。北宋政治家范仲淹在自己所置的义庄中定下十三条规矩,人称《范氏义庄规矩》;北宋吕大忠家乡制定通俗易懂的乡约,人称《蓝田乡约》。这类乡约"以德业相规、过失相规,礼俗相交,患难相恤为约",在协调乡里生活、维护宗法秩序等方面发挥了重要作用。在家训方面,有北宋司马光的《居家杂仪》和南宋陆游的《放翁家训》等。

总之,在宋代,中国传统礼仪开始与朝廷典章制度分离,走向民间,形成了全面的以礼化俗的传统。传统的上层礼制下移,贵族的礼仪演变为士庶通礼,并支配人们的现实生活。

(二)元明清时期:礼仪的冲击与衰微

公元13世纪,蒙古族以剽悍的草原游牧民族的气质入主中原,最后一统天下,建立了一个版图空前庞大的帝国,这也是中国历史上第一个由少数民族统一全国的封建王朝。因此,元朝是游牧文化与农耕文化发生激烈的冲突与融合的时期,中原礼仪文化遭到了游牧文化的猛烈冲击。虽然根据《元书·礼乐志》可以看出，元朝糅合汉礼，立足本俗，制定了元朝礼制，但是元朝统治者以及元朝贵族骨子里的排拒农耕文化的心态，使得传统礼仪在元朝处于比较低潮的时期。纵然元世祖忽必烈有改革旧俗、推行汉制的决心，但仍然没有改变这种状态。

明清是中国封建社会的后期，绵延存在几千年的中国传统文化逐渐走向衰落。朱元璋建立明朝，他非常注重礼乐教化，在他看来，建朝之初的当务之急是先正纪纲，他决定实现自己的政治理想："大兴礼乐，复三代之旧。"于是，他不断召集人议礼、修礼与制礼，在其在位的 30 余年里，编集十几部礼书，其中《明集礼》是明朝最重要的一部礼典。其他的还包括《洪武礼法》《大明礼制》《孝慈录》《稽古定制》《洪武礼制》《诸司职掌》《国朝制作》《大礼要议》《皇朝礼制》《太常集礼》《礼制集要》《礼制节文》《礼仪定式》和《礼书》等。可以说，明朝的礼仪典制绝大部分都是在朱元璋在位时制定的。

朱元璋制定礼仪的重要目的是用礼来严格区分贵贱等级，对各级官吏以及普通百姓的衣、食、住、行都加以严格规定，严防有任何僭越等级的举动，否则，"凌侮者论如律"，将对之进行极为严苛的处罚。例如，史载，德庆侯廖永忠因为用龙凤花纹而被处以极刑。虽然明朝法律严苛至此，文化专制亦空前严酷，但大概从嘉靖年间开始还是出现了越礼逾制的浪潮，并向传统礼教发起猛烈冲击。这主要是由于社会生产力的发展以及城市经济的繁荣，富裕起来的普通百姓无法忍受礼制在衣、食、住、行方面的严苛规定，于是庶民越礼逾制也就蔚然成风，社会风气由此变坏，许多人唯利是图，传统的道德观念无法指导人的日常生活，礼仪的真精神也荡然无存。

作为最后一个封建帝国，清王朝处在一个从传统社会向近代社会转型的重要位置，礼仪在理论和实践上都产生了一些新的变化。清朝以少数民族成功进入中原，尽管存在民族文化差异，但为了维持其统治，依然要重视和依靠传统的礼制。

康乾盛世之际,礼学的复兴就离不开上层的支持和推动,尤其是"三礼"馆的开办,体现了当时统治者"以礼经世"的意识。明亡清兴,对一些知识分子而言也是一个文化事件,在理论层面的反思成为清初礼学返本开新的契机。许多学者把明清之际的儒家思想的重大转折概括为"以礼代理"。清初儒者一方面在形而上的基础上对宋明理学做出批判和反省,一方面在现实中更加关注礼的社会实践意义。

从清初到晚清,西方文明日趋渗透,传统文明面临"三千年未有之大变局",而礼仪的演变在这中西方文化交流的激荡中体现出民族性与世界性、时代性与保守性的紧张关系;清廷与罗马教廷之间的一场"礼仪之争"以及意味深长的"华夷之辨"可以看作历史的注脚。也正是从这些微观的层次上,如从跪拜到鞠躬,再到握手的变迁中,可以理解礼的精神和形式发生的细微变化,而这正是我们研究其历史变迁对于当前的创造性转化的意义。

第二节 传统礼仪演变的原因

从古典礼仪到当代礼仪,是礼仪漫长的发展变化过程。礼仪是中国传统文化的一部分,而"中国传统文化指的是以中华文化为源头,中国境内各民族共同创造的、长期历史发展所淀积的文化。……传统文化是对于文化的传承而言的,它强调的是文化的本源和沿着这个本源传承下来的全部文化遗产,它不局限于古代,而是迄今为止中华民族经过筛选、淘汰、不断丰富又不断增长的人文精神的总和"。

当代礼仪是沿着殷周礼仪乃至原始习俗这个本源,不断甄选、淘汰又不断丰富发展变化的结果,和其他客观事物一样,礼仪的发展变化也有其必然的原因。

一、礼仪自身发展变化的结果

(一)礼仪自身在不断变化着

礼仪的变化实际是礼仪自身由低级到高级的发展过程。《史记·礼书》:"故大路(王车)越席(蒲草席),皮弁布裳,朱弦洞越(瑟底孔),大羹(不加盐的肉羹)玄酒(清水),所以防其淫侈。"周天子祭天的车上铺着草席,祭祀时戴鹿皮帽穿白布衣,琴简陋带洞,祭祖用淡羹白水,为什么呢?司马迁认为是为官民树立简朴的榜样,防止过分的奢侈,挽救追求雕饰的弊端。但这也是保留的礼仪初始状态,至少在汉代的礼仪中,仍然可以看到礼仪的原始遗存。但这些只占礼仪的很小部分,若与盛大的礼仪整体和后世豪华的礼仪比就可看出,礼仪本身的发展程度是多么大了。下面以拜礼为例进行说明。

(1)原始人的身姿决定了古人的坐姿。礼仪自身发展变化以拜礼最为明显。自三代以迄秦汉,跪拜之礼,于人是极为平常之事,并非特别重大之举。跪拜礼萌芽于原始人类的身体进化特征,姚荣涛在《"跪拜礼"的起源与消亡》中说:"人类刚刚能直立行走时,他们的行走姿势大约与现在动物园中猩猩单用后肢行走时的姿势差不多,弯腰曲背,身体前倾,步履蹒跚,前肢下垂,离地面很近。以这种姿势行走的人们,当他们站定表示友好或敬意时,前肢着地,后肢弯曲就是很自然的了。人类的先祖在静止时比行走时更不易保持直立,这一点在近代力学中是找得到原理的。已经能直立行走的人类,做出的后肢弯曲,前肢着地的姿势,就是跪拜礼的雏形。"

古人的坐姿决定了"跪拜"的出现,原始人的身姿,其后肢再进一步弯曲,将臀部就势放在脚后跟上,就是坐。古人的"坐",亦谓之"跪",《康熙字典·土部》:"古者谓跪为坐。"《礼·曲礼》:"先生琴瑟书策在前,坐而迁之。"

　　但跪与坐略有不同,臀压于踵者谓坐,臀稍离踵者谓跪。坐与跪姿态相近,故二者常连言为跪坐,《庄子·在宥》:"乃斋戒以言之,跪坐以进之,鼓歌以舞之。"

　　跪坐的上身略向前倾,如果上身伸直,则称危坐。危,高也;危坐显得比跪坐高。《释名·释姿容》:"跪,危也。两膝隐地,体危貌也。"

　　《史记·日者列传》:"宋忠、贾谊瞿然而悟,猎缨正襟危坐,曰……"

　　如果上身挺直的同时,臀部也离开脚踵,膝以上伸直,则称为长跪或跽。长跪与跽的体势是一样的,区别在于当时的神情和发生的情况。其中神情恭肃者为长跪,如《战国策·魏策四》:"秦王色挠,长跪而谢之曰:'先生坐,何至于此,寡人谕矣。夫韩、魏灭亡,而安陵以五十里之地存者,徒以有先生(唐且)也。'"秦王向唐且道歉,神情庄肃,故行文曰长跪。

　　《古诗·上山采蘼芜》:"上山采蘼芜,下山逢故夫。长跪问故夫,新人复何如?"一对分手的夫妇,席地跪坐,当问起新妇情况,话题敏感,故挺起身子而长跪。

　　《饮马长城窟行·古辞》:"客从远方来,遗我双鲤鱼。呼儿烹鲤鱼,中有尺素书。长跪读素书,书中竟何如?上言加餐饭(《昭明文选》作食),下言长相忆。"忽得朝思暮想之人的来信,心情激动,自然挺直上身。若跪坐时突发意外情况,心情紧张或急切,臀部抬起而膝以上伸直,则为跽。

　　《战国策·秦策》:"范雎至,秦王庭迎……秦王屏左右,宫中虚无人。秦王跪而请曰:'先生何以幸教寡人?'范雎曰:'唯唯。'有间,秦王复请,范雎曰:'唯唯。'若是者三。秦王跽曰:'先生不幸教寡人乎?'"秦王之于范雎,庭迎而屏左右,请教再三,而范只"唯唯",于是秦王急切而不解,由"跪"而挺身,故行文用跽。

　　《史记·项羽本纪》:"交戟之卫士欲止不内,樊哙侧其盾以撞,卫士仆地,哙遂入……项王按剑而跽,曰:'客何为者?'司马贞索隐:跽'谓长跪。'"樊哙闯帐,事发突然,项羽按剑而长跪,故行文用跽。

（2）古人的坐姿决定了跪拜礼的产生。古人跪坐的姿势如此，以俯身叩首表示敬意，是顺势而为的极方便的动作，不似今日这样大费周折。因此，《正字通》将坐、跪、拜三者放在一起解释："朱子谓两膝著地以尻著踵而稍安者为坐，伸腰及股而势危者为跪，因跪而益致其恭以头著地为拜。"

至周代因民俗而制跪拜礼，虽拜分九种，但跪拜并无屈辱之意，贵为周天子与诸侯宾客之间，亦以顿首、再拜为答礼。及秦王统一六国，采其"尊君抑臣"之礼，叔孙通为汉制朝仪之礼，群臣"皆伏抑首"，刘邦始知皇帝之贵。于是，秦汉之跪拜礼开始彰显君臣之间的尊卑关系。

（3）胡床的传入改变了人们的坐姿，也抬高了跪拜礼的地位。及汉末，特别是永嘉之乱后，五胡文化与中原文化融合，改变了人们的坐姿。先是汉末胡床的传入，《风俗通义校注·佚文》："（汉）灵帝好胡服、胡帐、胡床，京师皆竞为之；后董卓拥胡兵掠宫掖。"

《事物纪原·舟车帷幄部》："胡床，《搜神记》曰：胡床，戎翟之器也。"《风俗通》曰："汉灵帝好胡服，景师作胡床。此盖其始也，今交椅是也。"胡床，以绳索相连接两交叉木架，犹如今日的马扎，后来形成交椅，唐明皇时改造成逍遥椅。

《清异录·逍遥座》："胡床……相传明皇行幸颇多，从臣或待诏野顿扈驾，登山不能跂立，欲息则无以寄身，遂创意如此，当时称逍遥座。"至南宋，吴渊加荷叶托首，成后世所称太师椅。

《贵耳集》："今之校（交）椅，古文胡床也。自来只有栲栳样，宰执侍从皆用之。因秦师垣在国忌所偃仰，片时坠巾。京尹吴渊，奉承时相，出意撰制荷叶托首四十柄，载赴国忌所遣匠者，顷刻添上，凡宰执侍从皆有之，遂号太师样。"太师样，后世称为"太师椅"。胡床及六朝以来椅、凳的出现，使人们的坐法发生了转折，出现了垂腿坐的可能。至唐宋，桌椅的大量应用，使垂腿坐的方式更为普及，至元明清成为常见的坐姿。垂腿坐使人们告别了跪坐的坐姿，于是跪拜再也不是顺势的动作，成为非同寻常之举，愈来愈加重其敬重和尊卑的内涵,而这更适应了中央集权制度的需要,所以跪拜礼一直施行到清末。

(二)适应客观现实的变化而变化

礼仪的发展变化有其内因,也有外因,礼仪的自身变化是其内因,而社会的发展变化则是其外因。变化的外因就是客观条件礼仪变化的客观条件就是礼仪赖以产生的社会环境。作为经济基础的上层建筑,礼仪要为经济基础服务。当社会现实发生变化时,礼仪也要适时调整,以适应新的现实的需要,因此出现了古今不同制、三王不同礼的现象。

1. 夏代社会变革对礼仪的影响

以夏商周三代为例,礼仪的发展受社会变革影响极为明显。夏代于考古学上相当于龙山文化晚期和二里头文化早期。进入了出现私有制家庭父传子家天下的父系社会时代。《礼记·礼运》:"今大道既隐,天下为家,各亲其亲,各子其子,货力为己。大人世及以为礼,城郭沟池以为固……禹、汤、文、武、成王、周公,由此其选也。"说的是"天下为家"是从夏禹开始的,而夏代自禹至桀十七王,除少康与仲康、不降与扃为弟兄相传外,俱为父子"世及"相传。

生产工具进一步发展,石钺、铜钺的发现表明夏代已由新石器时代进入石(玉)器与青铜器并用时代。黑陶、灰陶的使用和水稻的种植,表明夏代手工业和农业有了一定的发展。洛阳、偃师等二里头文化遗址的"第一期陶器多为深褐色,陶胎较薄,其中磨光黑陶占有一定比例"。《史记·夏本纪》:"令益(人名)予众庶稻,可种卑湿。命后稷予众庶难得之食。"

城堡、监狱(夏台)、六卿制的出现表明夏代已具备了国家机器的特点。然而,夏代也存在重大的社会矛盾,一是与大大小小部落的战争,如禹之征三苗,启之征有扈;二是特大的自然灾害,最大的灾害是洪涝。《尚书·益稷》中禹曰:"洪水滔天,浩浩怀山襄陵，下民昏垫……"《荀子·富国》："故禹十年水，汤七年旱，而天下无菜色者……"洪水雨涝之外，尚有地震、严寒等灾。《墨子·非攻下》："昔者有三苗大乱，天命殛之。日妖宵出，雨血三朝，龙生庙，犬哭于市，夏冰，地坼及泉，五谷变化，民乃大振。高阳乃命元宫禹，亲把天之瑞令，以征有苗。"其中，"地坼及泉"是地震，"夏冰"是气候异常。自然灾害严重地威胁"下民"的生命安全，为了生存，全国上下全力与自然奋斗，无力尚事虚文浮夸，从而形成有夏一代勤恳尽职的"尚忠"精神。《礼记·表记》："夏道遵命，事鬼神而远之，近人而忠焉。"何谓忠？《说文·心部》："忠，敬也，尽心曰忠，从心中声。"忠就是严肃认真，尽职尽责。柳诒征《中国文化史》："夏时所尚之忠……谓居职任事者，当竭心尽力求利于人而已。"

夏代自然灾害下的经济现实与务实精神决定了它的礼仪特点。

（1）简朴。夏代的宫室、衣饰、乘舆等礼制都因陋就简，即使贵如禹、益、稷，也是如此。《史记·夏本纪》："禹乃遂与益、后稷奉帝命，命诸侯百姓兴人徒以傅土，行山表木，定高山大川。禹伤先人父鲧功之不成受诛，乃劳身焦思，居外十三年，过家门不敢入。薄衣食，致孝于鬼神，卑宫室，致费于沟域。陆行乘车，水行乘船，泥行乘橇，山行乘檋。左准绳，右规矩，载四时，以开九州，通九道，陂九泽，度九山。"再以凶礼中的丧礼为例，夏礼也较商周简陋许多。例如，葬具。《礼记·檀弓上》："有虞氏瓦棺，夏后氏墍周，殷人棺椁，周人墙置翣。"郑玄注："火熟曰墍，烧土冶以周于棺也。"是用烧结的硬土块培于棺之四周，这较商人的棺外套椁简陋多了。再如，随葬品。《礼记·檀弓上》："夏后氏用明器，示民无知也。殷人用祭器，示民有知也。周人兼用之，示民疑也。""明器"，是用陶、木、竹做的模型式器具用作随葬，这较商周用真的青铜器随葬节约成本多了。又如，既葬之后，地面不留封土——坟包，不妨碍耕种。

（2）对河神的崇拜。由于夏初的洪水泛滥，其威力之猛，给夏人以深刻印象,故以后的夏王都用高规格的"宾"祭来祭祀黄河之神。

《竹书纪年》:"后荒即位,元年,以玄璧宾于河,狩于海,获大鱼。"按《史记·夏本纪》无帝荒,有帝芒,为夏第九代君主,继帝槐而立。宾祭是一种什么祭祀?有人认为是以璧沉于河。但这只说明了它的祭法,而不能说明"宾"祭的内容、规格和地位。"夏礼不足征",我们可以参考殷代的宾祭。何谓"宾",众说不同,郭沫若释为"傧","当为傧导之傧"。于省吾以"伊宾""伊其宾"为例,释宾为"配享"。这说明宾祭的主享者地位很高,非上帝即先王,是天上、人间的最高主宰,有他们才有设置配享的资格。享有从祀配祀资格者,伊尹生前是汤王之相,王成是仅次于王的巫师。以此反观夏代的宾祭,河神是已知唯一实行宾祭的神,王论将它释作配祀者还是享受配享者,其地位都在除上帝之外的诸神之上。现实水灾和水土工程重要性在神界的反映是由社会现实的变化所决定的。

2. 商代社会变革对礼仪的影响

出土的文物表明,商代已经进入较为发达的青铜器时代。郑州二里岗上层商城遗址和殷墟大量人殉祭祀坑说明商代已经进入奴隶制国家时代。社会的进步和经济的发展,人们便不再满足礼仪方面的简陋,而促使它向高一级发展。商代的一些礼仪明显要比夏代高级,如吉礼中祭祀用酒。《礼记·明堂位》:"夏后氏尚明水,殷尚醴,周尚酒。"醴酒,度数低于酒,带有甜味,但要比夏代的明水——清水高级得多了,故《孔颖达疏》说:"夏后氏尚质,故用水;殷人稍文,故用醴;周人转文,故用酒。"这是从质与文的角度解释三者的高低差异的。

3. 周代社会变革对礼仪的影响

周始祖"弃",为舜农官"稷",下传至公刘,下传十代至古公亶义,为太王,于岐建国,经王季、文王、武王,甲子克商,分封诸侯,建立我国第一个封建制国家。周代建国影响礼仪变化的重大事件有如下两个。

（1）建立一个臣服于周天子诸侯地方自治的统一国家。经过文王伐崇、武王伐纣、周公东征，《逸周书·世俘解》说灭国九十九，降服六百五十二国。其国数未必准确，但确将殷商众多列国整合为一个臣服周天子的国家，从而形成"溥天之下，莫非王土；率土之滨，莫非王臣"的大一统局面，武王之后封建七十一国，其中同姓五十五。

周代的封建诸侯影响了神界秩序重新整合。封建新的侯国，由天子授土授民，由天子社中"裂土"包以白茅，故天子具有无上权威，形成了"天无二日，土无二王，家无二主，尊无二上"的观念。与之相适应的是周人将殷代被祖先神淡化的自然神重新尊为至高无上的昊天上帝，享有最高的郊祀礼仪。周人从文王即任职"西伯"的"方伯"制度和四季分别接受四方诸侯朝觐制度。

（2）周代重农思想使其礼仪具有农事色彩。周人始祖弃，为舜农官稷，是为后稷，嗣后周人一直重视农业生产，许多文献反映了周人的农业生产情况。私田的劳动、公田的义务耕种场景反映了周代以农为本的现实。农本主义使得周代的礼仪增添了农业色彩。例如，郊祀上帝，不仅在于祈福，也重在祈谷，在周天子的躬行大典中，出现天子亲耕、后妃亲蚕的仪式。

一些礼仪尽量符合农业的四季特点，《礼记·月令》中，不但君臣的服饰、车舆、旗帜要随季节变化，就是一些典礼也要按季节安排，如元旦、冬至的郊祀，立春、立夏、立秋、立冬的四郊迎气。即使宗庙的祭祀，也要按四季分为"春曰祠，夏曰禴，秋曰尝，冬曰烝"。

及至犬戎入侵，平王东迁，依附郑卫，出现诸侯强大、王权失坠的情形，引起诸侯与周室平等甚至觊觎王权的欲望，于是就有了周郑交质、楚子问鼎现象的发生。东周社会巨大变化的结果造成了"礼崩乐坏"。王室衰微，大国争霸，反映在礼仪上就是"天下无道，则礼乐征伐自诸侯出"，而不是"礼乐征伐自天子出"。

及秦并六国，宇内浑一，废封建，郡县直统于朝廷。汉承秦制,建立中央集权制国家,故叔孙通初制朝仪,便突出君主的无上权威,群臣莫敢仰视,而刘邦也乃知皇帝之贵。这都是社会变革的结果。

(三)不同文化交流导致礼仪的变化

1. 国内各民族文化交流对礼仪的影响

自古以来,中国即是多民族的国家。古称中原地区为华夏,四方少数民族为东夷、西戎、南蛮、北狄,或统谓之胡。不同的民族因俗而形成自己的礼仪,本无高低之分,但以华夏人观之,则以自己礼仪为盛大高尚,少数民族之礼为陋习而不算知礼,所以孔子在《论语·八佾》中说:"夷狄之有君,不如诸夏之亡(无)也。"孔颖达疏:"此章言中国礼义之盛,而夷狄无也……言夷狄虽有君长而无礼义,中国虽偶无君,若周召共和之年,而礼义不废。"

古人"华夷之分"的思想是很严格的。《左传·定公十年》孔子在夹谷之会上说:"裔不谋夏,夷不乱华。"自尧舜以来,北方先后有山戎、猃狁、西戎、犬戎、狄、义渠、林胡、楼烦、东胡、匈奴等族,与华夏民族对峙,不时爆发冲突,但又不断进行文化交流。其大规模者有三次。

第一次:中原文化与五胡文化大交流及其对礼仪的影响。民族间的冲突并不能阻止不同文化的交流,赵武灵王十九年(公元前孙 7 年),与东胡、林胡、楼烦对峙的武灵王赵雍"改胡服骑射",学习胡人衣服,一改宽服博袖为窄袖上衣、分裆下衣的胡服,不但用于骑射征战,而且作为朝会礼服,君臣统统"服而朝"。这一文化交流改变的不仅仅是赵国礼制,而且对中国后世服制也有着深远的影响。可以说,没有赵武灵王的改胡服,就没有中国现代的服饰。

至于郊祀、宗庙、宴飨所用乐舞,少数民族更是直接采用中原乐舞,使其粗犷之风,为之一变。《魏书·乐志》:"永嘉已下,海内分崩,伶官乐器,皆为刘聪、石勒所获,慕容儁平冉闵,遂克之。王猛平邺，入于关右。苻坚既败，长安纷扰。慕容永之东也，礼乐器用多归长子，及垂平永，并入中山。自始祖内和魏晋，二代更致音伎；穆帝为代王，愍帝又进以乐物；金石之器虽有未周，而弦管具矣。逮太祖定中山，获其乐县，既初拨乱，未遑创改，因时所行而用之。世历分崩，颇有遗失。"

永嘉之乱后，西晋礼仪所用乐舞伶人，皆为少数民族政权所争得。这里说的刘聪是匈奴族的前赵，石勒是羯族的后赵，苻坚及其相汉人王猛为氐族的前秦，慕容儁为鲜卑族的前燕，冉闵是汉人的冉魏，慕容垂是鲜卑族的后燕，慕容永为鲜卑族的西燕，始祖、穆帝是死后追封的庙号和谥号，为北魏建立前鲜卑族首领。他们每攻破一个敌国，都非常注意收取其夺得的汉族礼乐，以为时用，"以华变夷"，成为自己的礼乐。其中，最成规模者为北魏，除自己本民族土乐外，还广泛吸收其他各族的乐舞。

夏和北凉都是匈奴族新建，其乐舞与西域鼓舞，皆被吸收为官乐。同时，"兼奏""中原旧曲"："初，高祖（孝文帝拓跋宏）讨淮、汉，世宗（宣武帝拓跋恪）定寿春，收其声伎。江左所传中原旧曲，《明君》《圣主》《公莫》《白鸠》之属，及江南吴歌、荆楚四声，总谓《清商》。至于殿庭飨宴兼奏之。其圆丘、方泽、上辛、地祇、五郊、四时拜庙、三元、冬至、社稷、马射、籍田，乐人之数，各有差等焉。"

文化交流从来不是单方面的，而是互相吸收和融合。一般来说，文化相对落后的草原民族易于学习接受较为先进的中原文化，而中原农耕文化不太容易接受五胡文化。但文化交流的趋势是不可抗拒的，北方胡人文化总要影响中原文化，使其礼仪发生变化。以婚礼为例，北方草原民族以部落群居，为保证财产不致流失于外部落，多盛行转房婚。

应该说，这是北方草原民族的一种古老婚俗，但在中原人看来，却是逆反伦理的陋习，是不符合礼的。《小尔雅·广义》："男女不以礼交谓之淫，上淫曰蒸，下淫曰报，旁淫曰通。"孔子的《春秋》及其三传，作者用淫、蒸、报、通等字眼贬斥有这种行为的人。但是五胡大量入居中原，华胡杂居，带来了他们的婚俗，除"妻后母"外,叔嫂、兄与弟媳间的婚姻在北方农村得到承认,学术界称为转房婚、承继婚。

这类婚姻,婚礼较为简略,不备六礼,不乘车轿,只于结婚当日,备一席家宴,叩拜天地而已。草原民族的文化交流,也为中原婚礼增添新的元素。北方民族尚勇武,习骑射,例于婚礼中新妇进门有设马鞍之礼。

汉魏两晋,北朝盛行新妇入居青庐之礼,亦是北方游牧民族居处穹庐帐篷的流风。《酉阳杂俎·礼异》:"北朝婚礼,青布幔为屋,在门内外,谓之青庐。于此交拜迎妇。"《古诗为焦仲卿妻作》:"其日牛马嘶,新妇入青庐。"但此礼,不仅流行于北朝,应上溯至东汉末年。新人于布棚中交拜,不仅民国,至东北沦陷时,黑龙江省结婚,城中婚礼皆于"大棚"中进行,只是棚之幔帷,多用白布或芦席。

第二次:中原文化与蒙古文化大交流及其对礼仪的影响。第二次民族文化大融合是蒙古文化与中原文化的交流。蒙古族大军在成吉思汗铁木真及其继承人拖雷、窝阔台、贵由、蒙哥、忽必烈指挥下,西向经过中亚和欧洲,公元1236年,以拔都为统帅,速不台为先锋,率军西征。沿阿尔泰山山麓,经吉尔吉斯草原,征服沿途各部落和部族,侵占今里海以北的地区;明年攻入斡罗斯(Oros),即俄罗斯,占领其全境;公元1240年,拔都与拜达儿、海都分两路向南进侵,一路攻占马礼儿(即匈牙利)、渡秀纳(多瑙)河,入奥地利、伊太利(意大利),一路攻陷索烈儿(波兰)首都,侵入涅迷思(德意志)、西里西亚,击败西里西亚侯等各封建诸侯联军。欧洲大震,呼为"黄祸"。

当时的南宋自不必说,就是金国礼仪也早已远离汉唐了,而元人兼而采之。《元史·礼乐志》:"元之有国,肇兴朔漠,朝会燕飨之礼,多从本俗。太祖元年,大会诸侯王于阿难河,即皇帝位,始建九斿白旗。世祖至元八年,命刘秉忠、许衡始制朝仪。自是,皇帝即位、元正、天寿节,及诸王、外国来朝,册立皇后、皇太子,群臣上尊号,进太皇太后、皇太后册宝,暨郊庙礼成、群臣朝贺,皆如朝会之仪。而大飨宗亲、锡宴大臣,犹用本俗之礼为多。"元太祖即位称汗时,一切礼仪都从蒙古习俗,到忽必烈至元八年,才由汉人按中原传统礼制为他制定朝仪,于是改变蒙古旧礼,皇帝即位等一切朝廷大典都照此办理,只是在宴飨宗亲赐宴大臣时,仍保留一些蒙古礼节。传统文化改变了元人礼仪,而元朝也为中国的行政礼制留下了自己的创造,它的行中书省开启了中国的行省制度。

第三次:中原文化与满族文化大交流及其对礼仪的影响。明崇祯十七年(公元1644年),满族八旗铁骑,乘李自成大顺军覆灭明王朝之机,在卖国贼吴三桂导引下,横扫江南,建立清王朝。清人以"扬州三日""嘉定三屠"的铁血政策,镇压各族人民的反抗,强行推行"薙发""改服"和"文字狱"等措施,同时八旗军民,大批"从龙"入关。结果是草原文化终究敌不过中原农耕文化,不仅满族迅速汉化,也加速了其他民族的文化交流与融合,使清人的礼仪发生了重大变化。

2. 中外文化大交流对礼仪的影响

中华文化在其五千年的悠久发展历史中,不可避免地要与其他文化发生碰撞和交流。在世界的范围内,这样大的交流有两次。

第一次:中华文化与南亚次大陆文化交流及其对礼仪的影响。第一次中外文化大交流始于南亚次大陆印度佛教文化的传入。佛教创始人为印度北部迦毗罗国王子、释迦族人悉达多,姓乔答摩,弟子们尊其为释迦牟尼,生于公元前565年。29岁时抛弃王位,于菩提树下悟道而创佛教,汉明帝传入中国。《魏书·释老志》:"后(汉)孝明帝夜梦金人,项有日光,飞行殿庭,乃访群臣,傅毅始以佛对。帝遣郎中蔡愔、博士弟子秦景等使于天竺,写浮屠遗范。愔仍与沙门摄摩腾、竺法兰东还洛阳。中国有沙门及跪拜之法,自此始也。愔又得佛经《四十二章》及释迦立像。明帝令画工图佛像,置清凉台及显节陵上,经缄于兰台石室。愔之还也,以白马负经而至,汉因立白马寺于洛城雍门西。摩腾、法兰咸卒于此寺。"

第二次:中华文化与西方文化交流及其对礼仪的影响。第二次中外文化大交流始于明朝万历年间天主教的传入。巴黎耶稣会教士利玛窦、汤若望、庞迪我、艾儒略、南怀仁等在传播天主教的同时,还引进西方的哲学、艺术和自然科学,利玛窦翻译编写了《几何原本》《勾股义》《天文实义》《万国舆图》《浑盖图说》等书。另外,传教士们还把中国传统文化传向西方,如殷铎泽与郭纳爵合译的《论语》《中庸》《大学》、雷孝思译的《易经》、卫方济编译的《中国哲学》、柏应理的《中国哲学家孔子》等,由传教士开启的东西方文化交流仅仅是个开端。

二、历史演变后的新中国礼仪

随着社会主义革命的成功,废除维护封建专制的官方礼仪,也为民间礼仪注入了新的精神和新的内容。全国人大、国务院、人民法院、人民检察院的组织法及相关法律,规定了我国立法、行政、司法机关的组织原则、代表产生和官员任免程序、议事方式、决议方法。运作起来,按部就班,有条不紊,从而形成庄严的新时代的官方礼仪。

在对外关系方面,参酌中外成例,制定了迎宾、会见、会谈、签约等程序和方法,从而形成新中国平等和谐的涉外礼仪。通过树新风、除陋俗的倡导和移风易俗的过程,中国的婚姻革除了交换生辰八字合婚、包办买卖等封建礼节和不合时宜的坐帐、跨鞍、揭盖头、拜天地等礼仪。在丧葬方面,殡仪改革举行哀而不伤、庄而不奢的遗体告别仪式,从而形成新时期新的民间礼仪。

第三节　传统礼仪向现代礼仪发展的途径

文化或文化产品的形式与内容是和时代同步产生的。但是也有例外,某些文化产品借用古老的形式表现新时代的内容,如京剧中的现代戏是借用古老的京剧艺术形式表现社会主义时代的社会现实;当代格律诗词是用传统的格律抒发革命情怀。在当代礼仪中,也有这种类似情况,如中共党员、共青团员、少先队员与港澳特区官员加入组织的宣誓和就职宣誓,就是借用了古老的"盟誓"形式,前者用以表达对革命事业的意志与决心,后者用以表达忠于职守的承诺。

一、用传统礼仪形式表现崭新的思想内容

(一)形式与内容

古人将个人表决心的赌誓称为"私誓",同盟者间的赌誓称为"盟誓"。私誓和盟誓都是商定要完成某种任务或承担某种义务,做出承诺,并由某种神灵做见证,违背诺言者将受神的惩罚。

国与国之间会盟,亦指神赌誓,如有背盟者,神亦当惩罚他。或求神惩罚他。这类盟誓,有考古实物可证。北宋仁宗嘉祐年间于陕西凤翔县开元寺土下发现一石刻:"其言首述秦穆公与楚成王事,遂及楚王熊相之罪。"欧阳修题作《秦祀巫咸神文》,今习称《诅楚文》。该文首叙秦楚会盟:"昔我先君穆公及楚成王,是僇(戮)力同心,两邦若壹,绊以婚姻,衿以齐盟,曰叶万子孙,毋相为不利。"而且,当年还以"不(丕)显大神巫咸"为证发誓:"亲印(即)不显大神巫咸而质焉。"可是,现在楚王却违背了誓言:"今楚王熊相康回无道……冒改厥心,不畏皇天上帝及不显大神巫咸之光列威神,而兼倍(背)十八世之诅盟,率者(诸)侯之兵以临加我。欲划伐我社稷,伐灭我百姓……今又悉兴其众,张矜意怒,饰甲底兵,奋士盛师,以偪吾边竞(境)。"

因为当年是对上帝和巫咸诅咒盟誓的,所以现在向他们数说楚王背盟之罪,"犯诅"就应受罚:"亦应受皇天上帝及不显大神巫咸之几灵德赐,克剂楚师,且复略我边城。敢数楚王熊相之倍盟犯诅。"

这里的楚王熊相不见于《史记·楚世家》，以楚成王为准，下推十八代，则为楚顷襄王；但石刻为秦人之文，应以秦穆公为准，下推十八世，则为秦惠文王，与秦惠文王相对立者，楚国为楚怀王。楚怀王名槐，故欧阳修与郭沫若都认为应以石刻熊相为是，"槐"乃"相"字传写之误。

从《诅楚文》可以看到，古人盟誓要"诅"，要有神灵为证为质，一方负盟，是谓"犯诅"，一方可以向当初为证的神灵控诉，要求按"诅"惩罚。诅誓的关键是相信神灵能为其作证，公正执法，按诅裁罚。然而，在长期的历史实践中，人们总是发现赌誓并不灵验，指天发誓，如负约或撒谎"天打五雷轰"者多，而真正被"天打五雷轰"者，谁也没看见，于是人们便渐渐不再惧怕诅誓，而成了"牙疼咒"了。于是，赌誓成了一个空壳，失去了神鬼观的内容。

(二)无产阶级政党:借用其形式,表现全新内容

1921年，无产阶级政党中国共产党成立，它的一切行动以马克思主义为指导思想，以辩证唯物主义为世界观。中国革命是马克思主义与中国革命实践相结合的产物。其成员的入党宣誓就是借用了中国传统文化中发誓的形式，而注入以全新的革命内容。

《中国共产党章程》：预备党员必须面向党旗进行入党宣誓。誓词如下：我志愿加入中国共产党，拥护党的纲领，遵守党的章程，履行党员义务，执行党的决定，严守党的纪律，保守党的秘密，对党忠诚，积极工作，为共产主义奋斗终生，随时准备为党和人民牺牲一切，永不叛党。

预备党员的入党宣誓仪式，或一人，或多人集体宣誓。会场无特别装饰，只于正面墙壁上端正平展贴挂中共党旗一面，领誓人立于旗前，面向宣誓人，宣誓人面向党旗而立。右臂上举，握拳，由领誓人宣读誓词，每读一句，宣誓人复诵一句，语气坚定，仪式庄严、肃穆。

就国家机器来说，借用宣誓形式，首先用于军队，如第一次大革命时期，1926 年 7 月 9 日国民革命军的北伐誓师，抗日战争中的五原誓师、八路军东征抗日誓师等。这些誓师，不用任何神鬼内容，只借用宣誓形式，宣示征伐理由，揭露敌人罪行，并申诫纪律以鼓舞士气。军事上的誓师，起源较早，从文献记载，最早见于《尚书·大禹谟》。帝曰："咨禹：惟时有苗弗率，汝徂征！"禹乃会群后，誓于师曰："济济有众，咸听朕命，蠢兹有苗，昏迷不恭。侮慢自贤，反道败德，君子在野，小人在位，民弃不保，天降之咎。肆予以尔众士，奉辞罚罪。尔尚一乃心力，其克有勋！"这是大禹受命讨伐三苗时的誓师。其后夏启征伐有扈氏，"战于甘之野"；商汤王征伐夏桀王，"战于鸣条之野"；周武王征伐殷纣王，"与受（纣王名受）战于牧野"，皆有誓师之仪。

借宣誓形式，用于文官，新中国成立后最早用于实行一国两制的中华人民共和国香港特区政府和中华人民共和国澳门特区政府的特区首长及主要官员的就职仪式上，借以表示忠于祖国、忠实执行基本法、恪尽职守的决心。

中共十八大之后，深入政治体制改革，强调以法治国，维护宪法权威。2015 年 7 月 1 日，十二届全国人大常委会第十五次会议审议通过了关于实行宪法宣誓制度的决定。

二、传统思想内涵与象征方法的继承与发展

（一）"天人合一"思想与礼仪

在传统礼仪中，礼器、旗帜、人数甚至场地的坛层、柱石等的数目都是有着特殊的规定与赋予特定的内涵，用以象征包罗万象的天地万物，而礼仪便在这个环境中进行。这是因为古人认为天、地、人是一个统一整体，人与天地万物、人与社会是合一的。《易·乾》说："夫大人者，与天地合其德，与日月合其明，与四时合其序，与鬼神合其吉凶。"中国哲学中天人合一观点有复杂的含

义,主要包含两层意义:第一层意义是人是天地生成的,人的生活服从自然界的普遍规律;第二层意义是自然界的普遍规律和人类道德的最高原则是一而二、二而一的。

指导人们行为准则的礼就是按天地的普遍规律制定的。《左传·昭公二十五年》夏天,鲁、晋、宋、卫、郑、曹、邾、滕、薛、小邾等国,在今山西泌水县西北的黄父举行会议,会后,郑国代表子太叔(游吉)会见晋国代表赵简子时,赵简子问什么是礼。

子大叔见赵简子,简子问揖让、周旋之礼焉,对曰:"是仪也,非礼也。"简子曰:"敢问,何为礼?"对曰:"吉也闻诸先大夫子曰:'夫礼,天之经也,地之义也,民之行也。'天地之经,而民实则之。"

"则",效法,作为行为准则。人们所行之"礼",就是效法天地的经、义,效法天地的规则。《左传·成公十三年》刘康公说:"吾闻之:民受天地之中以生,所谓命也。是以有动作礼义威仪之则,以定命也。能者养以之福,不能者败以取祸。"天地有中和之气,人得之而生,因此才有动作、礼义、威仪的规则来保持天命。

正因为古人认为礼是效法天地的法则,天人是合一的,所以施行礼仪的环境、场合也应当是个与天地万象相符的地方。

(二)象征方法:物的数化与数的物化

古人认为,礼法自然,则天法地,在行礼过程中,复归于自然环境,这种想法是可以理解的。然而,天地之大,如何容纳于一个行礼的场合中去? 按古人的思维,是分为两步进行的。

1. 物的数化

第一步是物的数化,就是将具体的形象的天地万物抽象化,化为简单的数字,从而形成中国神秘的数理文化,傅道彬先生在《中国数理文化论略》中说:"中国文化中深藏着一个由神秘数字构成的文化网络。老子说:'道生一,一生二,二生三,三生万物。'《易·系辞》谓:'天一,地二,天三,地四,天五,地六,天七,地八,天九,地十,天数五,地数五。'在这里生动的现象世界被归结为几个抽象的数目，普通的数字上升为贯穿于天地自然人伦的普遍精神，从而形成了富有特色的中国数理文化。这一现象涉及汉民族文化的深层结构……"老子认为，宇宙原本是一团混沌冲虚之气，而道自含其中，故曰道生于一。冲虚之气分为阴阳二气，阳升为天，阴降为地，故曰一生二。吴澄注："阴阳二气合冲虚一气为三，故曰生三，非二与一之外别有三也。"亦有人认为人秉阴阳二气所生，故曰二生三。世界万物皆为天地所生，人类所造，故曰三生万物，是将"生动的现象世界归结为几个抽象的一、二、三数字。故人又认为天为阳，地为阴；奇数一、三、五、七、九为阳，偶数二、四、六、八、十为阴，也是将"生动的现象世界"——天地"归结为几个抽象的数目"。

2. 数的物化

第二步是数的物化，施行礼仪的堂、坛，无论如何广阔，也无法容纳天地万象于其中，也无法使人置身其中与天地融合。于是，人们将天地万物已经抽象化的数字再物化为堂、坛的构成部件，用重新物化的事物象征天地万物。例如，古代建有明堂，用以宣明政教，兼行朝会、祭祀、庆赏、选士、养老、教学大典，是一个等级很高的举行礼仪的场所。汉代高诱、蔡邕等皆认为明堂和文献上的清庙、太庙、太学实为一事。明堂之制，《礼记》有《明堂位》，语焉不详，后世诸儒，多有争论。

唐高宗曾以诏书的形式提出个蓝图："明年（总章二年）三月，又具规制广狭，下诏曰：……基八面，象八方。按《周礼》，黄琮礼地。郑玄注：琮者，八方之玉，以象地形，故以祀地。则知地形八方。又按《汉书》，武帝立八觚坛以祀地。登地之坛，形象地，故令为八方之基，以象地形。基高一丈二尺，径二百八十尺。按《汉书》，阳为六律，阴为六吕。阳与阴合，故为一丈二尺。又按《周易》，三为阳数，八为阴数。三八相乘，得二百四十尺。按《汉书》，九会之数有四十，合为二百八十，所以基径二百八十尺。故以交通天地之和，错综阴阳之数。……阴阳两顺，天地咸亨，则百宝斯兴,九畴攸序。基每面三阶,周回十二阶,每阶为二十五级。按《汉书》,天有三阶,故每面三阶;地有十二辰,故周回十二阶。又按《文子》,从凡至圣,有二十五等,故每阶二十五级。所以应符星而设阶,法台耀以疏陛,上拟霄汉之仪,下则地辰之数。又列兹重级,用准圣凡。象皇极之高居,俯庶类而临耀。……"

明堂的台基是八面形,是先将地之八方抽象为数字八,再将数字八物化为当基的八面,以象征地。台基高一丈二尺,是将阳律六律,阴律六吕各抽象的数字六,再合起来物化为一丈二尺,以象征阴阳相合。各种属阳的事物抽象为奇数,属阴的事物抽象为偶数,分别用阳数三阴数八,相乘百倍为二百四十,加九会之数四十,得二百八十,再物化为台基的直径,象征阴阳两顺,天地咸亨。将天之三阶、地之十二辰、由凡至圣之二十五等,分别抽象为数字三、十二、二十五,再分别物化为台基的三阶、周回十二阶和每阶的二十五级,以象征皇位之居高临下。其他如下。

基上建一堂,取道生一之数。

堂每面九间,取九州之数。

每间一丈九尺,九州之数与阴数十之和。

堂周回十二门,取一年十二月之数。

堂周廻二十四窗,取一年二十四节气之数。

窗高一丈三,取闰年十三月之数。

堂心八柱,取承天八柱之数。

柱长五十五尺,取大衍五十五之数。

堂心又置四柱,取天有四辅星之数。

第二重二十八柱,取天有二十八宿之数。

第三重三十二柱,取八节、八政、八风、八音相加之数。

南北大梁二根,取太极生两仪之数。

……

上述构成明堂的部件的取义,都是按着将天地万象中有代表性的事物数字化,再将数字物化为明堂组成部件这样的思维程序,布成一个象征性的大千世界,在这样的环境中举行大典仪式,便进入了天人合一的境界，从而提高了礼仪的规格和品位，显示出帝王的无上权威。

(三)象征内容的革新与方法的继承

天人合一思想和抽象天象为数字，是属于人们的世界观，属于认识论的问题，将数字物化以象征天地万象，是属于实践论的问题。但人们对客观世界的认识不断深入，世界观也随之不断地发生变化，而且天人合一也并非古人唯一的思想观点。随着辩证唯物主义世界观的出现与发展，天人合一思想的实践主要向人类环境方向发展，礼仪领域则为革命的先进思想所代替。但是，将客观事物数字化，再物化为礼仪成分的方法和实践则得到了继承和发扬，所象征的是革命的先进事物。

新时代礼仪中的象征物象征着全新的革命内容和充满革命精神，同时象征的范围逐渐扩大。它不仅象征具体的事物和年代，而且还可以象征某种重大的历史进程。按被象征事物的数化再将数字物化的思维逻辑，还可以通过它们的组合关系，象征一个重大而复杂的政治主题。例如，中华人民共和国国旗既是我们国家的象征物，又是礼仪中礼仪之物。它广泛地用于对内对外的各种礼仪中，是政治性礼仪不可或缺之物。它的制作构思便是继承了古老的传统方法。

《中国国旗的意义》阐释其象征意义说：旗面为红色，象征着革命。左上方缀着五颗黄色五角星：一星较大，居左；四星较小，环拱于大星之右，并各有一个尖角正对大星的中心点。大五角星代表中国共产党，四个小五角星各代表中华人民共和国成立时我国人民所包括的四个阶级：工人阶级、农民阶级、城市小资产阶级、民族资产阶级。五颗五角星的相互关系象征着中国共产党领导下的革命人民大团结和人民对党的衷心拥护。五星位于旗面的左上方，似闪闪星辰居高临下，金碧交辉，映照大地，江天辽阔，山河壮丽。

中国共产党与当时人民概念包括的四个阶级分别数化为 1

和 4,再分别物化为 1 大星、4 小星,这是传统的象征方法在国旗设计中的继承,而"五颗五角星的相互关系象征着中国共产党领导下的革命人民大团结和人民对党的衷心拥护",是这一古老的传统方法在国旗设计中的创造性的发扬。

物的数化与数的物化思维模式和象征方法,也适用于具有重大政治、文化意义的建筑中,如北京中国革命军事博物馆西侧的中华世纪坛,其圣火广场与圣火台位于中华世纪坛碑的北侧,是一个低于地面 1 米、半径 17.5 米的下沉式圆形广场,广场用 960 块花岗岩铺砌而成,象征幅员辽阔的 960 万平方公里中华大地。广场由周围向中心略微隆起。广场中心是一方形圣火台,一簇长明不熄的"中华圣火",火种取自周口店猿人遗址,寓意中华民族的文明创造永不停息。广场东西两侧,有两道流水缓缓而下,象征着中华民族的母亲河——长江与黄河。中华大地与长江黄河分别数化为 960 与 2(两),再物化为 960 块花岗岩与两条水。

(四)形化方法的运用

与"数化"同样运用于古代礼仪之中的象征方法还有"形化",即将被象征物抽象为轮廓之形,再化为他物以象征原物。最有代表性的就是以"天圆地方"观念设计出圆形象天、方形象地的礼器和行礼的建筑。与天地相类的行礼建筑,天坛圆形,地坛方形,又用方圆结合的建筑与礼器,象征天地合一。

第三章 道德仁义,非礼不成——
传统礼仪与中国传统文化

中国传统礼仪与中国传统文化密不可分。回顾各个礼仪,似乎每一个都能找到文化上的源头。同样,正是中国璀璨的文化使得这些礼仪能传承至今,甚至成为受到世界各国人民学习和效仿的对象。

第一节 礼与中国文明的起源

在夏朝之前,中国就有了礼仪,其是随着人类社会的发展而逐渐形成的道德规范。在原始社会,社会生产力极其低下,人们不能科学地解释社会现象,所以总认为礼仪是一种超自然力量在发挥作用。原始社会中的人们崇拜鬼神,在这种背景下产生了礼仪。相应地,随着社会的发展,社会成员之间的关系愈加复杂,出现了不同的社会阶层、阶级,还出现了扎根于血缘之上的种种关系,社会遵循一种习惯来约束人与人之间的关系,礼仪得以发展。

中国礼仪的大发展要属夏、商、周的时代。代表夏文化的二里头文化时期,已经有了一套完备的礼器和礼仪制度,有人将二里头大规模的宫殿遗址推测为礼仪性的宗庙遗址。大量礼器的出现标志着礼制已成为当时重要的社会制度。在商代,人们特别崇拜鬼神。青铜器始终都被看成中国进入文明社会的重要标志。在商代,青铜器盛行一时,其多数都是用来祭祀的,其表明商代的礼仪在祭祀的基础上有了较大发展。另外,这一时期还兴起了乐礼,即通过音乐来标示各阶层的社会地位以及规范上层统治阶层成员的关系。西周时期,中国的礼仪得到了一次规范性的整理,周公就被看作《周礼》的制定者。经过千年的演化,中国首次形成了较为完整的国家礼仪制度。这一时期出现了大量的礼制典籍,如《周礼》《仪礼》《礼记》等。在之后的两千多年中,这些礼仪学专著始终是我国制定礼仪制度的经典,被称作"礼经"。

在春秋战国时期,中国礼仪进入了"礼崩乐坏"的时代,在学术领域出现了百家争鸣的局面,以孔子、孟子、荀子为代表的诸子百家研究和发展了礼教,系统阐述了礼仪的起源、本质和功能,首次从理论上全面而深刻地论述了社会等级秩序的划分及其意义。

在之后的两千多年中,中国在很长一段时间里都受到以儒家为主体的礼仪的约束,特别是在宋代及其之后,礼仪与封建伦理道德说教相融合,即礼仪与礼教相杂,成了实施礼教的有力工具。直到现代,礼仪才得到真正的改革,不管是国家政治生活的礼仪还是人民生活的礼仪,均变为无鬼神论的新内容,最终成为现代文明礼仪。在中国,礼仪一直在文化中发挥着"准法律"的作用。

第二节　礼是中国传统文化的核心与表征

在中国传统文化中,礼处于核心地位,发挥着重要作用。另外,礼的发展受制于中国传统文化的发展。也就是说,其在发展过程中有着不同的表征。

一、礼是中国传统文化的核心

礼是中国传统文化的核心,其是古老中国最基本的社会现象,也是法文化的重要组成部分。礼源于习俗和信仰,是古代人祭祀的仪式。礼是社会出现等级观念之后,在封建习俗与信仰的基础上改造而来的。

礼具有因俗制宜的功能和精神威慑的力量，所以自从其出现就受到统治者的重视，成了国家实行其统治的精神力量和行为规范。国家的一切活动均以遵礼为号召，以行礼为标榜，借助礼对政治、军事、司法、教育、社会、家庭等各种活动进行调整，并且对人们的言行加以规范。

作为一种社会现象，礼在发展过程中对社会习俗不断加以改造，以适应新的秩序。显然，这是一个充满新旧斗争的过程，更是一种文化渐进、不断继承与发展的过程。礼与中国传统文化之间的联系极为紧密，并且是中国传统文化的表征。礼包容、调整着社会上的一切，从个人到家庭，从社会到国家，从生产到生活，从言论到行为。礼的物质遗存恰恰就体现在秦砖汉瓦、编钟乐舞、宫室殿庭、天坛圆丘。对于礼的精神遗存，在汉唐明清的众多礼典中就有所体现。礼的规范遗存主要涉及事长以礼、尊师以礼。虽然时代在不断变迁，但礼中仍然蕴含着值得吸收的精华，其是中国文化的重要组成，更是外国人了解中国传统的主要窗口。

由中国"礼、乐、射、御、书、数"传统六艺可以看出，排在首位的是"礼"，其证明礼自中国古代就深受重视。

二、礼是中国传统文化的表征

礼是在中华民族特有的环境中孕育、发展并传承的，所以其形成了不同于其他国家的民族特性，具体体现在如下几个方面。

(一)原始信仰长期存在

中国在上千年的发展历程中，原始信仰占据了很长一段时间，这也是中国传统礼俗的一个特点。在人们的信仰中，普遍存在自然崇拜、动植物崇拜、图腾崇拜、祖先崇拜以及巫术、占卜、祈禳、祭祀、禁忌等习俗，而且贯穿于物质生活和精神生活的各个方面。例如，在农业生产中，农民经常春祈、秋报、求雨，用占卜来预测当年的气候和年成，并且还出现了很多农事方面的禁忌等。原始信仰在人们的衣食住行、礼仪、传统节日等方面都有所体现。

在中国的传统习俗中,原始信仰始终都保留着神秘性,被人们看成不可捉摸和无法解释的现象,于是对其产生了恐惧、敬畏心理,出现了盲目信仰的行为。这与其他国家和民族中的民俗深受信仰影响的状况形成了鲜明的对比。原始信仰之所以可以在中国得以延续,其有很多原因。

首先,中国的传统文化是在相对封闭的环境中孕育并发展起来的,历经数千年的发展历史,始终一脉相承,未曾中断。这种绵延不绝的文化体系保证了中国民俗文化传递的畅通无阻。同时,特殊的地理环境造就了我们较为保守的文化性格,进而使得我国古老的风俗在不断传承中不轻易改变。基于此,原始信仰得以大量保留与传承。

其次,在中国农业经济与宗法社会的背景下出现的中国文化,有着务实精神和注重人际关系的特点,所以原始信仰始终没能成为一种全民信仰。

最后,中国有 56 个民族,每个民族的发展历史各不相同。汉族处在封建社会时,很多少数民族仍处在氏族部落制或更原始的社会阶段,所以原始信仰习俗主要存在于少数民族。当一些少数民族入主中原或者在中原地区建立政权时,也带来了许多原始信仰习俗,如辽、金、元、清政权的建立,更带来了北方民族萨满跳神等习俗。

(二)受到宗法观念的影响

宗法制度是中国传统文化所依托的社会结构,其是在农业经济基础上建立起来的。在历史发展进程中,中国社会发生了许多变迁,但以血缘纽带维系着的宗法制度及其遗存和变种始终被保存着。以宗法为特征的社会结构定势对中国社会发展产生了深远影响,具体体现在以下几个方面。

(1)特别看中血缘关系。中国人的亲属称谓划分十分复杂且细致,这是众所周知的。中国的亲属称谓有纵向上的长辈与晚辈的区分，在横向上有父母系、嫡庶出、年长幼等同辈的不同。例如，男性的长辈主要有伯父、叔父、舅父、姑父、姨父等，女性的长辈主要有伯母、婶母、舅母、姑母、姨母等。这些称呼就体现了中国特别强调血缘亲疏和系别。每个家庭成员的权利和义务、相互之间的关系、财产的继承和分配等，都会根据血缘关系以及由此形成的尊卑、男女、长幼的不同地位而排列的。孔子主张"正名"，要求人们严格遵守"君君臣臣、父父子子"的等级秩序，就源于中国古老的宗法观念。

在中国古代，亲属集团乃至村落社区的各种民俗活动通常都会围绕血缘关系展开。自唐宋时期开始，随着社会文化条件的不断变化和社交活动的不断扩大，很多人突破家族和村落的范围，根据自身的信仰、专长、志趣和特殊需要，相互交往，重新组合，形成了很多新的活动群体。例如，宋朝时期的诸多文献中都记载过这类家族、村落之外的民间结社、结会。这些游离在家族外的社会交往和民间组织就体现了新的人际关系，但人们一直深信血缘的力量。非血缘关系的朋友一般可以通过"结义"的方式结成"义兄弟"。人们甚至认为借助一些仪式使非血缘的关系转化成象征性的血缘关系，将能形成强大的约束力和凝聚力。由此可以看出，血缘关系在中国古代民间是极为重要的。

（2）在中国人的传统观念中，"孝亲"有着重要的地位。在中国民间，人们经常为去世的先祖进行隆重祭奠和顶礼膜拜，以此祈求祖先保佑后人人丁兴旺、家族昌盛。甚至有人认为，任何神灵都不如祖先尊贵，所以很多地方都建有祠堂、家庙，家家户户都奉祀祖先牌位，定期举行祭祖仪式。在中国封建社会时期，如果有人不祭祖先，那么其在家庭以及社会中都无法有立足之地。

"孝亲"的另一个表现是绝对顺从和孝敬在世长辈。在中国封建社会，人们认为"孝"是一切道德规范的核心和母体。例如，《孝经》记载："夫孝，天之经也，地之义也，民之行也"，"夫孝，始于事亲，中于事君，终于立身"。因此，"百善孝为先"成了社会公认的准则。

（3）礼仪制度往往受宗法制度和宗法观念的影响，并且会体现在人们的物质生活和社会生活中。在中国历史上，等级礼制不但以"三纲五常"的规范作为道德的内涵，而且以消费品的等级分配作为实质性的内容。历代王朝都会用礼制规定社会秩序，人们也会根据自己的等级身份生活在社会中，以确保尊卑贵贱不可逾越的道德信条。对于生活用品的使用而言，礼制均对其进行了周详且完备的规定，如衣冠服饰、房舍家具、车马乘骑、日用杂品等，物无巨细，其种类、形制、质料、样式、色彩等均有严格的等级差别，甚至小至门钉的数目、腰带的装饰，均有一定规格，贵贱不可混淆。

在社会生活中，人际关系、社交往来、婚丧喜庆、吉凶祸福等，均属于人的礼仪规定。受各种礼制的约束，人们不可超越自己的等级享用不该享用的物品，做出不合礼仪的行为。受这种观念的影响，中国也逐渐形成了循礼蹈规、安分守己的民族性格。

（三）民族和地区间的差别

作为一个多民族国家，中国的每个民族都有着属于自己的民俗风情。纵观中国的发展历史，各个民族在文化上经历了长期的交流和融合。当然，各个民族之间的交流、融合和统一，并不是说他们的民俗也是一致的。事实上，多样性、丰富性和民族间的差别性正是中国传统文化的重要特征。因为不同民族有着不同的自然环境、经济方式、社会状况、文化特点等，所以他们在民俗上也存在一定差异。

因为每个民族的地理位置不同，所以有着不同的气候环境。早在八千多年之前，汉族的祖先就创造了农业，自夏商周以来，农桑成了汉族的主要经济方式。然而，少数民族如北方的匈奴、鲜卑、契丹、柔然、党项、蒙古等族，在相当长的时间里都在从事游牧经济；东北、西南地区的一些少数民族以原始的渔猎、采集为主要的经济方式，经济方式的不同使得物质生产和生活习俗也出现了差异。此外，每个民族的社会发展进程也不同，当汉族已经进入了封建社会时，很多少数民族仍是处在原始的氏族社会或奴隶制、半奴隶制社会阶段。

从文化层面上说，不同民族之间也存在一定差异。我国的多数民族都有属于本民族的语言，如汉藏语系、阿尔泰语系、南亚语系、印欧语系、南岛语系等，各种语系中又包含大量的语族，语族之下还有多种语支。此外，各个民族的民族性格、社会心理、审美情趣、传统惯制等也不同。文化上的差别使得各个民族在衣食住行、社会交往、人生仪礼、游戏娱乐等方面出现了差别明显、各具特色的民俗。

除了民族之间的差异，同一个民族在地域上也有一定差异。例如，汉族人口众多，疆域辽阔，所以在这片辽阔土地上成长的民族也形成了不同的地方民俗。早在上古时期，中原、荆楚、吴越就具有不同的民俗。尤其在宋代以来，因为各个地区的文化发展不均衡，都市与农村、江南与西北、沿海与内地、交通要冲与边地僻壤等，在生活习惯、民间风俗等方面也出现了很大差异，形成了各自的地域特色。

（四）在继承中发展

以汉族为主体的中华民族具有悠久的历史，从古至今，经历了多次变革，并且不断地吸收和融合了许多外来文化，却一直保持着一脉相承、连绵不断的发展系统。

在物质生产与生活上，与其他国家一样，中国也经历过从原始的采集、渔猎经济后进入农耕时代。然而，在农业生产中，其生产工具和技术是不断发展和进步的。人们的衣、食、住、行等活动也从蒙昧走向了文明发展。从社会状况来看，中国经历了由低级向高级的发展过程，在经济、政治、社会制度等方面都经历过各种变化。

同样，中国在岁时节日、游艺竞技等方面，也因为历史的变革和外来文化的传入产生了诸多变化。因此，通过对中国传统文化传承的考察我们可以发现，其既保持着固有的传统，有着鲜明的中国特色,又进行了不断变迁,有一定的时代特征。

虽然一些民俗在形式上仍在延续着,但实质内容早已发生了变化,这从中国的一些传统节日中就可以看出。例如,过去在过年期间燃放爆竹是为了驱除鬼魅,而如今只是将其当作制造欢乐喜庆气氛的手段。

总而言之,在中国传统文化的母体和核心得到传承的基础上,其传统架构中的很多内容都发生了变化。一些传统文化的内容与形式以其原型或变种长期保留;一些传统文化保留了传统的形式,而原始内容则日趋淡化和消亡;一些传统文化在后世的传承中仅保留了原有的名目,其内容和形式都发生了极大变化;一些传统文化在后世已荡然无存。不同的社会状况衍生出了不同的社会民俗。

第三节 礼仪产生于传统文化

在古代,很多外国友人来到中国,发现这里的人民普遍接受礼仪的教化与熏陶,在言行举止上以符合礼仪的规范为美德,待人谦恭温和,相互间关系融洽,心里发出由衷的感叹,称中国为"礼仪之邦"。18世纪在欧洲出现的几位大思想家如伏尔泰(法国)、坦布尔(英国)、布尼兹(德国)和沃尔夫(德国)等,都特别崇尚以礼仪为主要内容的孔子学说。

孔子几乎用了他近一生的时间制礼作乐,其着眼于社会的稳定和老百姓可以过上安居乐业的日子,为此他要通过礼乐将大家引上文明之路。在两千多年之后的欧洲,一些外国同行对于孔子的努力做出了高度评价,坦布尔将孔子学说当作一部伦理学,认为其涵盖了政治道德、经济道德、公众道德和私人道德等诸多领域。他们意识到:"政府无道德,老百姓无法安居乐业;老百姓无道德,政府无法安定与正常运转。"因为这些欧洲学者有如此鲜明的学术取向,所以被称为"欧洲孔子"。

在中国历史上,礼仪规范很早就出现了,早在商殷时代就有了礼仪。当然,那时的礼仪还很粗疏,十分简单。即便如此,作为一种重要的社会文化现象的萌芽,其有值得我们思考的几个地方。

(1)礼仪并不是凭空产生的,其出现要基于物质条件的丰富。《周易·序卦传》中指出:"物畜然后有礼。"此处的"畜"即"储存"。只有有了丰富的物质保障,才可能有心思关注礼仪。之后,管子说:"仓廪实而知礼节,衣食足而知荣辱。"这一思想与马克思主义的经济基础先于观念形态的上层建筑的观点是一脉相承的。

(2)最早的礼仪源于百姓集体的约定俗成,而非某个帝王或圣人所制定的。因为最初的礼仪往往与民间的习俗紧密相连,是一种以民俗为根基的行为规范。20世纪二三十年代的著名文史专家刘师培在《古政原论》中指出:"上古之时,礼源于俗。典礼变迁,可以考民风之异同。"学者李安宅也有类似的看法,他在《〈仪礼〉与〈礼记〉之社会学的研究》中指出:"根据社会学的研究,一切民风都是起源于人群应付生活条件的努力。某种应付方法显得有效,即被大伙所自然无意识地采用,变成群众现象,那就是民风。等到民风得到群众的自觉,以为那是有关全体福利的时候,就变成民仪了。直到民仪这东西再加上具体的结构和框架,它就变成制度。"其将俗与礼的关系以及俗如何入礼阐述得特别清楚。

(3)最早的礼仪规范主要是人神关系上的规范,而不是人际交往层面上的规范。也就是说,作为民风起源的"人群应付生活条件的努力"中的"生活条件",当时还不是人们日常生活中的具体条件,而是人们精神领域中信仰生活的条件。因此,《礼记·表记》中指出:"殷人尊神,率民以事神,先鬼而后礼,先罚而后赏,尊而不亲。"其对确证商殷时代就有了礼仪文化有很大帮助。

商殷时代,"鬼"与"礼"是殷人事神的两种不同方式。其中,"鬼"是一种以神的威压使人为之震慑的方式,而"礼"则是一种较为文明的与神交流沟通的方式。"先鬼后礼"的结果就像"先罚而后赏"一样,对神只心存敬畏却不觉得亲近。因此,我国最早的礼是祭祀神灵的规范。

到了周朝,"周人尊礼尚施,事鬼神而远之"。(《礼记·表记》)原来周人较之他们的祖先商殷人来说更为现实。他们把礼纳入实用的范围。于是,"礼"便成了人间社会之礼,"仪"也就是人际交往实用之仪。在西周时,礼仪为社会划定等级秩序,定名分,成制度,规定好人们生活的不同领域、不同场合所必须恪守的准则等。礼仪作为治国的手段为西周确立了以血缘为基础的宗法制度。比起商殷的奴隶常制社会来,历史向前迈出了巨大的一步。所以,生逢东周礼教衰微乱世的孔子,根据当时社会的具体情况和需要,在周礼的基础上使整套的礼仪进一步完善,并创造性地用"乐"(音乐,也指广义的艺术)与之相配合,使理性的规范与情感的内化结合起来,相互补充、相互促进。由此可见,"礼仪之邦"不仅是给予我国这一文明古国的一种美誉,也是对人类精神建构与其间蕴涵的普世性价值的认同。

事实上,对传统礼仪影响最大的是三种传统文化,即释家文化、道家思想、儒家伦理。

释家文化认为人不是一生一世的,而是有千世万世的转世和轮回。释家不是把人看成万物之灵,认为人的一生只是一个阶段而不是全部,释家把事物放在无限广泛的时空里去观察,把精神的乐园建立在远离尘世的天外和来世。这种观察事物的方式决定了释家的思想引导人们从自身千世万世中去寻求擎报的因果关系,促使人们进行自我心灵的净化,以祥和心态去面对各种不美好,进而和现实的不如意现象达成内心的迁就和谅解,以体现出释家"恕"的美德,那就是无限包容和超脱。所以,释家文化培养人们大悲、大勇、大智慧的人格魅力。

释家把事物放在无限广阔的时空中去观察,这种视角虽然注定了释家的大智慧是独一无二的,但是如果我们把正义与邪恶、真理与谬误放在非常长的时间框架下去观察,那么正义与邪恶、真理与谬误的界限也会变得模糊起来,那就意味着一切是非、正义、道德、法制都是不值得人们去分辨的,一切都是可以被宽恕的，人们也用不着去坚持真理和正义了。这种超脱的思想使得释家忽视了大多数人难以逃避的社会属性，而淡漠了是非正义，也让人们缺乏社会责任感。这正是释家难以被普通人接受的一个原因。然而，这不可以说释家不好，因为这种学术并不属于经世之学。其本来就不是为政治服务的学说。

道家的思想与释家思想有类似之处，即超脱世俗，道家是一种"出世学"，但与释家不同的是，道家立足于当世去观察问题，而不将精神寄托于来世，这就使其思想容易被大多数人理解。对于中国风俗，尤其是对中国民俗文化的影响，道家超过了儒家。道家文化讲"无为"，其强调顺其自然，突出"水"的美德，立足于怎样去追求个人的精神乐园，忽视人的社会属性，淡漠了做人的社会责任和社会义务。虽然道家思想也大量涉及国家、人民、政治、军事、道德，但其也存在一定局限性，其倾向于事物发展的结果，却忽视了事物发展的过程，忽略了真理、正义、道德、公平对社会的价值，让人们不问世事，引导人们醉心于山水林泉，这种思想能够培养逍遥自在的隐士，但其难以培养出人对社会和国家的责任感和使命感。

儒家思想是不断发展的，它是一种现实主义思想，但是不论其怎样发展，有一点始终不变，即始终立足于个人对社会的责任和义务，首先强调人的社会属性，关注人对社会的价值，并将其作为衡量个人价值和美德的标准。因为儒家有这种视角，所以儒家教育人们"舍生取义，杀身成仁"，"君子固穷"，"先天下之忧而忧后天下之乐而乐"，教育人们去做一个集"仁、信、智、直"于一身，清能有容、直不过矫的"中庸"君子。

在某种角度看，儒家思想属于一种社会道德伦理规范的学说，是中国主流的意识流派。自汉代以来，大多数的历史时期，儒家思想都是官方思想，直到今天仍然是社会的主流思想基础。

儒家思想的地位高于百家之上，主要是因为其有将人对社会的责任放在首位的进步性。儒家思想强调人在社会生活中应该恪守的角色和义务，这种现实主义使其既容易被人理解，又为社会和政治的稳定提供了基础。

尽管中国古代礼仪在历史演进过程中发生了一定的变化或改进,但始终对中华传统文化和民族生活有着深远影响。礼仪作为一种传统的文化样式,其对社会产生的作用和影响,有着积极和消极两个方面。对此,我们要客观地对其进行评判,要有清醒的认识,使其积极的作用得到充分发挥。

第四节　中国传统礼仪的基石——礼者,敬人也

中国礼仪博大精深,其可以拉近人与人之间的距离,构建和谐的人际关系。本节主要就待人和容仪之礼进行分析。

一、礼貌待人

中国人注重与人为善。如何做到"与人为善"呢?这里就总结了古人的几点看法。

(1)宽容大度。应该事事处处为他人着想,胸襟宽阔,豁达大度,不计小怨。要经常检讨自己,少责怪他人。当自己受委屈时,要自我劝解,忍辱负重,委曲求全。当有人做了对不起你的事、甚至伤害了你时,不要耿耿于怀,以牙还牙,挟嫌报复。

(2)常怀善意。看到别人的成绩和进步,不要心生忌妒,故意挑剔,诋毁别人。要经常扬人之善,见贤思齐,取人之长,补己之短。看到别人的缺点和错误时,要用善意的态度,真心诚意地予以帮助,使其克服缺点,改正错误,与其共同进步。不要隔岸观火,幸灾乐祸;更不要乘人之危,落井下石,一棍子把人打死。

(3)乐善好施。要常怀爱心,无私奉献,助人为乐。当别人遇到困难或不幸时,要伸出援助之手,解囊相助,雪中送炭,扶人之困,济人之难。

雪中送炭

"雪中送炭"就是在别人急需时给予物质或精神上的帮助，是一种救人急难、不求回报的高尚品德。雪中送炭的精神应该从小就要培养。在我国古代，"孟宗母送子求学做大被"的故事，说的就是从小要养成助人为乐的品德。孟宗是三国的吴国人，其母亲很年轻就失去丈夫，独自抚养自己的儿子。孟宗到了上学的年龄后，孟母就将其送外求学。临行时，孟母一再叮嘱儿子到老师家要虚心上进，还特别做了一床又厚又大的被子，给孟宗带上。当邻居们得知此事后，都感到不解，小孩为什么带那么大的被子，于是都来询问，孟母说："小孩初到外地，不能给人们什么恩惠，这使我心中很不安，我估计他的同窗中会有因贫穷而置办不起被褥的，所以做一条大被给他，或许可以帮助贫穷的孩子。"孟宗母亲做的大被一方面能让一些贫苦的孩子在寒冷的冬天获得温暖、雪中得炭，又能养成孩子与人为善的品德。在母亲的良好教育下，孟宗最终成了一个德才兼备的人。

龙文鞭影

《龙文鞭影》讲述的是"应融丸药"的故事。一个名叫祝恬的儒生被朝廷征诏，在前往京师的路上得了病，当路过郏县时，任郏县县令的朋友谢著因为他有病而将其拒之门外。祝恬只能撑着病体继续前行，走到汲县，县里的儒生把他的惨境告诉了县令应融。应融说："我听说祝恬是一个难得的人才，应成为国家的栋梁，怎么能让他病在外面而无人帮助呢？"于是，亲自为其安排了吃住，还特意请医生为其调制丸药，甚至做好了棺木准备为奄奄一息的祝恬送终。然而，经过应融的精心照料，十几天后，祝恬竟然康复了。从此，应融的这种救人于危难之中的行为成为后人的佳话。

二、容仪有整

《弟子规》中有："冠必正，纽必结，袜与履，俱紧切。"即便对于现代人，这些规范也是非常重要的。对于一个人的礼仪外观，最基本的要求就是帽正纽结、鞋袜紧切。如果看到一个衣冠不整、鞋袜不正的人在你面前,你应该会觉得恶心,难以让人接近。当然,衣着打扮也要符合自己的职业、年龄、生理特征、相处的环境和交往对象的生活习俗,做到得体、大方。浓妆艳抹,矫揉造作,反倒会让人不舒服,难以接近。

孔子曰:"君子不重则不威,学则不固。"(《论语·学而》)其意思是:如果人不厚重,不光没有威信,学东西也不牢固。厚重是一种修养,是由内而外散发出来的。平易亲切,同样厚重。不要摆架子,随时端着脸,那不是庄重。

庄重的人应该做到"站如松,坐如钟,行如风,卧如弓",就是要站正,坐稳,行动利索,侧身而睡。特别在公共场所,要注重举止不可轻浮,不可猥亵,要庄重、谨慎且又从容,做到"非礼勿视,非礼勿听,非礼勿言,非礼勿动"(《论语·颜渊》),符合礼仪规范。

一屋不扫

东汉时期有一名少年叫陈蕃,他独居一室,庭宇芜秽。一天,陈蕃父亲的朋友薛勤前来做客,发现屋内杂乱不堪,批评他说:"孺子何不洒扫以待宾客?"意思是:为什么不把家里打扫干净迎接宾客。陈蕃说:"大丈夫处世,当扫除天下,安事一屋乎?"薛勤随即怒斥道:"一屋不扫,何以扫天下?"

仔细想一想,陈蕃之所以不打扫自己的屋子,无非不屑而致。尽管他胸怀大志,目标是"扫除天下",但是要以不扫屋来作为"弃燕雀之小志,慕鸿鹄以高翔"的表现,显然说不过去。

第五节　礼与中国人文精神

实现物质与精神的均衡进步是人类社会健康发展的一个重要条件。中国的物质文化发展有着很长的历史,早在新石器时代,就出现了南北两大农业文明区域:北方的粟作农业和南方的稻作农业。南北两大农业文明经过数千年的发展与融汇,形成了夏、商、周三代的青铜文明。物质文明匮乏容易引发社会问题,而物质文明发达但精神文明缺失,同样会引发社会问题。本节就对礼与中国人文精神进行研究。

一、礼与敬

人是一种社会性的动物,在集体生活中需要做到和谐、分工与合作,否则将难以形成群体的合力,进而无法推动社会的发展。

礼的基本精神之一就是要尊重他人。俗话说:"天外有天,人外有人",所以看人应该先看人的长处,在与人交往时,应该主动向对方表示敬意,以赢得对方对自己的尊重。《孝经·广要道章》指出:"礼者,敬而已矣。"意思是无敬则不成其礼。《礼记·曲礼上》曰:"毋不敬",吉、凶、军、宾、嘉五礼,无不以敬畏、敬重、恭敬为基本特色。

有学者指出,儒家之礼属于贵族之礼,礼是贵族阶级内部的行为,庶民无礼可言,其是为了巩固其统治,这是一种错误的看法。《礼记·曲礼上》云:"夫礼者,自卑而尊人。虽负贩者,必有尊也,而况富贵乎? 富贵而知好礼,则不骄不淫;贫贱而知好礼,则志不慑。""自卑而尊人"是礼的出发点,应该向对方表达尊重,应自我谦卑,放低身段。即便对方属于弱势群体的负贩者,其也有自己的尊严,要给予同样的尊重,而不是只见到富者贵者才行礼。可见,儒家提倡的礼,是面向所有人的。这句话破除了"礼是阶级压迫之礼"的说法。

孟子认为,仁与礼是君子修为的核心。仁指内心之爱,礼指仁爱形于外的表达,二者相表里,主题都是要尊重他人:"君子所以异于人者,以其存心也,君子以仁存心,以礼存心。仁者爱人,有礼者敬人。爱人者人恒爱之,敬人者人恒敬之。"

敬与谦是中华民族的美德。自谦的目的是突出对方的可敬;敬人的目的是彰显自己的仰慕。自谦而敬人也属于中华礼仪精神,其在很多礼仪中都有所体现。

二、礼与博爱

《孝经·三才章》中提出了"博爱"。儒家提倡的博爱并非空洞的说教,而是将其真正地付诸实践。

博爱首先要做到的是孝顺父母。每个人的生命都是父母给予的,并且在我们成长的每个阶段都始终伴随着父母的关爱。因此,通过孝顺父母树立仁爱之心,是最容易做到的,于是就有了"孝为仁之始"。需要指出的是,孝敬父母应该反对狭隘私亲的爱,应该将对父母的爱推及至天下人的父母身上,"爱亲者不敢恶于人,敬亲者不敢慢于人",御注对这两句话的解释是:"博爱"与"广敬",将博爱、广敬之道推行于四海,即"广孝",也就是博爱。子夏曰:"君子敬而无失,与人恭而有礼。四海之内,皆兄弟也。"这就是对广孝的正面解读,所以说孝是"为仁之本"。

中国人自幼儿时期就被长辈教育要有博爱之心。《弟子规》云:"凡是人,皆须爱。天同覆,地同载。"其大概意思是:人们都属于一类,生活在同一片蓝天下,生长于同一片大地上,只有彼此相互关爱,才能和谐共存,健康发展。受这种博爱之心的影响,中国人在相处时,习惯以辈分相称,即便再无血缘关系,也可以用祖辈、父辈的称谓相互称呼,这在西方文化中是不存在的。孝亲与博爱都需要通过践行礼才能实现和推广。也可以说,礼是孝亲与博爱的具体体现。

三、礼节人情

人们的情感极为丰富,包括喜、怒、哀、乐,每时每刻都会受情感的控制,甚至有人愿意为情感付出生命。对于情感,只有控制得当,才能获得幸福,也才能促使社会的和谐。然而,如果对情感处理得一旦失控,就容易给个人或者社会带来悲剧。可见,情感对于人生有着重要的影响,所以要给予特别关注。

道家指出，性情乃出自天赋，神圣不可侵犯，故只能率性由情，任其自然。儒家强调，人情固然有其合理性，必须尊重，但人是理性的动物，人应该而且有能力将情感控制在不偏不倚的"中"的境地。儒家之礼就是为了合理地节制人情而设："礼者，因人之情而为之节文，以为民坊者也。"从某种意义上讲，礼要做的一切无非要将人的性情引导到合理的境地，故《毛诗序》云："发乎情，止乎礼义。发乎情，民之性也。止乎礼义，先王之泽也。"郭店楚简云："始者近情，终者近义。"与此如出一辙，证明先秦儒家对礼节人情的问题，已经形成了十分成熟的理念。朱子对《诗》义的理解十分到位。子曰："《关雎》乐而不淫，哀而不伤。"朱熹云："淫者，乐之过而失其正者也。伤者，哀之过而害于和者也。"

四、文质彬彬

合理地处理"质"与"文"的关系是学礼的一个重要内容。其中，质是指人区别于其他物种的基本特质，其是仁、义、礼、智的善端，是人之所以为人的内在理由。文是文明时代的人的行为方式，具体涉及言谈、举止、服饰等。夏、商、周三代经历乐从质而文的发展过程，但其并不是说可以只要文而不要质，质对于人依然非常重要。孔子曰："质胜文则野，文胜质则史，文质彬彬，然后君子。"质胜过文，就不免显得粗野；文胜过质，就不免显得做作；理想的状态是质与文达到一种均衡的状态，相得益彰。质是做人的底色，缺少质则不成其为人；文是文明的体现，没有文则无从体现时代的进步；文质彬彬，才是君子的风范。

春秋时代，世风轻浮，很多人注重以文胜人，却忽视了质的意义。卫国大夫棘子成对此深感厌恶，并且否定了文的意义。对此，子贡同样予以了否定。棘子成曰："君子质而已矣，何以文为？"子贡曰："惜乎！夫子之说君子也。驷不及舌。文犹质也，质犹文也。虎豹之鞟，犹犬羊之鞟。"

君子应兼具质和文，不可偏废，更不应将质与文混为一谈。

质固然重要，文也不可轻忽。子贡曾做了一个精妙的比喻，身体外表是否有"文"是虎豹与犬羊的区别之一，如果将它皮上的斑斓花纹剃光，再将其与犬羊的皮挂在一起，谁还能区别它们？可见，要成为君子，就要有"文采"，也就是要有文明人的风范。质与文属于一种内外关系，它们的理想状态是"德辉动于内""理发诸外"。

五、知行合一

知行合一是儒家修身的一个重要原则。上古时期的"教"与"学"属于同一个字，人们认为其是一个问题的两个方面：从教师的角度说，"教"是"觉"的意思，即以先觉觉后觉，将自己明白的道理告诉学生，使其理解；从学生的角度说，"学"是"效"的意思，即仿效老师的行为。"习"字，《说文》云："数飞也。"小鸟要学会飞行，就要经过多次往复的飞行，所以习有践行之意。礼正是践履真知的行为："礼者，履此者也。"关于知行合一，荀子做了精彩的论述："君子之学也。入乎耳，箸乎心，布乎四体，形乎动静。端而言，蠕而动，一可以为法则。小人之学也，入乎耳，出乎口。口耳之间，则四寸耳，曷足以美七尺之躯哉！古之学者为己，今之学者为人。"

在这里，荀子引孔子"古之学者为己，今之学者为人"一语，在于说明学习的目的是完善自我，因此必须落实在行为上，"入乎耳，箸乎心，布乎四体，形乎动静。端而言，蠕而动，一可以为法则"，这就需要对礼进行践行。

第四章　礼义廉耻，国之四维——古代五礼制度

中国是泱泱礼仪大国，不仅民间有着丰富多彩的礼仪，官方、宫廷也同样有严整、周密的礼仪，由此构成了朝野一体的礼仪全貌和传统。中国的礼仪在官方、宫廷中表现得更加突出，这是因为官方、宫廷更有条件制订、推行这种规范性的东西。早在周秦时代，官方就有制礼作乐的政府机构，有像周公那样制订和推行礼仪的官员。在唐宋以来，朝廷几乎无一例外地设有管理礼仪的机构——礼部，这些都对我国礼仪的总结、推广起到了一定的作用。就一般礼仪而言，官方、宫廷的礼仪多来自民间，但经过加工之后，它们又对民间礼仪有示范性的作用。传统上，中国的礼仪可以大致分为五种，即所谓"五礼"。虽然民间并不在乎这种分类，但作为国家的重大礼仪，两千年来基本上都是如此划分的，并且极其重视这些礼仪的制订和施行。礼是逐步发展完备的。祀神是最初的礼仪，随着社会的进化和社会关系的复杂化，礼仪逐步扩展为对人，大约到周代，就正式形成了吉、凶、军、宾、嘉的礼仪系统，其后的历代王朝无不依照五礼体系制订国家重大礼仪，只是在次序上有所调整变更。本章主要根据《周礼》《仪礼》《礼记》和汉代以来历朝礼书的记载，对中国古代的重要礼仪活动进行概述。

第一节　侍神致福——吉礼

被《周礼》列入吉礼的祭祀共有 12 项，其中祭祀天神者三项，祭祀地祇者三项，祭祀人鬼者六项。祭祀天神的三项为："以沉祀

祀昊天上帝,以实柴祀日月星辰,以栖燎祀司中、司命、风师、雨师。"祭祀地祇的三项为:"以血祭祭社稷、五祀、五岳,以狸沉祭山林川泽,以疈辜祭四方百物。"祭人鬼的六项皆为宗庙之祭。在实际的祭祀活动中,祭祀对象较上述为多。随着时间的推移,还不断有新的神灵被列入国家祀典中。

一、祭祀天神

(一)圜丘祭天

周代圜丘郊祭之礼史籍中无系统记述,根据《周礼》《礼记》等书中的零散资料综合观之,其仪节大略如下:祭礼于冬至日在都城南郊的圜丘举行。圜丘又作"圆丘",是体现天圆地方观念的象征性建筑。圜丘祭祀的主神是昊天上帝,但还要以王室的祖先配祀,正如《象上传》解释《易经》豫卦时所谓:"先王以作乐崇德,殷荐之上帝,以配祖考。"《大戴礼·朝事》解释:"祀天于南郊,配以先祖,所以教民报德,不忘本也。"圜丘祭祀的主祀者应为天子,故《礼记·祭义》说:"惟圣人为能享帝。"

祭祀的前10天,周王要先到祖庙祭告,然后到祢室占卜,卜吉,周王便来到泽宫,选择一些臣僚为助祭,然后由有关官员宣读关于斋戒祭祀的誓词,周王和祭臣僚恭敬聆听。从卜日开始,周王与祭臣僚斋戒,熟悉祭天的礼仪,还要省视将要敬献给天帝的牺牲是否合格以及祭器是否清洁。祭祀这天,周王首先服皮弁以听祭报。然后穿戴专供祭天之用的大裘,内着象征天的衮服,头戴前后垂有12旒的冕,乘坐素车前往圜丘,车上插有12旒的旗,旗上绘有龙和日、月等图案。

到达圜丘后,周王脱去大裘,仅着衮服,腰间插大圭,手持镇圭,立于圜丘东南侧,面向西方。周王点燃堆集好的柴垛,烟火蒸腾而上。此时,乐声大作,请求天神降临,并迎接尸登上圜丘。所谓尸,就是由活人装扮的天帝的化身,在祭礼过程中他代表天帝接受周王的祭献。接着,将牺牲迎至祭祀场所,由周王亲自主持将其宰杀。然后,依次祭献玉帛、牲血、全牲、大羹、黍稷等,每次祭献都同时献酒,前后共献五种酒,称作"五齐"。献祭完毕,尸赐酒于周王及祭献者,称为"酢"。饮毕,周王与舞队同舞《云门》之舞。然后,再用车将尸送走,将祭品撤下,祭礼即告完毕。

秦及西汉初年只郊祭白、青、黄、赤四帝或五帝(加黑帝),而无圜丘祭天之礼。汉代迷信盛行,人们认为天上的紫微宫是天帝之室,北辰(北极星)即为天帝,又名"泰一",为"天神之最高贵者"。故汉武帝除 3 年一次郊祀五帝外,还听信方士之言,在都城长安东南郊建立泰一坛,后每年冬至皆郊拜泰一,其礼制与郊祀五帝一样。

西汉一代,圜丘祭天之礼仅举行数次而已。东汉光武帝即位于鄗,在鄗城南郊立坛,祭告天地。祭礼依照西汉平帝元始中的郊祭仪式进行,天地合祭,称天帝为"皇天上帝"。不过,这次郊祭未以祖先配享。三国、晋及南北朝时期,各汉族政权郊礼或举或否,举行者基本上依照旧典,与东汉礼制无大差别。较大的变化是:从南齐武帝永明二年(公元 484 年)开始,在圜丘外建造屋宇以供休憩,改变了郊祀时搭建临时性帷帐的旧制;梁代郊祭天地不用牺牲,只用蔬果。

杨坚建立隋朝后,命令国子祭酒羊彦之等议定祀典,使南北朝时纷杂的礼制复归统一。当时在都城长安南郊建立圜丘,立坛四重,昊天上帝和配享上帝的太祖武元皇帝(杨坚之父)的神位居于最上面,五方上帝、日月、五星、十二辰等各种神灵之位依次布列。

唐代立国,圜丘规制与祭仪基本依照隋朝制度,未加改作,只是以太祖景皇帝(李渊之祖)配享上帝。贞观初,又以高祖太武皇帝(李渊)配享圜丘。宋代初年,圜丘之制沿袭唐代,立坛四重,又在圜丘之旁建立斋宫,名曰"青城",其殿宇门户在每次郊礼之前都要重新命名。元朝综合唐、宋、金旧议,在大都的正门东南七里建祭台,合祀昊天上帝和皇地祇。其后凡有大典礼,都在祭台告谢。

明初，在南京正阳门外、钟山之阳建圜丘，立坛二重。洪武十年（公元 1377 年），在原来圜丘之上覆以大屋，称为"大祀殿"，共12楹。明成祖迁都北京之后，在南郊建大祀殿，规制一如南京，合祀天地。嘉靖九年（公元 1530 年），明世宗下诏改变天地合祀制度，便在大祀殿之南另建圜丘坛，在安定门外之东建方泽坛。嘉靖二十四年（公元 1545 年），在大祀殿故址建大享殿。

努尔哈赤建立后金后，以本民族习惯设杆祭天。太宗皇太极天聪十年（1636 年），在盛京（今沈阳）建圜丘、方泽坛，祭告天地，改元崇德，改国号为大清。入关之后，修复了北京正阳门南圜丘及各种配套建筑。清圜丘为三重，上重宽 20 米，高 3 米，二重宽30 米，高 2.7 米，三重宽 40 米，高 2.7 米。乾隆时期，增拓圜丘规模，上重直径 30 米，二重 50 米，三重 70 米。其他建筑也有所改修，成为今天尚存的天坛古建筑群，包括圜丘、大享殿、皇穹宇、皇极殿、斋宫、井亭、宰牲亭等。

不过，清廷在按照汉族古礼进行圜丘祭天的同时，也未放弃本民族习俗，仍然保持堂子祭天的礼仪。在堂子中举行的祭礼很多，尤以元旦拜天、出征凯旋告祭为重，皇帝都要亲往致祭，其他月祭、杆祭、浴佛祭、马祭等则遣有关官员致祭。

（二）其他祭天典礼

周代祭天之礼有多种，除冬至圜丘祭天外，尚有夏正郊天、九月大享、五时迎气、正月祭感生帝、雩祭等。其后各代或因或革，或损或益，情形不一。

1. 五时迎气·五帝·感生帝

《周礼·春官·小宗伯》说："兆五帝于四郊"。据注疏，"兆为坛之茔域"，亦即在国都四郊立坛以祭五天帝。其中苍帝名灵威仰，祭于东郊，以太昊配享；赤帝名赤熛怒，祭于南郊，以炎帝配享；黄帝名含枢纽，亦祭于南郊，以黄帝配享；白帝名白招矩，祭于西郊,以少昊配享;黑帝名叶光纪,祭于北郊,以颛顼配享。太昊、炎帝、黄帝、少昊、颛顼为五人帝,亦可称"五帝"。还有一种说法,认为祭五帝就是祭五人帝。

据《礼记·月令》记载,主宰春天的是东方之帝太皞及其属神句芒,主宰夏天的是南方之帝炎帝及其属神祝融,主宰秋天的是西方之帝少皞及其属神蓐收,主宰冬天的是北方之帝颛顼及其属神玄冥。木配春,火配夏,金配秋,水配冬,中央为土,处于夏秋之间,其时令是于四时之中各寄18日,其主宰是中央之帝黄帝及其属神后土。在立春、立夏、立秋、立冬之日,天子要亲率百官到东、南、西、北郊以迎春、迎夏、迎秋、迎冬,此即为迎气,其礼服和祭器祭品均要与方位五行相符合。

史书中对五帝祭祀的确切记述是从秦国初期开始的。秦始皇统一中国之后,对四帝祭祀仍很重视。此外,秦以冬十月为岁首,每隔三年,还要举行一次郊祭四帝的大典,点燃起烽火,皇帝身穿白衣,望拜于咸阳之旁。

刘秀建立东汉王朝后,确立了圜丘郊天之礼,但未沿袭王莽于四郊建坛以祀五帝及诸方之神的制度,而是将五帝从祀皇天上帝,其位在外坛上,青帝在甲寅之地,赤帝在丙巳之地,黄帝在丁未之地,白帝在庚申之地,黑帝在壬亥之地,五帝与干支在五行中的属性正相符合。明帝永平年间,以《礼谶》和《礼记·月令》有五郊迎气之说,便根据西汉平帝时王莽制定的制度,兆五郊于洛阳四方,同时较详细地规定了迎气礼仪。各地方官府无五时迎气之礼,但有迎春礼,在立春之日,都穿戴青衣,去东郭外迎春。

除五帝之外,还有感生帝的祭祀。古人认为,五帝是"五行精气之神",故又称"五精",人间的朝代是五帝轮流感应而生——如尧是赤帝所感生,舜是黄帝所感生,禹是白帝所感生,汤是黑帝所感生,周文王是苍帝所感生等,因而帝王除祭天和五帝外,还要专门祭祀与自己一朝相应的天帝,称为"感生帝"。

从史籍记载看,北齐时已有了明确的祭感生帝之礼,在南郊于圜丘之外另立郊坛,以苍帝灵威仰为感生帝,于每年正月上辛日举行祭典,以高祖神武皇帝配享。

2. 祈谷·大雩

祈谷是祈求丰收的祭礼。据《礼记·月令》说,孟春之月,"天子乃以元日祈谷于上帝。"从西汉末年到魏晋时期,在实际礼仪中,基本上是于正月上辛日在南郊圜丘祭天,这是将圜丘祭天与祈谷合而为一。南朝梁天监三年(公元504年),将祭天改在冬至,另于正月上辛祈谷,都在圜丘举行。北齐则每隔三年于正月上辛日在圜丘祭天。隋代则综合南、北制度而用之,即分建圜丘、郊坛,每隔一年冬至日于圜丘祭昊天上帝,每年正月上辛于郊坛祭感生帝,无祈谷之说。

唐初因袭隋制,至高宗显庆年间,正月上辛不祭感生帝,改为祈谷。乾封初年,又复感生帝之祭。玄宗开元二十年(公元732年),改撰新礼,规定冬至祀天于圜丘,正月上辛祈谷于圜丘,废郊坛祭感生帝之礼。后听从臣下建议,仍祭感生帝,则圜丘冬至祭天、圜丘上辛祈谷、郊坛上辛祭感生帝,三礼并行。宋因之未有大改。

元及明初无祈谷之礼,直到明世宗嘉靖年间,因群臣上疏请求,世宗决定在大祀殿举行祈谷礼。清代在关外时无祈谷礼,顺治年间,规定每年正月天辛祭上帝于大享殿,为民祈谷。乾隆年间,改大享殿为祈年殿,专行祈谷之礼。

大雩是求雨的祭礼。若风调雨顺之年,大雩则为例行祭祀,在仲夏举行;如发生了大旱,则随时举行。据《礼记·月令》注疏说,例行雩祭在仲夏四月举行,是因为五月阳气盛而旱,故制礼此月为雩,纵令雩祭时不旱,亦为雩祭。雩又称"舞雩",是指演奏起音乐,跳起舞,并"歌哭而请",请求天帝降雨。

北宋前期,大雩礼于圜丘举行,皇帝亲祀上帝。除雩祭外,宋代还有其他求雨仪式,如宋真宗咸平二年(公元999年),天旱,诏令有司祠雷师、雨师,并将李邕所著《祈雨法》颁布各地。

3. 明堂之制

明堂是天子在季秋举行大享礼的地方。大享是与春天的祈谷相对应的礼仪,是指将新收获的农产品祭献给上天,报答上天的恩佑。据《孝经》记载:"昔者周公郊祀后稷,以配天宗;祀文王于明堂,以配上帝。"一种观点认为,这里的天宗和上帝指的是至尊无上的昊天上帝和五方上帝。因郊祭时以周之始祖后稷配享,故又有明堂之祭,以使勋劳卓著的周文王也能配享上帝。

根据《大戴礼·明堂篇》的说法,明堂是古来相传的制度,其建筑规制是上圆下方,屋顶以茅草覆盖,共有九室,每室都设四个门、八个窗。明堂外面有水环绕,称为"辟雍"。

西汉武帝初年,进用儒臣,曾讨论在都城南建立明堂事宜,但因窦太后喜黄老而斥儒术,事未成。窦太后去世后,又将明堂提上议事日程,但对于明堂规制不太清楚。济南人公玉带向朝廷奏上《黄帝时明堂图》:图中画有一座宫殿,四面无壁,上覆以茅草,四面有水,环宫垣为复道;上有楼,入口在西南方向,名曰昆仑,以礼拜上帝。于是,汉武帝按照此图所示,在汶上建明堂,设五帝位。汉平帝时期,王莽把持朝政,又在长安城南建立了明堂。

东汉光武帝中元元年(公元56年),在洛阳城南建明堂,但未举行祭祀典礼。明帝永平二年(公元59年)正月辛未,才第一次在明堂祀五帝,以光武帝配享。五帝的神位是黄帝在未地,青、赤、白、黑四帝分别在东、南、西、北四方。同时,汶上明堂仍然存在,汉章帝、安帝都曾亲自前往祭祀,礼仪同祭洛阳明堂一样。

唐太宗时期,令群臣讨论明堂之制,但与议诸人所宗学派不同,人人异言,损益不同,是非莫定。秘书监颜师古上疏建议说,既然两汉以前各代明堂高下方圆皆不相同,皇帝应不拘古礼,大胆创造,建立明堂,以传后世。因不久唐太宗就致力于征辽东,无暇营创。高宗时期,讨论更加热烈,亦无结果。直到武则天临朝听政,才将群臣相互矛盾的言论抛置一边,根据北门学士的意见,于垂拱三年(公元68年)春毁东都洛阳之乾元殿,在其基址上建明堂,次年正月建成,称为"万象神宫"。此后,武则天数次在明堂享祭、布政。证圣元年(695年)正月,明堂被大火烧成灰烬。武则天命令依原样重建,改称"通天宫"。仍在此处举行大享礼,并向群臣布政,后还规定每逢孟春、孟夏、孟秋、孟冬以及季夏之月,初一日在明堂举行告朔礼。玄宗开元五年(公元717年),驾临东都,听从群臣建议,将通天宫改名为乾元殿。自此以后,凡皇帝驻在东都时,遇元旦、冬至节等在乾元殿接受群臣朝贺,而季秋的大享礼仍在西京圜丘举行。

宋初未建明堂。宋仁宗二年(公元1050年),以大庆殿为明堂,殿内分五室。明堂神位设置与圜丘一样,合祀昊天上帝和皇地祇,以宋太祖、太宗、真宗配享,五方帝、神州、日、月、天皇大帝、北极、方岳镇海等从祀。南宋初年,援引宋仁宗以大庆殿为明堂之例,在皇帝御殿设神位,行大享礼,其后仪注渐备,大致同郊祀礼。

明初无明堂之制。世宗嘉靖十七年(1538年)六月始议明堂大享之礼,并将玄极宝殿权作明堂,于九月辛卯大享上帝。清初正月上辛在大享殿合祀天地,认为这就是明堂制度。乾隆十六年(1751年),和亲王等大臣上言,指出正月上辛为祈谷礼,而大享为季秋报祀礼,二者不可混淆。乾隆皇帝遂改大享殿为祈年殿,专行祈谷礼,改正了对明堂的错误认识。

二、祭祀地神

(一)方丘祭地

在古代,土地崇拜十分盛行。殷墟卜辞中有许多祭祀"土"或"亳土"的记载。周代也非常敬重地神,《周礼·春官》中有"建邦国,先告后土,用牲币""王大封则先告后土"等说法,可见分邦建国,必先祭告地神。周天子父事天,于冬至日祀天于圜丘;母事地,于夏至日祭地于方丘。方丘祭祀是祭地的正礼。方丘又称

"方泽",是一个四面环水的方形祭坛,象征着古人观念中的四方环海的大地。古人认为,地属阴,故方丘建于国都北郊,与南郊的圜丘相对应。

秦代未有方丘之制,秦始皇东巡时曾祭祀当地的"八神",其中有一神名地主,祭祀地点在泰山梁父。汉高祖"甚重祠而敬祭",在长安设置祠祀官、女巫,其中梁巫负责祭祀的神灵中包括地。

隋代在宫城之北5公里建方丘,共两重,皆高1.5米,下重方33米,上重方16米。夏至之日,祭皇地祇于其上,以太祖配。唐代初年,沿袭隋礼。太宗时期,房玄龄等人认为九州中除神州为国之所托外,其余八州与朝廷没有关系,因而在方丘祭地时除八州等八座,唯祭皇氏及神州。高宗时期,礼官上言,认为在"方丘祭地之外,别有神州,谓之北郊,分地为二,既无典据,理又不通",遂又取消神州之祀。则天武后时期,仅于南郊合祀天地。玄宗时期,重定夏至日方丘祭地之仪,仍以神州地祇从祀,并于孟冬专祭神州地祇。

宋代在宫城之北7公里建方丘以祭皇地祇,另建坛祭神州地祇。明初,根据古礼,分祭天地于南、北郊,建立方丘于钟山之阴,夏至日祀皇地祇于方丘,以五岳、五镇、四海、四渎从祀。

清代入关前,在盛京即曾建方泽坛以祭地。入关后,沿袭明制,在安定门外方泽水渠中设坛。

(二)社稷

《诗·周颂·载芟》序说:"春藉田而祈社稷也。"《诗·周颂·良耜》序也说:"秋报社稷也。"可见,天子祭祀社稷的典礼每年要举行两次:一次在春天,与藉田礼结合在一起,是对丰收的祈祷;一次在秋天,是收成之后向社稷之神表示感谢。《礼记·月令》说:"仲春之月,择元日命民社。"可知民间每年大祭社一次。社坛上树立着一个象征着神位的"主",也称"田主"。据说,在远古时代,各氏族均有自己崇拜的特殊树木,即"社树",夏后氏用松树,殷人用柏树,周人用栗树,后来规定各地用当地具有代表性的树木作社主。

从《周礼》《礼记》的记载来看,天子祭祀社稷时,服希冕,祭品用太牢。在奉献的祭品中,牲血很重要,故有"以血祭祭社稷"之说,祭社时击鼓伴奏。祭社之日,还要举行占卜仪式,卜问来年是否会丰收。除春、秋两次祭社稷外,举凡有出兵、田猎、巡狩、祈祷等大事,也都要祭社。此外,还有变置社稷之礼。

隋代开皇初年,在含光门之右分别并建社、稷坛,仲春仲秋吉戊,各以一太牢致祭,牲色用黑。孟冬下亥,又腊祭之。州、郡、县则在仲春、仲秋之月以少牢致祭,百姓亦各为社。唐代亦以仲春、仲秋二时戊日祭太社、太稷,社以勾龙配享,稷以后稷配享。孟春吉亥,祭帝社于藉田,天子亲耕。

宋代自京师至州县皆有社稷之祭。京师太社坛长 16 米,高 1.6 米,用五色土筑成。太稷坛在太社坛之西,规制相同。社以石为主,形如钟,长 1.6 米,方 0.6 米。围绕社稷坛宫垣的颜色亦与方位相同。州、县社主原来不用石,后亦令改用石,尺寸比太社石主减一半。

明太祖认为社稷分祭及配享皆不妥当,命礼官讨论,最后决定在午门之右建坛,合祭社稷,以仁祖配享,规格也由中祀升为上祀。清沿明制,在端门之右(今中山公园内)建社稷坛,祭大社、大稷,奉后土句龙氏、后稷氏配。祭之日,坛上敷铺五色土,各如其方。

(三)封禅

封禅不是单纯的祭地礼,封为祭天,禅为祭地,封禅就是祭祀天地。封与禅一般都同时进行。《史记·封禅书》正义说:"此泰山上筑土为坛以祭天,报天之功,故曰封;此泰山下小山上除地,报地之功,故曰禅。"之所以在泰山举行封禅大典,是因为泰山为东岳,东方主生,是万物之始,是阴阳交替之处。泰山下举行禅礼的小山有云云山、亭亭山、梁父山、社首山、肃然山等。后多在梁父山举行。据记载,秦始皇准备封禅时,曾召集儒生博士 70 人到泰山下,向他们询问古代封禅礼仪。儒生众说纷纭,莫衷一是。

秦始皇自定封禅礼仪。他修建车道,从泰山南坡上至山顶,勒石纪功,又从北坡而下,禅于梁父。一封一禅,但具体礼仪保密甚严,不得而知。

唐高宗封禅泰山,从驾的文武大臣、兵士、仪仗队伍长达数百里,其礼仪为:先在泰山南四里筑圆坛,三重,十二阶,如圜丘之制,坛上饰以青色,四面各如其方之色,并造玉、策三枚、玉匮一、金匮二、石检、石礚等;在泰山之上,筑登封之坛,上径五丈,高九尺,四面有陛,坛上饰以青色,四面各如其方之色,亦造玉牒、玉匮、石礚、石检等以备用;在泰山下的社首山筑禅坛,方形八隅、一重,如方丘之制,坛上饰以黄色,四面各如其方之色,准备玉策等物,与上面相同。封禅礼开始之日,唐玄宗在山下圆坛亲祭昊天上帝,祭毕,亲封玉策,置石礚,聚五色土封之。然后,率侍臣等登泰山。次日,就山上登封之坛封玉策,封毕,下山。次日,在社首山禅坛亲祭皇地祇。次日,御朝觐坛以朝群臣。礼毕,宴文武百僚,大赦改元。

三、祭祀人神

(一)宗庙祭祖

宗庙祭祖是由古代巫教中的祖先崇拜演变而来的。对死去的祖先,无法一一分别祭祀,于是做出种种规定,形成祭祀制度。在规定祭祀对象时,首先是在远祖中寻找对本族有特殊功绩的祖先人物作为固定的、永远要祭祀的对象。其次,只祭近几代死去的祖先。在祭祀方法上,采取合祭和对主要祖先轮流祭祀的方法。所谓合祭,就是原先单独立庙祭祀的祖先,随着世系已远,毁其庙,平时将神主藏于太祖庙,五年一次,出其神主合祭。

周代极为重视宗庙,有"君子将营宫室,宗庙为先"之说。周代的宗庙制度,据《礼记·王制》说:"天子七庙,三昭三穆,与大祖之庙而七。诸侯五庙,二昭二穆,与大祖之庙而五。大夫三庙,一昭一穆,与大祖之庙而三。"昭、穆是指宗庙中的排列次序。诸庙皆向南,昭庙在左,穆庙在右,依次排列。自太祖以下,第二、四、六世等偶数之祖为昭,第三、五、七等奇数之祖为穆。太祖之庙百世不迁,从王自己算起第七世以上至太祖之间的祖先,世系已远,称为"亲尽",要毁庙,神主移入夹室,即藏在太祖庙内专设的房间,袷祭时才取出,供奉祭拜。

周代宗庙中的神主通常用桑、栗等木制作而成,长方形,平时收藏在"祏"(收藏神主的石函)中,祭祀时取出。在祭祀宗庙的正典中,像祭天一样,要使用尸作为先祖的代表。为尸者要与死者有血缘关系,血脉贯通,祖先之灵才能降临,但死者之子在祭祀中要担任主祭,不能充任,故尸一般由死者之孙充当。在祭祀之前,先要进行修除、择土、卜日、斋戒等准备工作。在祭祀之日,入庙后先到太室行裸礼。祭礼毕,所用祭品分而食之,称为"馂"。牺牲之肉,生曰脤,熟曰膰,祭后要分赠给参加祭祀的宾客或颁赐给同姓诸侯。祭祀时的乐舞,据《周礼·春官·大司乐》说:"乃奏《夷则》,歌《小吕》,舞《大濩》,以享先妣;乃奏《无射》,歌《夹钟》,舞《大武》,以享先祖。"

自秦开始,历代皇帝皆立宗庙,一岁祭祀数次,但宗庙多少不一。清代入关前,太宗皇太极在盛京立太庙,前殿五室,专祀太祖努尔哈赤,后殿三室,祀始祖、高祖、曾祖及祖。定都北京后,沿袭旧制,仍在端门之左立太庙,南向,朱门丹壁,上覆黄琉璃,周围以高墙环绕,周长291丈。内有三殿,前殿11楹,中奉太祖、太后神龛。中殿9楹,同堂异室,奉太祖以下帝、后神龛。后殿亦9楹,奉祧庙神龛。前殿两庑各15楹,东为配享太庙的诸王之位,西为配享功臣之位。中、后殿两庑用来储存祭器。盛京原太庙仍保留,尊为四祖庙。清代祭祀宗庙之礼主要有时享和袷祭两类。时享就是每年四孟月、圣诞、忌辰、清明、中元、岁暮以及每月荐新,皆享祭太庙。每岁除夕前,则举行袷祭礼,将后殿、中殿神主都移入前殿。

（二）祀先代帝王

传说中的三皇五帝以及商、周以来的有功德的帝王，常被列入国家祀典。《礼记·曲礼》说："夫圣王之制礼也，法施于民则祀之，以死勤事则祀之，以劳定国则祀之，能御大灾则祀之，能捍大患则祀之。"据《史记·秦始皇本纪》记载，秦始皇南游，至云梦，曾望祀虞、舜于九嶷山，因为相传舜死后葬于此山。至会稽，又曾祭大禹，因为相传大禹陵墓就在这里。汉高祖刘邦立为沛公时，曾"祠黄帝、祭蚩尤于沛庭而衅鼓"，据应劭注，祭黄帝、蚩尤是因为"黄帝战于阪泉以定天下，蚩尤亦古天子好五兵，故祠之求福祥也。"夺取天下后，汉高祖又令立蚩尤之祠于长安。此外，汉高祖还让南山巫掌祠秦中。所谓秦中，即秦二世之庙，祭祀他倒不是因为他有功德，而是因为他遭横死，"魂魄为厉，故祠之"（注引张晏语）。汉代还曾令各县设后稷祠，每年二月及腊祭祀两次，牺牲用羊彘。

元初立尧帝庙在平阳，舜帝庙分散在河东、山东济南历山、濮州、湖南道州等地，禹庙在河中龙门。至元十二年（1275年），立伏羲、女娲、舜、汤等庙于河中解州、洪洞、赵城。明洪武三年（公元1370年），派人访察先代帝王陵寝，并命各行省绘图以进，共79处。礼官考其功德昭著者共36名：伏羲，神农，黄帝，少昊，颛顼，唐尧，虞舜，夏禹，商汤、中宗、高宗，周文王、武王、成王、康王，汉高祖、文帝、景帝、武帝、宣帝、光武、明帝、章帝，后魏文帝，隋高祖，唐高祖、太宗、宪宗、宣宗，周世祖，宋太祖、太宗、真宗、仁宗、孝宗、理宗。为各帝制衮冕，函香币，派人分往各处修祀礼。各帝陵寝有被发掘或损坏者，重新修葺，庙坏者亦加整修，无庙者设坛以祭。还下令禁止在上述帝王陵墓区樵采，命各地有司岁时祭祀，牲用太牢。

清顺治初年，在北京阜城门建立历代帝王庙，南向，正中为景德崇圣殿，9楹，东西二庑各7楹。后为祭器库，前有景德门。门外则建有神库、神厨、宰牲亭、井亭、钟楼、斋所等配套建筑。正殿祭伏羲,神农,黄帝,少昊,颛顼,帝喾,唐尧,虞、舜,夏禹,商汤,周武王,汉高祖、光武,唐太宗,宋、辽、金太祖、世宗,元太祖、世祖,明太祖,共 21 帝。此外,清代对前代帝王还有陵寝之祭,自伏羲下至明世宗陵,凡 40 处,或就享殿行礼,或筑坛致祭。凡皇帝巡游,途中所过帝王陵庙必祭之,有大庆典,亦祭告之。

第二节　哀邦忧国——凶礼

凶礼是救患分灾的礼仪。具体说来,凶礼包括五项内容:以丧礼哀死亡,死亡一说是指去世和逃亡,一说专指去世;以荒礼哀凶札,凶札是指年谷不登和疫疠流行;以吊礼哀祸灾,祸灾是指水火一类的自然灾害;以襘礼哀围败,围败是指国都被围困或被战败而丧失财物;以恤礼哀寇乱,寇乱是指外遭他国军队攻侵和内部发生暴乱。秦汉以后,丧礼特别发达,成为凶礼主要内容,而凶礼中的其他项目日益受到轻视。宋代以来,丧礼更几乎被视为凶礼的唯一内涵。

一、山陵规制

山陵是指帝后的陵墓。春秋前期以前,"墓而不坟",将死者埋葬后,并不在地上堆起丘陇。传说的以及今天有迹可循的上古帝王陵墓,如河南淮阳县的太昊陵、河北高阳县的颛顼陵,陕西黄陵县的黄帝陵、湖南酃县的炎帝陵、山东曲阜的少昊陵、山西临汾的尧陵、湖南宁远县的舜陵,浙江绍兴的禹陵,虽然都有高大的封土堆,但都是后人所为,陵墓中是否真的埋葬着这些上古帝王也不得而知。在河南安阳市发掘的殷王室墓群,以及在陕西凤翔县雍城发掘的春秋时秦公的墓葬群,均未发现曾筑有坟丘的迹象。

不过,尽管地上"不封不树",地下建筑却很讲究。安阳侯家庄西北岗的商墓,陵墓面积 300 多平方米,最深处达 12 米,墓室成"亞"字型。除大量随葬品外,还有许多人殉。西北岗一座商王墓里,中央埋着一名带狗执戈的奴隶,四隅分别埋了8名奴隶和8条狗。另外,在墓道里还有近百名被杀祭的奴隶尸骨,墓东侧还有成排的殉葬坑,分别埋着人和马,因为尸骨毁坏,无法辨认人数,其中能确数者就有86人。在西周春秋时代,由于人文主义的兴起,已有人对杀殉表示反对,但仍难阻遏此风,"天子杀殉,众者数百,寡者数十。"

春秋中期,中原地区开始出现土丘坟,并迅速蔓延成风,坟丘之高低、种树之多少成为身份等级的标志,故《周礼·冢人》谓"以爵等为丘封之度与其树数"。战国以来,平民百姓普遍起坟植树,王公贵族更是将坟头立得越来越大,树种得越来越多,"其高大若山,其树之若林。"富有四海的天子自然不能落于人后。位于陕西临潼县骊山北麓的秦始皇陵,连陪葬墓在内,占地东西、南北各7.5公里,总面积56.25平方公里。还筑有内外城,内城方形。其夯土为基的丘垅,经过2 000多年的风雨剥蚀,现在尚保存着一个小山丘。秦始皇墓的陪葬也非常令人触目惊心。在外城东西,有17座陪葬墓,殉葬者可能是秦始皇的公子、公主和旧臣。陵墓西侧有70座殉葬墓,被杀者可能是筑陵的刑徒。陵东有93处排列整齐的马厩坑,埋的全是真马。此外,秦始皇陵还使用大量陪葬俑,这些陶俑身穿甲胄,手执兵器,分为步兵、车兵和骑兵,共有近万件,还有500多匹马、130多乘木质战车,在陵园东垣外组成一个庞大军阵。

秦代以后,除个别帝王遗诏"不封不树"外,历代帝王无不大营陵墓。明代的南京孝陵和北京十三陵以及清代诸陵保存较完整,游者身临其境,当可感受到其气势。在统治中国的历代王朝中,只有元朝是个例外,皇帝死后,便运到草原深埋,然后纵使万马践踏,痕迹尽去。迄今为止,元代皇帝的葬处仍是一个秘密。

除坟头极力堆得高大之外,陵墓的地面建筑也日趋复杂壮观。根据对安阳商王陵墓的发掘可知,在墓室之上建有房屋,面积同墓室大体相等,这可能是供墓主的灵魂起居止息用的,后世称之为"寝"。平山战国中山王墓封土堆上也有建筑物的痕迹,墓中出土的铜版的《兆域图》还标明这些建筑分别为"王堂""王后堂""哀后堂""夫人堂"等。从秦代开始,寝不再建于封土堆上,而是建于墓侧,内放墓主生前使用过的座位、床、几、匣匮、衾枕、衣冠以及其他生活用品。

从西汉中期开始,还在墓地建筑享堂(又称"祠堂"),以供祭祀墓主之用,享堂内设祭台,上置神座。在墓前树立石碑、陈列石雕群也起于西汉,而为其后各代沿用。王公贵族墓前都辟有竖向的通道,称为"神道",如在神道上立碑,就叫神道碑,石雕人像和动物像立于神道两侧。唐高宗的乾陵前除有望柱一对外,还有飞马一对、朱雀一对、立马五对、武士十对、狮子一对,又有少数民族首领石像 61 尊。

明成祖的长陵神道长 800 多米,两旁立有狮子、獬豸、骆驼、象、麒麟、马各四件,又有武将、文臣、勋臣各二对,共 32 件。长陵垣内建筑由三进院落组成,陵门至棱恩门为第一进,棱恩门与棱恩殿为第二进,殿后内棱门与明楼、方域为第三进。

二、大丧礼

帝王不仅陵墓修建得远比普通人宏大,其丧礼也要隆重得多。《荀子·礼论》中有"天子之丧动四海,属诸侯,诸侯之丧动通国,属大夫"之说。《礼记·王制》亦谓:"柩车重大,天子执绋者千人,诸侯五百人,大夫三百人"。汉代皇帝去世,由三公负责治丧,百官皆衣白单衣,白帻不冠,皇后、皇太子、皇子皆依礼哭踊。为死者沐浴后,饭以珠,含以玉,尸体缠上 12 重缇缯,身穿金缕玉衣。大敛时,梓宫(皇帝棺木)内安放珪璋诸物,珪在左,璋在首,琥在右,璧在背,琮在腹,这是取象于方明。皇帝死后,要下竹使符告郡国二千石、诸侯王,竹使符到处,皆伏哭尽哀。成敛后,百官五日一会集哭临,天下吏民发丧哭临三日。将葬前二日,每天旦、晡哭临两次。葬日丧车发引,由四人装扮为方相氏,以黄金为四目,蒙以熊皮,身着玄衣朱裳,执戈扬盾,乘马走在灵柩前面,到达墓地时，方相入圹，以戈击四隅，以驱逐方良（魍魉）等怪物。

先秦以来，人们认为为君主和父母服丧三年才合乎礼义之道。汉文帝临终时，遗诏"天下吏民临三日，皆释服，无禁取（娶）妇、嫁女、祠祀、饮酒、食肉"。自此以后，君主崩逝，无复三年之礼，一般葬毕即改穿吉服，只有个别君主为示孝道，葬毕不肯立即改吉，还要多穿一阵子素服，个别的一直素服三年。

在《周礼》中，凶礼在五礼中位列第二。至唐初，才将凶礼的次序列在最末。北宋太祖开宝九年（公元 976 年）宋太祖崩逝，遗诏说："以日易月，皇帝三日而听政，十三日小祥，二十七日大祥。……诸州军府临三日释眼。"群臣在殿庭序班，听宰臣宣制发哀。太宗即位，号哭出见群臣，群臣奉慰尽哀而退。群臣请太宗御殿听政，太宗推辞不允，经屡次奏请，始御长春殿，群臣身着丧服分班而立，太宗服斜巾、垂帽而去杖、绖，卷帘视事听政。小祥时，改服布四脚、直领布襕，腰绖，布裤。大祥时，太宗服素纱软脚折上巾、浅黄衫、缎皮鞋黑银带；群臣及军校以上武官，皆本色惨服、铁带；诸王入内服衰，出则服惨。宋代此后皇帝驾崩，礼节皆同太祖丧仪大同小异。

明洪武三十一年（公元 1398 年），明太祖崩。根据礼部议定的仪注，京官在闻丧次日，身穿素服、乌纱帽、黑角带，赴内府听遗诏。自成服之日开始，27 日服除（脱去丧服）。命妇则身穿孝服，脱去首饰，由西华门入哭临。诸王、世子、王妃、郡主、内使、宫人俱斩衰 3 年，27 月服除。嗣皇帝临朝视事，素服，乌纱帽、黑角带，退朝衰服；群臣入朝，麻布员领衫、麻布冠、麻绖、麻鞋。在外百官，遗诏到日，素服、乌纱帽、黑角带，四拜。听宣读毕，举哀，四拜。三日成服，每旦设香案哭临，三日服除，各遣官赴京师致祭。

太宗（后改谥成祖）于永乐二十二年（公元 1424 年）出征途中崩于榆木川，遗诏一切礼节遵守太祖遗制，京师闻讣，自皇太子以下皆易服。京城自闻丧日起，各寺观皆鸣钟 30 000 杵，禁屠宰 49 日。丧将至京师，军民素服赴居庸关哭迎，皇太子、亲王及群臣皆衰服哭迎于郊。将葬，发引前三日，百官斋戒。遣官以葬期祭告天地宗社,嗣皇帝服衰服祭告几筵。百官穿衰服,每天早晨哭临一次,至发引为止。发引前一日,遣官祭金水桥、午门、端门、承天门、大明门、德胜门以及所过河桥、京都应祀神祇及所经过应祀神祠。晚上,举行辞奠礼,帝、后、太子以下皆衰服,以序致祭。将发引,举行启奠礼。皇帝及皇太子以下,衰服,四拜。奠帛、献酒、读祝词,四拜。执事人员上殿,撤去帷幔,拂拭梓宫,将龙车抬至陈设几筵的宫殿下,并在丹陛上陈设神亭、神制舆,谥册宝舆。举行祖奠礼,仪节与启奠礼同。皇帝到梓宫前,面西而立。皇太子、亲王以次侍立。宦官到梓宫前,奏请灵驾进发,捧册宝。神帛置舆中,捧铭旌出殿,抬梓宫出殿,宦官持翣慊在左右护蔽。至午门内,举行遣奠礼,与祖奠礼同。宦官请灵驾进发,皇帝以下哭尽哀,俱还宫。梓宫到达午门外,礼官请梓宫升大升舆,然后出发。皇太子、亲王以下哭送出端门外,举行辞祖礼。执事人员在太庙香案前设褥位,皇太子脱去丧服,改穿常服,捧神帛由左门入,至褥位跪,置神帛于褥,起立,正立于神帛后跪。礼官跪于左,奏称太宗文皇帝谒辞。皇太子俯伏,起立,行五拜三叩头礼,礼毕,皇太子捧神帛起立,以授礼官。礼官将神帛放置舆中,请灵驾进发。皇太子再穿上丧服,亲王以下随行。梓宫由大明中门出,皇太子以下由左门出,步行至德胜门外,然后乘马去陵墓。

到达陵墓后,执事人员先在献殿门外陈设龙辖,以待大升舆到来。到达后,礼官请灵驾降大升舆。升龙輴,诣献殿。执事人员抬梓宫入殿,皇太子、亲王由左门入,安奉完毕,举行安神礼。皇太子四拜,起立,奠酒,读祝辞。读毕,俯伏,起立,四拜,举哀。遣官祭告后土和陵墓所在的天寿山神,然后举行迁奠礼,仪节同安神礼。将要掩闭玄宫,皇太子以下至梓宫前跪。宦官请灵驾赴玄宫,执事人员抬梓宫入皇堂。宦官捧册宝置于前,陈设明器,举行赠礼。皇太子行四拜礼,起立,奠酒,进赠。执事人员捧玉帛进于右,皇太子接受后,交给宦官捧入皇堂安置。皇太子俯伏,起立,四拜,举哀,掩闭玄宫。举行享礼,仪节同迁奠礼。遣官祀谢后土及天寿山神。

三、谒陵礼

古礼有"不墓祭"之说,秦代以前大概无谒陵礼。墓祭自秦开始,皇帝谒陵礼始自西汉,但其仪节已不可详知。东汉光武帝去世,明帝继位。逾年,群臣朝贺正旦,明帝感念先帝不复闻见此礼,遂率领公卿百僚到光武园陵谒祭,此后成为定制。其仪节为:百官、与皇家有亲属关系的妇女、公主、诸王大夫、外国朝者侍子、郡国上计吏皆会于陵园。昼漏上水,鸣钟,群臣各就位立。皇帝在西厢下舆,由太常引导,西向拜,然后折旋登阼阶,拜先帝神座。拜毕,退坐于东厢,面西。侍中、尚书皆立于神座后。公卿群臣谒神座,太官上食,太常奏乐,舞《文始》《五行》之舞。乐止,群臣接受赐食,毕,各郡国上计吏依次向前,向先帝神灵汇报本郡国谷价以及民之疾苦。每年八月,饮酎(从西汉文帝开始,每年正月酿酒,八月成,名为酎酒),亦上陵,礼节与正月上陵大体相同。

宋初,赵匡胤追尊其父为宣祖,陵曰安陵,每年春秋,命宗正卿朝拜安陵,以太牢祭祀。乾德三年(公元965年)开始,每年又令宫人至陵,祭献冬服。开宝四年(公元971年),太祖经过安陵所在的巩县,亲谒安陵奠献,雍熙二年(公元985年),太宗至巩县谒陵,先谒太祖所葬之永昌陵,后谒安陵,祭品止设酒、脯、香,在天色未明时谒祭,又设烛燎。有关官员认为不合礼仪,经讨论,决定以后先谒安陵,后谒永昌陵,接着再谒诸皇后陵,谒祭时依照太庙荐享之礼而略加减损。景德三年(公元1006年)正月,真宗去巩县,罢鸣鞭及太常奏严、金吾传呼。既至,斋于永安镇行宫。当夜,漏未尽三鼓,真宗乘马,却去舆辇伞扇不用,至安陵,素服徒步入司马门,行奠献礼,然后依次谒奠其他陵墓。

明太祖追尊四代为帝,加上陵号,每岁正旦、清明、中元、冬至及每月朔望祭祀,俱用太牢,由有关官员行礼。后又增夏至日用太牢,伏腊、社、每月朔望,则用特羊。洪武八年(公元1375年)四月,在太祖父仁祖忌日,太祖亲诣皇陵致祭。建文初,定太祖所葬孝陵每岁正旦、孟冬、忌辰、圣节,俱行香;清明、中元、冬至,俱祭祀。由勋旧大臣行礼,文武官陪祀。若分封的亲王去封国或过京师者,要谒陵。官员至京师办理公务,入城者谒陵,出城者辞陵。国有大事,遣官祭告。永乐初规定,在太祖高皇帝和高皇后忌辰前二日,皇帝服浅淡色衣,御西角门视事,不鸣钟鼓,不行赏罚,不举音乐,禁屠宰,百官着浅淡色衣、黑角带朝参。至忌日,皇帝亲祀于奉先殿,并率领百官诣孝陵致祭。

清太宗时,定岁暮、清明祭祀山陵,福陵(太祖努尔哈赤墓)用牛一、羊二,遣大臣行礼,其他追尊诸陵,远祖所葬兴京陵用牛一,遣守陵官行礼,近祖所葬东京陵用牛二,遣宗室、觉罗大臣行礼。国忌、诞辰、孟秋望日,燃香烛,献酒果,奠帛,读祝文,行礼。朔、望用牛一,具香烛、酒果,遣守陵官致祭。顺治时,增冬至祭陵,用牛一、羊一、豕一。康熙初,葬顺治皇帝于遵化县凤台山,曰孝陵,并规定每年以清明、中元、冬至、岁暮为四大祭。后又定四大祭皆遣多罗贝勒以下,奉国将军、觉罗男以上行礼。康熙九年(公元1670年)秋,康熙皇帝奉太皇太后,皇太后率皇后谒孝陵。前一日,躬告太庙。越日出发,陈卤簿,不奏乐。到达陵所,太皇太后坐方城东旁,奠酒举哀。皇太后率皇后等到明楼前中立,行六肃三跪三拜礼,随即举哀,奠酒,复三拜,还行宫。此后凡皇太后谒陵均仿此。次日,皇帝复谒隆恩殿,行大享礼。又次日,在殿前张设黄幄,焚楮帛,读文致祭,礼成。还京,又祭告太庙。越二日,御太和殿,百官表贺。其后谒陵与此大同小异。

四、荒礼·吊礼·桧礼·恤礼

荒礼实际上包括"凶"和"札"两部分,凶是指年谷不登,札是指疾疫流行。在古籍中,有时也将札礼与荒礼并列,这样荒礼就仅包括庄稼歉收一项内容。由于饥馑和疾疫的发生是重大的国计民生问题,弄不好会导致天下大乱,危及社稷安全,故统治者比较重视。《礼记·曲礼》说:"岁凶,年谷不登,君膳不祭肺,马不食谷,驰道不除,祭事不悬,大夫不食粱,士饮酒不乐。"也就是说,发生饥荒时,统治者要减损礼仪,节俭饮食。

《周礼·地官·大司徒》则讲得更加清楚全面:"以荒政十有二聚万民:一曰散利,二曰薄征,三曰缓刑,四曰弛力,五曰舍禁,六曰去几,七曰省礼,八曰杀哀,九曰蕃乐,十曰多婚,十有一曰索鬼神,十有二曰除盗贼。"散利是通过赈济、借贷、出卖等方式使灾民得到粮食,薄征是减少或免去灾民应承担的赋税,缓刑是执法时要适当从宽,弛力是减免灾民应承担的徭役,舍禁是让灾民到平时严禁入内的山泽园囿中采食谋生,去几是废除征收通过税的关卡,省礼是简化国家典礼的仪节而不铺张浪费,杀哀是减省丧葬之礼的仪节而不大操大办,蕃乐是停止演奏音乐及其他娱乐活动,多婚是鼓励未婚男女婚配,索鬼神是找出与造成凶荒有关的鬼神予以祭祀,除盗贼是清除暴乱者与起义者。

周代以来,尽管历代王朝少有《周礼》这样系统的救荒方略,但每逢灾荒发生,统治者大多采取一些上述《周礼》所列的措施试图减轻灾荒的破坏力,当然实际作用不是很大。

吊礼是遭遇祸灾时应行的礼仪。祸灾的内容很广泛,譬如日月薄蚀,天灾也,山川崩竭,地灾也,水旱疾疫,人灾也。祸灾发生之后,相互之间要遣使慰问,这就是吊礼。例如,《左传》庄公十一年记宋国发生大水,鲁庄公遣使吊慰,即此类。《周礼》规定小行人一职的任务就包括"若国有祸灾,则令哀吊之",即代表天子以吊慰各诸侯国之祸灾。不过,从现有记载来看,以邦交相吊之礼,惟遭水火之灾则有之,其他灾祸不吊。在本国来说,又论遇到何种灾祸,则需像荒礼那样省礼蕃乐,并广行祈禳之礼。

《周礼·春官·小宗伯》谓:"大灾事,执事祷祠于上下神示。"同书《大司乐》亦谓:"凡日月食,四镇五岳崩,大傀异灾,令去乐。"后代亦间行此礼,如隋制,诸岳崩、渎竭,天子素服,避正寝,撤膳三日,遣使持节至其州,位于庭,使者南面,持节在其东南,长官北面,寮佐、正长、老人在其后,再拜,以授制书。

禬礼和恤礼仅见于《周礼》,后代无传。禬礼是指某一诸侯国遭到外来侵略,造成财产损失时,天子或其他诸侯国汇合财货予以救援,此即《秋官·大行人》所谓:"致禬以补诸侯之灾。"《春秋》所记澶渊之会,诸侯谋归宋国财物,即是禬礼。

恤礼是指某一诸侯国内部发生动乱或遭外敌入侵后,其他诸侯国遣使吊慰。《左传》哀公十五年记载,楚国派子西、子期伐吴,陈侯派遣公孙贞子往吊,此当即是恤礼。

第三节　亲邦待客——宾礼

在先秦时代,宾礼主要是指天子对诸侯的接见以及各诸侯国之间的聘问和会盟等。自秦代以后,虽然许多朝代都有分封子弟为王之制,但这些封王很少能真正"君其国,子其民",他们与先秦时代诸侯的权位已无法相比。表现在礼节上,就是封王与皇帝相见的礼仪被划入嘉礼,而不再属于宾礼。

在宋代,曾将朝会礼列入宾礼,但在宋代以前及以后的各朝各代,朝会礼几乎都归属嘉礼。可以说,秦汉以来,宾客的内容主要包括皇帝遣使藩邦、藩王入朝、藩使朝贡以及并存政权之间的使节往还之礼。官员以及庶人之间的相见礼节亦附属于宾礼中。

一、觐礼

觐礼是诸侯见天子之礼。《周礼·春官·大宗伯》记载:"春见曰朝,夏见曰宗,秋见曰觐,冬见曰遇,时见曰会,殷见曰同。"春、夏、秋、冬四见皆是诸侯按时朝觐天子,时见是有事而会,殷见是众诸侯同聚。事实上,由于诸侯的封国距离天子之都远近不同,觐见的次数规定也不相同。王畿之内的诸侯,每年朝觐四次;王畿之外方 250 公里谓之侯服,封于其内的诸侯每年朝觐一次;侯服之外方 250 公里谓之甸服,每 2 年朝觐一次;甸服之外方 250 公里谓之男服,每 3 年朝觐一次;男服之外方 250 公里谓之采服,每 4 年朝觐一次；采服之外方 250 公里谓之卫服，每 5 年朝觐一次；卫服之外方 250 公里谓之要服，每 6 年朝觐一次；九州之外谓之藩国，每更换一代朝觐一次。可以肯定，《周礼》的这种说法是一种理想化的构想，并非实际采用的制度，但其中所说的据王都越近朝觐越多是符合事实的。

又据《周礼·秋官·大行人》的解释，朝觐的目的是："春朝诸侯而图天下之事，秋觐以比邦国之功，夏宗以陈天下之谟，冬遇以协诸侯之虑。"此就天子方面而说，若从诸侯方面而言，则是"诸侯朝于天子曰述职，述职者，述所职也"。除朝觐外，还有会同诸侯商议大事的"会"与"盟"。会、盟和朝觐一样，原来是定期举行的。《国语·鲁语上》记曹刿之言说："是故先王制诸侯，使五年四王，一相朝，终则讲于会。"这是说 5 年一会。《左传》昭公十三年记晋叔向之言说："是故明王之制，使诸侯岁聘以志业，间朝以讲礼，再朝而会以示威，再会而盟以显昭明。"这是说 6 年一会，12 年一盟。二说虽不同，但都说会盟有一定周期。

无论是朝觐还是会盟，都有特定的仪礼规定。据《仪礼·觐礼》，诸侯朝觐天子，至于王都之郊，天子要派使者至郊迎接。进入王都后，要赐舍以供居住，使者代天子致辞说："伯父（对同姓大国的称呼，对同姓小国则称叔父，对异姓大国称伯舅，对异姓小国称叔舅），汝顺命于王所，赐伯父舍。"将觐，天子先要派大夫前往侯氏（诸侯单称）住处告知觐期。届日黎明，侯氏衣裨衣而戴冕冠，以币祭告祢（即带来的祖先神主，亦称"行主"），然后乘墨车，上张龙旂，带着弓韣、瑞玉等物，来到天子庙门之外。此时，早已在户牖之间摆上画有斧头的屏风，左右陈设玉几，天子背靠屏风，面南而立，等待诸侯觐见。侯氏觐见天子时，要奉献圭、帛、马等礼物，天子则赐给侯氏车服等礼物。觐礼毕，还要接着举行燕礼。

天子与诸侯举行会盟礼时，要先在城外"为坛三成，宫旁一门"，即建一个方 12 寻的三层土台和一个围坛而筑、方 300 步的土院，院四边各开一门，是为宫门。会同前，要祭告宗庙、社稷、山川。会同之日，诸侯上介先在宫中特定的位置插上本诸侯国的旗帜。会礼开始,诸侯皆在坛上立于自己的旗帜之下。天子乘坐高大的马匹驾驶着车辆而至,车上插着大常之旗。天子率领诸侯拜日于东门之外,然后返回会同之听,祭祀方明。所谓方明,是一个放置坛上的四方六面的木制偶像,方1.3米,六面染以不同颜色,并装有不同玉饰,象征六路神明。

祭毕,天子向诸侯行三揖礼,以土揖(即拱手向下推)礼庶姓诸侯,以时揖(即拱手平推)礼异姓诸侯,以天揖(即拱手向上推)礼同姓诸侯。礼毕,天子登坛,诸侯朝王子坛,其仪式依次为:侯氏执圭朝王,授王圭,王受圭;侯氏向王进献礼品;侯氏向三述职;王慰劳侯氏;王以爵酌郁鬯酒以敬侯氏,侯氏亦以酒回敬王。会礼毕,如需盟誓,则接着举行盟礼,还要祭告方明。盟誓时,割牛耳取血,流入容器后,以桃枝拂扫,歃血为盟。礼毕,天子宴飨诸侯,赐以礼品。春秋以来,五霸迭兴,周天子地位下降,会盟时不得不降尊纡贵,自然不能严格讲求尊君卑臣的仪礼。

秦始皇统一后,实行郡县制,自然无觐礼。两汉以下,虽封子弟为王,诸侯入朝,或以群臣之礼,或以家人之礼,亦未讲求觐礼。直到后周时,后梁对后周以藩国自居,才制定朝觐之礼。梁王萧瓷朝周,行至后周国都之郊,后周大冢宰命人前往迎接。朝见后周皇帝后,受享于庙,其后三公、三孤、六卿要分别带着礼物到梁王住处慰劳,梁王也依次带着礼物回访。隋初梁王萧岿入朝,隋文帝亦命广平王杨雄、吏部尚书韦世康持节郊迎。朝见时,文帝冠通天冠,服绛纱袍,梁王则冠远游冠,朝服以入,群臣并拜,礼毕而出。

唐代宾礼专为"待四夷之君长与其使者"而制。凡蕃国主来朝,要遣使劳问。前一日,设次(帷幕)于宾馆门外道右,南向。届日,使者就次,蕃国主则身穿国服,立于宾馆内正厅东阶之下,面西。使者身穿朝服,由次中出来,立于宾馆门西,面东;另有随从者,手捧束帛,立于使者之南。有司走出宾馆之门,面对西面说:"敢请事。"使者说:"奉制劳某国主。"有司入告蕃主,蕃主到门外迎接,立于宾馆门东,向西再拜,然后使者与蕃主一同进入宾馆。

正式朝见的前一日，在太极殿张设御幄，南向，设蕃主坐位于殿内西南，东向，并在承天门外设次。此外，还要陈设乐器、车辂、舆辇、黄麾仗等。至日，有司迎引蕃主至承天门外就次。有司入奏，典仪官、赞礼官都各就各位。侍中版奏"请中严"。诸侍卫之官及符宝郎到阁奉迎，蕃主率其属下立于阁外西厢，面东。侍中版奏"外办"。皇帝服通天冠、绛纱袍，乘舆而出。通事舍人引导蕃主入门，《舒和之乐》奏起。典仪喊："再拜。"蕃主再拜稽首。侍中承制，到蕃主西北方，面东说："有制。"蕃主再拜稽首。宣制毕，又再拜稽首。侍中还奏，又承制劳问，并敕命蕃主升座。蕃主再拜稽首，升座。侍中承制劳问，蕃主俯伏避席，将下拜，侍中承制说："无下拜。"蕃主复位，拜而回答皇帝劳问。侍中还奏，承制命回宾馆。蕃主下座，复位，再拜稽首。蕃主官属则由通事舍人劳问，此时与蕃主一同退出。侍中奏"礼毕"，皇帝还宫。朝觐后，皇帝还要择日宴请蕃主，礼节与觐见礼相似，宴前蕃主要贡献方物，宴后皇帝亦有回赐物品。

宋代蕃国皆遣使入贡，只有接见蕃使之礼。元代虽有受朝之事，但仪制未详。明、清朝觐之礼，均有所简化。

二、聘礼

聘礼是派遣使者访问的有关礼节。《礼记·王制》说："诸侯之于天子也，比年一小聘，三年一大聘。"也就是说，在诸侯亲至王都朝觐的间隔期间，要派遣卿大夫到王都作礼仪性访问，以卿为使者为"大聘"，以大夫为使者为"小聘"。《周礼·春官·大宗伯》也说："时聘曰问，殷覜曰视。"时聘是指有事而派遣使者存问看望，殷覜是指多国使者同时聘。除诸侯派遣使者聘问王都外，各诸侯国之间也经常遣使互聘。

国君将要遣使聘问，首先选择使者。使者听到命自己为使的命令后，再拜稽首，并以自己才力浅陋、恐辱君命之言推辞，国君不许，使者才受命而退。然后选择介（介为使者的随从，负责为使者传言），介的人数亦有规定，据《礼记·聘义》说是"上公七介，侯、伯五介，子、男三介。"任命上介时，上介也要像使者那样推辞一次，然后受命，其余众介则直接受命。然后备办礼物，出发前还要举行一系列仪式，并祭告祢庙。出发后，如果途中要经过其他诸侯国，则命次介入城借道，以币为礼，主国一般都允许过境，并向使者队伍赠送食品粮草。将要到达所聘之国的边境时，使者队伍先要停下来，练习聘问礼节。到达国境时，则要树立起一路上偃倒放置的旗帜，以表示聘问的就是此国。然后谒告关人，关人将使者队伍迎入。

入境后，又将旗帜放倒，由此直至该国都城之郊，一路上三度展币，以示郑重其事。到达近郊，住入馆舍。该国虽知使臣来聘，为表谦虚而故作不知，派下大夫来问使者将去何国聘问。使者答复后，下大夫回去复命，然后该国国君才派卿前来劳问。使者进入国都，至于朝门，国君派人传语使者说："我已经扫地以待客到来。"使者回答说："待沐浴斋戒后，再来拜见。"于是在大夫的带领下，使者到达宾馆。次日黎明，下大夫到宾馆迎接使者，使者着皮弁，至于朝，入就于设在大门外西面之次（帷幕），乃陈币。国君以卿为上摈（摈为典礼时挑选出的主人的随从，负责为主人传言，协助主人行礼），大夫为承摈，士为绍摈。国君亦着皮弁，在大门内迎侯使者，由大夫将使者迎入门内。使者入门而左，国君再拜，使者避位逡巡不敢当其礼，亦不答拜。国君揖使者入，每达一门皆揖让，国君先行，使者随进，介、摈跟在后面。到达宗庙之门，国君揖入，立于中庭，使者立于西塾（门侧之堂谓之塾）旁。几筵摆设好后，摈从中庭出来请问使者来聘有何事情。贾人面东而坐，从椟中取出圭，交给上介，上介转交给使者。摈将使者执圭将致其聘之事入告国君。旋又出来辞玉，使者不允所辞。于是引导使者入庙，使者入门而左，介跟随其后。三揖，至于阶前。互让对方先登阶，凡三让。国君先登二等，面西，使者升至西楹西，面东。摈者退到中庭。使者向国君转告本国国君之言，国君转向面北，摈又升阶，佐助国君行再拜礼，使者逡巡三退。使者奉圭，国君受圭。摈退,立于东塾。使者降阶出庙,聘礼完毕。此后,使者还要聘问国君夫人,并与该国的卿大夫有一系列交往活动。

秦汉以来,实行郡县制,所谓的诸侯皆为皇帝臣属,自然不再沿用先秦聘礼,聘礼只限于藩国遣使入贡进表一类的场合。纵观史书,隋代以前,四方属国遣使入朝之事屡有记载,但具体仪节不得而知。现今所存最早的仪注是唐《开元礼》中的"受藩国使表及币",与前述唐代藩王朝觐之礼基本相同,只是规格略低。

宋代与辽、金之间的使者往来很频繁。《宋史·礼志》中有"契丹国使入聘见辞仪""金国聘使见辞仪",大体沿用唐制。但这些仪注很可能是宋朝单方面的规定,实际接待辽、金聘使时不一定完全依此实行。《辽史·礼志》中亦有"宋使见皇帝仪",凡宋派使者至辽贺生辰、正旦,使者到达之日,黎明,百官皆入朝,宋使也就幕次。在舍人引导下,宋朝正、副使入至丹墀内,面殿而立。阁使由北阶下殿,接受宋使书匣,宋使捧书匣者跪,阁使揖笏立,接过书匣。

阁使上殿,鞠躬,奏称"封全",然后将书匣交与枢密官开封,由宰相面对皇帝宣读,读毕,舍人引导正、副使由北阶上殿,鞠躬跪拜,行礼如仪。事实上,由于北宋与辽约为兄弟之国,故两国使者往来多采用先秦诸侯国之间遣使交聘的礼仪,而不是藩使聘于天子之礼。南宋时,宋向金奉表称臣,据《金史·礼志》所载"外国使入见仪",金朝皇帝接见宋使礼节乃是沿袭辽制。

明代规定了"蕃国遣使进表仪":蕃国将要遣使到明廷进表,先在王宫殿上正中设置阙庭,阙廷前设表笺案,再前设香案,设使者位于香案东,捧表笺二人位于香案西,又设龙亭于殿庭南正中,并准备仪仗、鼓乐等物。清晨,司印者在殿中陈设印案,涤印毕,把表笺和印都放置案上。蕃王着冕服,众官着朝服。表、笺都加盖印,然后用黄袱裹表,红袱裹笺,各放置于匣中,匣外都裹上黄袱。捧表笺官将表笺匣放置案上。引礼官引导蕃王至殿庭正中,众官立于其后。赞礼官赞拜,奏乐,王及百官再拜,乐止。王到香案前跪下,众官皆跪,三上香。上香毕,捧表官取表,东向跪以授王,王又转授使者,使者西向跪受,起立,置表于案。赞兴,王又回到殿庭正中站立。赞拜,奏乐,王与众官皆行四拜礼。乐止,礼毕。捧表笺官捧表前行,置于龙亭中,金鼓仪仗鼓乐在前引导。王送到宫门外,返回,众官则朝服送至国都门外。不过,上述礼仪虽然规定得很详细,但所有蕃国遣使时恐怕都不会照此进行,因为各国都有自己的习俗和礼节。使者进入明朝境内,礼仪则听从明朝安排。

清代藩国使者入贡,入境后,所到地方长吏给邮符,并选文武官数人伴送,沿途每到一地,伴送人员就要更换一次,直达京师,进入宾馆居住。到达京师的次日,使者率从官,身着本国服装,带着表文、方物,到礼部贡献,礼部接受表后,送交内阁,方物则交付有司收存。若遇大朝、常朝,使者就列在西班之末行礼,若非朝期,则礼部奏闻,皇帝择日召见。

在清代前期,俄国、葡萄牙、英国所派使者入京,皆依清制行三跪九叩头礼。但是,清帝也考虑到了西方礼节的特殊性。康熙时,任命来华的传教士南怀仁为钦天监官,并赠工部侍郎,凡内廷召见,允许他侍立,不行跪拜礼。雍正时,罗马教皇遣使来京,皇帝准许他以西方礼节晋见,并且还与使者握手。乾隆末期,英国使者马格里入觐,礼部官员与他商讨觐见仪式,马格里要求采用觐见英王的一套礼仪,特旨允许。嘉庆二十一年(公元 1816 年),英国再次遣使臣司当冬等入朝,清朝负责官员告诉英使须行跪拜礼,英使遂称病不肯觐见皇帝。嘉庆帝大怒,命遣英使回国,罢筵宴赐物。

鸦片战争后,西方在中国的势力不断增强。咸丰、同治年间,外国使臣多次要求觐见皇帝,但因在礼仪问题上差别太大,未能实现,同治十二年(公元 1873 年),皇帝亲政,西方各国使臣再次要求觐见,并提出用西礼三鞠躬。清廷大臣皆认为不能接受,直隶总督李鸿章则上书认为,自双方订立条约以后,西方已不能被视为"属国",而只能当作"与国"(对等国家)对待,"礼与时变通,我朝待属国有定制,待与国无定礼。近今商约,实数千年变局,国家无此礼例,往圣亦未豫定礼经,是在酌时势权宜以树之准"。总理各国事务大臣恭亲王奕䜣就跪拜礼仪问题与各国使节多次协商,各国使节不肯让步,最终接受李鸿章的建议,规定各国使节只能一同觐见,不能单独觐见,觐见时行五鞠躬礼。当年夏天,日本、俄国、美国、英国、法国、荷兰等国使节觐见皇帝,递交国书,即按此礼,其后各国使节递交国书皆仿此。按西礼,臣见君鞠躬三,今觐见清帝改为鞠躬五,算是双方各有变通。

三、相见礼

在古代,相见礼为"六礼"之一,很受重视,被认为是培养人民的道德、融洽人际关系的重要手段。先秦时代,士相见、士见大夫、大夫相见以及臣见君都属于相见礼,秦代以后,随着专制主义中央集权的加强,臣见君不再属于宾礼而改属嘉礼。

宋代以前,历代礼书都无相见礼的规定。宋太祖乾德二年(公元964年),定内外群臣相见之礼,凡下级见上级,要按照职位、品级分别行礼,如在路途相遇,下级官员或敛马侧立,等候上级官员通过,或引避改路而行。

明代相见礼制定得很详细。凡官员揖拜,公、侯、驸马相见,各行两拜礼。一品官见公、侯、驸马,一品官居右,行两拜礼;公、侯、驸马居左,答礼。二品见一品,以及三品以下见比自己高一品的官员,行礼皆如此。三品见一品、四品见二品,行两拜礼,一品二品答受从宜,其余品级相见仿此。后还进一步规定,百官以品级高下分尊卑,品近者行礼,则东西对立,卑者西,高者东。其品相差二三等者,则卑者下,尊者上。相差四等者,则卑者拜下,尊者坐受,有事则跪白。凡文武官员在一起聚会,则各依品级序坐,品级相同者依照衙门次第为序。凡官员在路上相遇,驸马遇公、侯,分路而行。一品、二品遇公、侯、驸马,引马侧立,以待其过。二品见一品,趋右让道而行。三品遇公、侯、驸马,引马回避,遇一品引马侧立,遇二品趋右让道而行。四品遇一品以上官,引马回避,遇二品引马侧立,遇三品趋右让道而行。五品至九品,皆视此递差。凡属官每日见上司,属官序立于堂阶之上,总行一揖,上司拱手,首领官答揖。其公干、节序见上司官,皆行两拜礼,长官拱手,首领官答礼。凡大小衙门官员,每日公座行肃揖礼(直身推手)。佐贰官(副长官)揖长官,长官答礼。首领官揖长官、佑贰官,长官、佐贰官拱手。

清代宗室亲王、郡王相见礼,宾到大门,王府属官入告,主人降阶迎接,宾辞谢,主人升阶,宾随主人自中门入,宾趋左,主人趋右。行相见礼,二跪六叩,然后饮茶叙语。执事献茶,宾受茶,叩,主人答叩。饮茶叙语毕,宾离席跪叩,主人答叩。宾告辞,主人降阶送,王府属官送出门外。若宗室亲王与外藩郡王见,则主人迎送殿外,不降阶,宾行二跪六叩礼,主人答半礼。宾辞退,跪叩,主人答跪不叩。与外藩贝子、公见,宾跪叩,主人皆坐受。外藩亲王、郡王见宗室郡王,主人迎送于大门外,其余礼仪与宗室亲王相见礼同。外藩贝勒见郡王,如郡王见亲王礼。外藩亲王、郡王、贝勒见贝勒,主人迎送于门外。宾入,主人跟随其后,相见各一跪三叩。外藩贝子、公见贝勒,宾一跪三叩,主人跪拱手受。外藩王、贝勒见贝子,宾主一跪一叩。

朝廷官员相见,其礼仪总的原则是宾主再拜行礼,饮茶叙语毕,相揖告辞,主人送来宾于大门之外,至来宾登舆上马乃退。下级官员拜访上级官员,仪节依品级递减。

第四节　危摄不协——军礼

军礼包括如下内容:"大师之礼,用众也;大均之礼,恤众也;大田之礼,简众也;大役之礼,任众也;大封之礼,合众也。"大师之礼是用兵讨伐的活动,大均之礼是指均平土地的活动,大田之礼是指狩猎的活动,大役之礼是指营造修建的活动,大封之礼是指勘定疆界的活动。可见,在先秦时期,军礼的内容非常广泛。秦汉以后,军礼的内容有所缩减,主要是指师旅操练、出兵征战、帝王田猎之礼,日食时的伐鼓救日等活动也包括在军礼之中。

一、亲征礼

历代帝王率军亲征者为数很多,但直到南北朝以前,亲征的礼节不能详知。据史籍记载,周代天子亲征前,要"宜于社,造于祖,类于上帝,祃于所征之地",即祭祀社神、祖先、昊天上帝和军旗。《隋书·礼仪三》记有北齐亲征之礼。天子决定亲征,将行礼,先服通天冠出。有关官员奏请更衣,皇帝乃入内换衣,冠武弁以出,誓师。择日备法驾,乘木辂,祭告祖庙,并将庙主奉迁于斋车。然后祭告社,奉迁帝社石主于车,有关官员以牲血衅军鼓。然后再择日,六军列阵,皇帝备大驾,以祭告上帝。还要择日祈后土、神州、岳镇、海渎、源川。接着举行盟礼,先挖一个坎穴,督将把牺牲陈列于坎南,牲头向北。有关官员读盟文,割牲耳,将血滴于容器中。皇帝接过牲耳,遍授大将,然后放置坎中。接着歃血,歃遍,也置于坎中。礼毕,将牺牲和盟书都埋于地。然后,再选择日期,建牙旗于壝,祭以太牢。亲征途中,经过的名山大川都要派有关官员致祭。将要到达作战地点,又选择日期,备玄牲,列军营,设柴于辰地,筑埠而祃祭。祃祭又称"祃牙",就是祭祀牙旗(军中大旗)。祭祀时,由大司马奠矢,有关官员奠毛血,乐奏《大护》之音。

唐代亲征礼与隋基本相同。祭祀昊天上帝,前一日,皇帝在太极殿清斋。届日,皇帝服武弁,乘车辂,备大驾,到达南郊祭坛。牺牲及玉币皆用苍色。皇帝饮福毕,诸军将自东阶上坛,立于神座前,以次饮福受胙。在所征之地祃祭,则筑两重坛,以熊席祀轩辕氏。兵部建两旗于外壝南门外,陈甲胄、弓矢于神位之侧,植稍于其后。皇帝服武弁,群臣戎服,三献。軷祭与隋相似,但仪节稍繁。宋代亲征礼与唐亦差别不大,但无軷祭。辽代亲征常在秋冬之际进行,出发前,立三神主祭之,一曰先帝,二曰道路,三曰军旅,并宰杀青牛白马以祭天地。军将行,以牝牡麋各一为祓祭。将临敌,结马尾,祈拜天地,然后进攻。

明代稽考前代典章制度,制定军礼。亲征之前,择日祭告天地宗社。皇帝服武弁,乘革辂,备六军,具牲币,行三献礼,祭祀时要奏乐。祭仪与南郊祭天和享祭宗庙相同。

清太祖努尔哈赤谒祭堂子,书七大恨以告天,然后出师。谒祭堂子,行三跪九拜礼,然后祭祀堂子外所立八纛,亦三跪九拜。礼毕,率军出发。康熙皇帝将要率军远征,前三日,祭告南郊、太庙、太岁,届期派人祭祀道路神、炮神、火神。皇帝身穿戎衣,佩刀,乘马出宫,由内大臣等护卫。午门鸣钟鼓,军士吹角螺,然后祭祀堂子。《导迎乐》奏起,所奏为《祐平章》。御驾出都城门,到陈兵所,鸣炮二响。旗军紧跟在御驾后面,王公百官跪送。行军途中,每到停留过夜之处,便探察地势。皇帝御营建在正中,其他各营环向御营,四周围以布幔为域,南设旌门,再外设网城,设东、西、南三门。又外张布幕为重营,设四门。夜漏初下,敲更鼓,除巡逻者外,将士不得在外行走。到五更,御营鸣钟,前营吹响角声,然后蓐食治装,以次而行。

二、命将礼

历史上虽然不乏皇帝亲征之举,但在更多的时候,则是命将出征。汉高祖刘邦在为汉王时,为了与项羽一争胜负,在萧何的劝说下,特"择良日,斋戒,设坛场,具礼",以拜韩信为大将。

隋代命皇太子或大将出征,都以瑕肫衅鼓,祭告社稷。由皇帝授斧钺之后,出征大将就不能再回家住宿,只能宿于军营。唐代命将除祭告宗庙、太社外,又要祭告专祀姜太公的太公庙。宋代命将出征,先在朝堂授以旌节,然后祭告庙、社,还要祔祭黄帝。明代遣将出征,皇帝服武弁,御奉天殿。大将军入就丹墀,四拜,由西阶入殿,再拜跪。承制官宣制,以节钺授大将军。大将军接受,转授执事者,俯伏,起立,再拜,出殿。下阶回到丹墀拜位,四拜。皇帝起驾还宫,大将军出,至午门外,勒所部将士,建旗帜,鸣金鼓,正行列,擎节钺。由乐队前导,百官以次送出。出征前,大将军还奉命具牲币祭告庙、社,行一献礼,还要祭告武成王庙。

清太宗崇德初年,皇太极命睿王多尔衮等出兵攻明,皇太极亲自送行,并祭堂子,如同亲征一样。康熙时,命将出征,皇帝曾亲出长安右门送行。乾隆十四年(公元1749年),又定命将仪:一为授敕印,凡经略大将军出师,皇帝临轩颁给敕印;二为祓社,凡出兵前期,祭告奉先殿,并祭堂子;三为祖道,经略大将军率军启行,皇帝亲饯赐酒,命大臣送至郊外。

三、凯旋献俘礼

出师获胜后,军队便光荣凯旋。如是天子亲征凯旋,大臣皆要出城迎接;如是命将出征凯旋,有时皇帝亲自出城郊劳,有时命大臣迎接。凯旋回京后,要祭告天地、宗庙、太社,并举行献捷献俘之礼。《诗经·鲁颂·泮水》中有"献馘于王"之句,说的正是献捷之礼,出征的将士向王献上被杀死的敌人的左耳。天子则要"饮至",即宴享功臣,论功行赏。

唐代军队凯旋,在宗庙南门外陈列俘馘以及各种战利品,以向祖先告捷。宋代凯旋后,遣官祭告天地、宗庙、社稷、岳渎、山川、宫观及在京5公里以内神祠,以酒脯行一献礼。举行献俘仪式时,用白练将被俘敌酋捆缚,押往太庙、太社作象征性的告礼,然后押往宣德门。事先已在门楼前楹当中张设御幄,内设宝座,文武百官及献俘将校在楼下左右班立。皇帝升座,百官三呼万岁,跪拜行礼。侍臣宣布"引献俘",将校把被俘者带到献俘位。侍臣宣读露布(捷报)。刑部尚书奏告将某处所俘执献,并请求交付法司处置。如果皇帝令处以极刑,就由大理卿带往法场;如令开释,侍臣便传旨释缚,然后宣布释放。被俘者三呼万岁,再拜谢恩,百官也再拜,舞蹈,三呼万岁。

明代皇帝亲征凯旋回京,皇帝率诸将陈凯乐俘馘于庙南门外和社北门外,告祭庙、社时均行三献礼。祭毕,将俘馘交付刑部,由协律郎奏乐引导而退。皇帝服通天冠、绛纱袍,登上午门楼,以露布诏告天下。若命将出征得胜奏凯,先期,大都督以露布奏闻。献俘礼一般在午门举行,与宋代相似。皇帝服常服,登上午门门楼。大将于楼前就拜位,行四拜礼,其他诸将亦随大将一同行礼。行礼毕,退至侍立位。奏凯乐,奏毕宣读露布,宣毕,交付中书省颁示天下。将校将俘虏引至献俘位。刑部尚书跪奏曰:"某官某以某处所俘献,请付有司。"皇帝命处治者付于刑官,宥罪者释放。

被释放的俘虏四拜三呼,以谢皇恩,然后由将校带着离去。大将以下就拜位,舞蹈,三呼万岁。立于班前者稍向前,跪致贺词,然后百官再行四拜礼。论功行赏典礼在奉天殿举行。皇帝服衮服,升座。受赏官员入就拜位,四拜。承制官宣制说:"朕嘉某等为国建功,宜加授赏。今授以某职,赐以某物,其恭承朕命。"

宣毕,受赏官员皆俯伏,起立,再拜。然后由吏部尚书捧诰命,户部尚书捧礼物,依次授予受赏官员。受赏官员舞蹈,三呼万岁,俯伏,起立,又四拜。礼毕,皇帝还宫,各官皆出宫,到午门外,将诰命、礼物置于龙亭中,由仪仗鼓乐引导,分别送到受赏官员家中。

四、大阅礼

为了保持军队的战斗力,在没有战事的时候,必须严加训练。《礼记·月令》说,孟冬之月,"天子乃命将帅讲武习射、御、角力"。《左传》中多次记载各诸侯国举行军事训练,国君经常亲临演武场,举行大阅。汉代有名为"貙刘"的仪式,就是在立秋之日郊祭白帝后,进行讲武活动。皇帝乘戎辂,以朱鬣白马驾车,在白帝祭坛坛东门外执弩射杀将用为牺牲的鹿麛,然后由太宰令、谒者各一人驰车载着牺牲送到先帝陵庙。皇帝还宫,派使者赍束帛以赐武官,"武官肄兵,习战阵之仪、斩牲之礼,兵官皆肄孙、吴兵法六十四阵。"

　　北齐常以季秋讲武于都外,皇帝亲临。军将选择精壮士卒列阵,前进时,少者在前,长者在后,然后后队变前队回还。在演习中,将帅特别注意从目、耳、心、手、足五个方面训练士卒。训练目,要求战士熟悉旌旗指挥的意义,旗卧则跪,旗指则起。训练耳,要求战士熟悉金鼓敲击的信号,声鼓则进,鸣金则止。训练心,要求战士知道刑罚之苦,赏赐之利。训练手,要求战士熟练使用各种兵器及格斗中的防护措施。训练足,要求战士练习跪及行列险泥之途。

　　唐代于仲冬之月讲武于都外。讲武的具体日期确定后,兵部便命令将帅选择军士,平整讲武所用场地,场地方1 200步,四面为门,中设步、骑六军营域,分居左、右两厢,中间相隔300步,立五表(标竿),两表间相隔50步,以作为左右两军进、止的标志。又在北厢筑埒,埒上张设供皇帝用的大次(大帐幕)。讲武之日,皇帝乘车辂至埒所,兵部尚书身着甲胄,在前奉引。各就位后,吹大角三通,中军将各以鞞令鼓,二军俱击鼓。三鼓,有司偃旗,步士皆跪。左右两厢诸将帅各集于中军。左厢中军大将立于旗鼓之东,面西,诸将立于其南;右厢中军大将立于旗鼓之西,面东,诸将立于其南。诸将皆面北听中军大将宣誓。誓毕,诸将都将誓言分别告知自己所统军士。演习正式开始,击鼓,有司举旗,士卒皆行进,至表,击钲,皆停下。又击三鼓,有司偃旗,士卒皆跪。又击鼓,有司举旗,士卒皆起,跪至表,乃止。东军一鼓,举青旗为直阵;西军亦鼓,举白旗为方阵以应。接着西军鼓,举赤旗为锐阵;东军亦鼓,举黑旗为曲阵以应。接着东军又鼓,举黄旗为圜阵;西军亦鼓,举青旗为直阵以应。接着西军又鼓,举白旗为方阵;东军亦鼓,举赤旗为锐阵以应。接着东军又鼓,举黑旗为曲阵;西军亦鼓,举黄旗为圜阵以应。互为主客(凡阵,先举者为客,后举者为主),演习五行相胜之法。每次变阵时,东西二军各选刀、盾50人挑战,第一、第二挑战为勇怯之状,第三挑战为敌均之势,第四、第五挑战为胜败之形。变阵完毕,两军都列直阵。击三鼓,有司偃旗,士卒皆跪。又击鼓举旗,士卒皆起,骑驰、徒走,都到中表,做模拟性的攻防技击。步兵操练完毕后，骑兵又上场操练，其阵法变化及士卒对抗皆与步兵相似。讲武礼毕，皇帝还宫。

明穆宗隆庆二年（公元1568年），皇帝接受大学士张居正的建议，决定举行大阅，并由礼部制定了仪注。届日清晨，遣官到教场祭祀旗纛之神。皇帝乘辇由长安左门出，经安定门，前往校场阅武门，一路上由京军三大营官军具甲仗，将官四员统领马兵二千扈驾，文武官员均身穿大红便服扈从。到达阅武门外后，总协戎政官率大小将官身着戎服，出来跪迎。御驾进阅武门，内中军鸣炮三响，各营钲鼓大作。皇帝进入行宫，升座，兵部官奏请大阅。兵部、鸿胪寺官引导皇帝登上将台，此时又鸣炮三响。京营将士叩头毕，东西侍立。将台上吹响号笛，黄旗挥动，总协戎政及将佐等官各归所部。兵部尚书奏请阅阵，又鸣炮三响，先由马、步兵将士演练阵法，演毕，又吹响号笛，挥动黄旗，将士各归本营。兵部尚书再奏请阅射，于是总协戎政官以下军将以及公、侯、驸马、伯、锦衣卫等官，都在将台下比试射技，每人在马上射三矢，徒步射六矢，射中靶子者鸣鼓以报，由御史和兵部官监视记录。下级军官和普通士卒也要较射，由府部大臣等官观射。总协戎政官还要选择一队士卒在皇帝面前表演枪、刀、火器等项技艺。演毕，兵部尚书奏大阅毕，将台下举号旗，总协戎政官及诸将都到台下，面北序立，并跪听宣读皇帝制命。礼毕，皇帝登辇，中军又鸣炮三响，各营皆鼓吹奏乐，皇帝出阅武门回宫。

清太宗天聪七年（公元1633年），皇太极亲率诸贝勒，督励众军。练习行阵，这是清朝大阅之始。顺治十三年（公元1656年）规定，三年大阅一次，地点在南苑。康熙十二年（公元1673年）在南苑阅兵，康熙帝身穿甲胄，亲发五矢，皆射中箭靶，又骑马而射，一发即中。由此可见，清帝对武事的重视。此后大阅，或在卢沟桥，或在玉泉山，或在多伦诺尔，或在南苑，地无一定，时间亦不以三年为限。

五、田猎礼

古人对田猎很重视。据说，兵为凶事，不可无事空设，故借田猎以训练士卒，猎获的野兽还可供给宗庙祭祀。从甲骨文中可以看出，商王经常进行田猎活动。周代的田猎进一步纳入礼制轨道，有春蒐、夏苗、秋狝、冬狩四种。田猎时不能滥杀，按照礼法规定，猎时要围而不合，留出一条生路，并且要不捕幼兽，不采鸟卵，不杀孕兽，不坏鸟巢等。

汉代帝王游猎之事于史多见，但仪节不详。南朝宋文帝元嘉二十五年（公元 448 年），曾举行大蒐校猎，将士在宣武场列为重围，皇帝亲自前往射禽。合围前，先派人骑马宣布号令说："春禽怀孕，蒐而不射；鸟兽之肉不登于俎，不射；皮革齿牙骨角毛羽不登于器，不射。"合围后，皇帝先入而射禽，然后王公百官以次射。

北齐春蒐礼与宋相似，此外还有夏苗、秋狝、冬狩之礼，仪节与春蒐同。北周仲春教振旅，兼行蒐田，仲夏教茇舍，兼行苗田，仲秋教练兵，兼行狝田，仲冬教大阅，兼行狩田，将大阅礼与田猎礼合而为一。隋代无固定的田猎礼制，大业三年（公元 607 年），隋炀帝在榆林，突厥及西域、东胡酋长皆来朝贡，隋炀帝为了夸示甲兵之盛，特举行冬狩之礼，场面非常宏大。

唐代在仲冬之月举行狩田之礼。由皇帝先射，然后公、王以次射，最后由百姓射。驱入围中的野兽不能全部杀死，凡已被射中者不能再射，逃出围外的野兽不能再追逐。猎毕，大兽要献出归公，小兽则归私人所有。捕获的野兽上者供宗庙，次者供宾客，下者充庖厨。狩猎后，还命有司馌兽于四郊，并以兽祭告宗庙、太社。

北宋太祖、太宗均曾在近郊校猎，大多是在腊日进行。后皇帝不亲往射猎，只命诸王在都城近郊校猎。辽穆宗应历元年（公元 951 年），还将腊日狩猎列为常仪。猎前一日，命司猎官选择猎地。其日，皇帝、皇后先焚香拜日，然后合围。皇帝乘马入围中，皇太子、亲王率群官进酒，然后分两翼随皇帝而行。皇帝始猎获兔，群臣进酒上寿，皇帝亦各赐以酒。至中午进食时，亲王、大臣各向皇帝进献猎物，皇帝赐群臣饮，饮毕，还宫。金、元时期，田猎之风更盛，国家设专门机构饲养鹰隼，出猎时万骑驰驱，鹰隼飞翔,场面虽很壮观,却往往践踏禾稼。

清顺治及康熙前期,在南苑校阅将士时,往往兼行狩猎。清帝常于秋季至此狩猎,称为"秋狝",有时还在冬天再来此行猎一次。康熙三十三年(公元 1694 年),设立虎枪营,分隶上三旗,置总统、总领等官。乾隆初元(公元 1736 年),又设置总理行营王公大臣一人,凡启行、校猎、驻跸、守卫等事皆归其掌管。当时围场共有 60 多所,每岁大狝或十八九围,或 20 围,每年变换行猎场地。狩猎时,有行围和合围两种方法。行围是围而不合,满语称为"阿达密"。合围满语称为"乌图哩阿察密",是在五鼓前,由管围大臣(管围大臣一般以宗室王公大臣担任,由蒙古王公、台吉担任副职)率领从猎士兵纡道绕出猎场外,或三五十里,或远至七八十里,然后慢慢驱赶野兽,齐至看城合围后,皇帝由行营骑马至看城稍憩,然后至中军,亲自指挥狩猎。野兽有突围者,发矢射杀,御前大臣、侍卫等皆射,逃出围外者则由从官追杀。遇到猛兽则由虎枪营官兵开枪击杀。倘若围内野兽过多,则开一面,让野兽逃跑一些。猎兽毕,将士将猎获物分类进献皇帝。皇帝还行营,称为"散围",将猎物颁赐于扈从者。

此外,还有一种名为"哨鹿"的狩猎方式。所谓哨鹿,就是在白露后,鹿进入发情期,模仿雄鹿的叫声,可把雌鹿引来。哨鹿时,侍卫将士分为三队,出营十余里,皇帝命第三队停止前进,再行四五里,又命第二队停止前进,再行二三里,将要到达哨鹿场所,命第一队亦停止前进,只留十余骑跟随皇帝。望见鹿群时,命一侍卫举着假鹿头发出呦呦声,牝鹿闻声而至,立即发矢射杀,皇帝取其血以饮。

第五节　以亲万民——嘉礼

如果说,吉礼是沟通人与神的关系的话,那么嘉礼便是关于人际关系的各种礼仪,也就是《周礼》中所说的"亲万民"。不过,亲万民并不是要对万民一视同仁，恰恰相反，嘉礼的目的正是为了在各种重要的人际关系交往场合体现出贵贱等级的差别。嘉礼的内容比较复杂，《周礼》所列主要有饮食之礼、婚冠之礼、宾射之礼、飨燕之礼、脤膰之礼、贺庆之礼等，这些内容在后代也有一定变化。在这里，我们仅从国家重大典礼的角度，分几个方面略加介绍。

一、皇家冠礼

冠礼就是成人礼。现存《仪礼》中只有《士冠礼》，而关于天子、诸侯的冠礼，史籍中无明确记载，并且说法不一，如加冠年龄《左传》襄公九年说在 12 岁，《通典·嘉礼》则说在 15 岁。天子加冠的程序，据《大戴礼记》等书所记，与士冠礼无大差别，只是场面要宏大得多，仪节要隆重得多，并且多了一加，即在加缁布弁、加皮弁、加爵弁之后，又加玄冕，即一种顶上有一块前圆后方的冕板、前后带旒的冠。

据载，秦王嬴政在 21 岁时才举行加冠礼。汉代皇帝的冠礼（又称"加元服"）一般在正月甲子或丙子吉日在高祖庙举行，初加缁布冠（又称"进贤冠"），次加爵弁，次加武弁，次加通天冠。加冠时，由宾祝辞，内容多为祝福皇帝，希望皇帝勤于政事，使天下安宁，百姓蒙福。例如，《博物记》所载昭帝冠辞为："陛下摛显先帝之光耀，以承皇天之嘉禄，钦奉仲春之吉辰，普尊大道之郊域，秉率百福之休灵，始加昭明之元服。推远冲孺之幼志，蕴积文武之就德，肃勤高祖之清庙，六合之内，靡不蒙德，永与天无极。"王公以下的冠礼，只加进贤一冠。

魏晋南朝时期，皇帝的冠礼只用一加，其理由是：士冠礼三加，是表示德业不断进步，而皇帝登位临民，尊极德备，故只用一加。皇太子冠礼用二加，王公、世子用三加。此时，冠礼不在宗庙举行，而是在正殿举行，但冠前冠后都要到宗庙祭告。北魏孝文帝为太子在宗庙举行冠礼，礼后，孝文帝认为有三失：一是未举乐以迎神,二是用三加而未用四加,三是未设宾以赞礼。

北齐皇帝冠礼,先以玉帛祭告圜丘、方泽,以币祭告太庙。冠时,一加。冠后,又择日亲拜圜丘、方泽,谒庙。皇太子冠礼则只祭告太庙。冠时,二加,初加进贤三梁冠,再加远游冠。隋代国祚短促,只举行过皇太子冠礼,仪式与北齐大同小异,但加三加,初加缁布冠,再加远游冠,三加冕。唐代皇帝冠礼,先卜日祭告天地宗庙,行礼时皇帝只加一冕,皇太子和诸皇子则三加,与隋代相同。

宋代皇太子、皇子冠礼亦三加,初加折上巾,次加远游冠,三加衮冕。明代皇帝冠礼也只加一冕;皇太子三加,初如翼善冠,再加皮弁,三加冕旒;皇子三加,初加网巾,再加翼善冠,三加衮冕。清代无冠礼。

据《明史·礼八》介绍,洪武三年(公元1370年)所定皇帝冠礼于后:先由太史院择吉日,工部制造冕服,翰林院撰写祝文,礼部订立仪注。中书省奉皇帝制命,命某官摄太师,某官摄太尉。吉日确定后,遣官祭告天地、宗庙。冠礼前一日,由内使监令在奉天殿正中摆设御冠席,并在御冠席南摆设冕服案以及香案、宝案。由侍仪司在文楼南摆设太师、太尉起居位,西向,并设拜位于丹墀内道,设侍立位于殿上御冠席西,还要以次设百官及诸执事位次。

吉日黎明,鸣鼓三声,百官入。皇帝穿戴空顶帻、双童髻、双玉导、绛纱袍,乘御舆而出。奏乐,皇帝升宝座。鸣鞭,报吉时已到,通班赞各官各自供事。太师、太尉先入,就拜位,然后百官皆就位。奏乐,百官行四拜礼,乐止。引礼官引导太师先到盥洗位,搢笏(将笏插于腰间),盥毕,出笏,由内赞官引至御冠席西,东向立。引礼官再引导太尉到盥洗位,然后由内赞官引至御冠席西,立于太师南边。

侍仪官奏请加元服。太尉至皇帝前稍右,跪,搢笏。将皇帝头上的空顶帻脱下,授给内使,由内使放置箱中,奉进栉,设纚毕,出笏,退立于西。太师向前,北向立。内使监令取冕,立于太师之左。太师祝曰:"令月吉日,始加元服。寿考维祺,以介景福。"内使监令捧冕,跪授太师。太师搢笏,跪接冕。为皇帝加冠、加簪缨毕,出笏,退立于西。御用监令奏请皇帝着衮服,皇帝起立,穿上衮服,然后复就御座。

太师到皇帝前,北向立,光禄卿奉酒授太师,太师搢笏,受酒,祝曰:"甘醴惟厚,嘉荐令芳。承天之休,寿考不忘。"祝毕,将酒跪授内使。内使跪受酒,捧以进献皇帝。皇帝受,祭少许,酒毕,将空盏授内使,乐止。内使受盏,转授太师。太师受盏,转授光禄卿,光禄卿受盏退。太师出笏,退复原位。内赞官引导太师、太尉出殿西门,乐作。引礼官引导太师、太尉至丹墀拜位,乐止。赞拜,奏乐,太师、太尉及文武百官皆行四拜礼,乐止。太师、太尉及百官三舞蹈,山呼万岁,行俯伏礼,奏乐。复行四拜礼,乐止。礼毕,皇帝起立,鸣鞭,奏乐。皇帝回宫,乐止。百官皆出宫。然后皇帝穿戴通天冠、绛纱袍,拜谒太后,并择日谒祭太庙。冠礼次日,百官皆着公服,朝贺皇帝,皇帝在谨身殿赐宴百官。

二、皇家婚礼

在以家庭为中心的传统社会中,结婚是一项非常重要的事情。周代天子和诸侯的婚礼其细节史书无载,今存《仪礼》中只有一篇《士昏礼》,所记婚礼仪式主要包括下面几项。

(1)纳采。男家欲与女家合婚,先使媒人下通其言,若女家答应,男家则派遣使者到女家以雁为贽礼,女家主人在祖庙中接待男家之使者。

(2)问名。男家之使者再备雁,至女家,向主人询问该女子之名字,归告于男家。

(3)纳吉。使者将女子名字告诉男家后,男家之主人便到祖庙中占卜,若得吉兆,则派使者备雁,往告于女家。

(4)纳征。男家派使者,送十四帛、两张鹿皮至女家,为聘礼。此时婚事正式确立。

(5)请期。男家卜得吉日,使人至女家,以雁为贽礼,请求女家同意婚期。

（6）亲迎。婚日之黄昏，男家陈设肴馔酒卺。新婿服爵弁，与从者备车、烛（炬），往女家迎娶；新妇服丝衣有纁边之服。女家主人在祖庙中接待新婿，婿拜，奠雁，再拜，出，新妇从之。新妇上车，先由新婿驾车，驱行三周，然后由御者代替新婿驾车。新婿乘坐自己的车先回家，在门外迎候。新妇至，揖入寝门，沃盥，对馔，合卺。撤馔，新婿解新妇之缨。烛出，婚礼成。

天子和诸侯的婚礼的主要程序当与《士昏礼》所记无大差异，但要盛大得多。

清代皇帝将纳后，先由皇太后和近支王公大臣选定某家之女为皇后，然后便举行纳彩礼，同时还要举行封皇后礼。先期由翰林院官撰写册文，再由礼部依册文制造金册、金宝，备办礼物，礼品一般是马匹、甲胄、布帛等物。届期，专管赞导礼仪的鸿胪寺官在太和殿正中设节案，内阁成员将节（纳礼使者所持的凭证）奉安案上。甲胄、布帛等礼品则由内务府官员装入龙亭，抬到太和殿丹陛上，分左右陈放，马匹也牵到丹陛下，分左右站好。选派的正、副使臣、执事官员和文武大臣等身穿朝服，各自在指定地点排好肃立。当钦天监选定的吉刻一到，正副使臣先行三跪九叩礼，然后在丹陛上跪听宣制。

宣制官高声宣读："皇帝钦奉皇太后懿旨，纳某氏某女为后，命卿等持节行礼纳彩。"宣毕，内阁大学士进殿取节，交给正使，正、副使持节走下丹陛，在仪仗前导下先行，校尉抬龙亭、卫士牵马跟随在后，出太和中门，径往皇后宅第。

此时，皇后家早已在府邸的正厅上面摆好三个桌案。使臣到达，皇后之父身穿朝服，在门外跪迎。使臣入内，宣制，后父跪在大厅中门外，面北受礼。受礼后，后父率亲族子弟朝皇宫方向行三跪九叩头礼。纳彩礼成，正副使取节告辞，回宫复命。纳彩礼后，皇宫摆设内宴，命公主和大臣命妇宴请皇后之母，在外廷则命大臣、侍卫、八旗公侯以上、满汉二品以上官员宴请皇后之父。

纳彩礼后，还要举行大征礼。届时，皇室备办一份礼物，礼品较纳彩礼时为重,派使臣送到皇后家,礼节与纳彩礼基本相同。受礼后,由后父率诸子弟,后母率诸妇女,分别行谢恩礼。若皇后祖父母尚在,则由他们率家中男女行礼。

大征礼后,便要举行册立奉迎礼。迎娶前日,皇帝要遣官祭告天地和宗庙。皇宫各御道均铺以红毡,所贴门神、对联更换一新,各宫殿大门高悬红灯,几座主要宫殿还悬挂双喜字彩绸。銮仪卫在太和殿外陈设法驾卤簿,太和殿东西檐下设中和韶乐,太和门内东西檐下设丹陛大乐;太和殿内设节案、册案和宝案。

在太和门外阶下,工部设龙亭两座,銮仪卫设皇后凤舆。凤舆内摆放金如意一柄。从太和门到午门,分两列陈设皇后的仪驾,其中包括吾杖四柄,立瓜、卧瓜各四柄,五色龙凤旗十面,赤、黄龙凤扇各四面,雉尾扇八面,赤素方伞四柄,黄缎绣四季花伞四柄,五色九凤伞十柄,黄纱通绣五色凤绿缎罩金节两支,金提炉两个,金香盒两个,金盥盆一个,金唾壶一个,金水瓶两个,涂金交椅一个等。是日,皇太后的仪驾陈列在慈宁宫。有关执事官员和文武大臣都身穿朝服,按官位品阶在指定地点排好。

钦天监恭报吉时已到,奉迎礼开始。王公大臣、迎亲正副使在太和殿外行礼,两旁豹尾班侍卫各 14 人,文武官员在御路旁按品级的标位跪拜。在礼部堂官的前导下,皇帝身穿礼服,乘舆出宫,先到慈宁宫向皇太后行礼,然后到太和殿检阅金册、金宝,接着升御座,中和韶乐奏《叶平之章》,钟鼓楼鸣钟鼓。乐止,銮仪卫官赞:"鸣鞭"。阶下三鸣鞭,丹陛大乐奏《普平之章》。迎亲正副使走上丹陛,面北跪听宣制,制辞说:"皇帝钦奉某某皇太后懿旨,纳某人之女某氏为皇后,兹当吉日令辰,备物典册,命卿等持节以礼奉迎。"宣毕,内阁大学士入殿捧节,出来交给正使,执事官员捧册、宝由中门出,随节到阶下将册、宝分别置于龙亭。阶下三鸣鞭,中和韶乐奏《舒平之章》,皇帝起驾还宫,乐止。正副使臣持节前行,后面依次是龙亭、皇后仪驾冠服、内大臣和侍卫等。迎亲队伍出太和门,经大清门,按规定路线,直奔皇后宅第。

皇后家在内堂正中已摆设好桌案,正中为节案,左右为宝案、册案,节案前设香案,香案前设皇后拜位。内廷派来的四名侍仪女官站在拜位左右两侧,两名宣读女官站在册案南边,另有内监在外堂台阶下承应。正副使率领迎亲队伍到皇后宅第大门,后父率全家子弟在门前穿朝服跪迎,等使臣进门升阶再跟进,面西站在外堂东侧,凤舆摆在大堂阶上正中,仪驾列于阶下直到大门内,导迎乐队在大门左右吹奏。内务府官将皇后冠服授给内监,内监捧进堂转授女官,由女官进呈皇后,穿戴齐整。

稍后,后父到外堂中门外跪听宣旨,宣毕,后父行三跪九叩礼,退下。正副使将节、册和宝分别授予内监,皇后在右中门立迎,后母率府内妇人穿朝服跪迎。内监将节、册、宝分置各案,引礼女官引皇后就拜位,跪听女官宣读宝文和册文。皇后受册、宝,行六肃三跪三叩礼。到此,册立礼成。内监取节授还正使,并把册、宝放回龙亭。

钦天监恭报升舆吉时到,内掌仪司首领太监把凤舆抬到内堂台阶下,女官恭导皇后升舆入座,后母送至舆前为止,后父则跪送于大门外。迎亲队伍以导迎乐前导,正副使乘马先行,其后为皇后仪驾、册亭、宝亭,再后便是凤舆。凤舆前有四名命妇前导,后有命妇七人后扈,均乘马,左右另有太监手扶步行,内大臣和侍卫在后骑马护从。

按清朝礼制规定,只有皇帝和皇太后才能穿行通过大清门。但在迎亲时,皇后凤舆要由大清门进宫。迎亲队伍抵金水桥时,正副使臣、内大臣和侍卫下马,牵马过桥。迎亲队伍缓行至午门前,门楼上钟鼓齐鸣。仪驾停留在午门外,各执事命妇下马在前面走,皇后凤舆由九凤曲柄盖前导,穿午门到太和门。

皇后在太和殿阶下(同治大婚改在乾清宫内,光绪大婚改在乾清宫阶下)下凤舆,中和韶乐奏《乾坤泰和乐》,乐止,正副使臣离去复命,内大臣和侍卫也都退出。礼部堂官率司员将停在乾清门阶下龙亭内的册、宝取出,捧至交泰殿,放置在左右案上。然后,内监手执提炉前导,导从命妇簇拥皇后步行至交泰殿。早已等候在这里的恭侍命妇接替导从命妇,奉迎皇后。稍后,皇后乘坐八人孔雀顶轿到坤宁宫。

合卺礼在坤宁宫东暖阁举行。屋内四周均饰以红色，北边为喜床，并有一套简单的宝座，南边窗前则是一铺大炕。恭侍命妇拥皇后进入洞房，梳洗更衣，头戴双喜如意簪子富贵绒花，戴朝珠，乐队高奏《喜遇团圆乐》。皇帝穿礼服，乘坐八人孔雀顶轿，也来到坤宁宫东暖阁，升宝座床居左，皇后居右，对面而坐，举行合卺宴。宴中，帝后要对饮交杯酒。洞房外面，则有结发侍卫夫妇念《交祝歌》。宴毕，给事宫人、命妇等皆退出。

大婚之后，还有一系列庆贺仪式。婚礼次日，皇后到慈宁宫拜见皇太后，行六肃三跪三拜礼，并象征性地向皇太后奉进酒食。之后，皇帝率领大臣到皇太后宫行礼。接着，皇帝在太和殿举行大朝庆贺礼，宴请文武百官，百官向皇太后、皇帝进表称贺，并向皇后进笺称贺。皇帝颁布诏书，以大婚册后宣示天下。稍后，皇帝在太和殿赐宴，宴请皇后之父及其他男性亲族，各王公大臣均受命出席作陪；皇太后在慈宁宫赐宴，宴请皇后之母及其女性亲属，公主、福晋和大臣命妇均受命出席作陪。至此，规模浩大、礼节繁缛的大婚册立仪式全部完成。

三、登极礼

登极礼是国家最重要的典礼之一，是新帝王统治开始的象征。《尚书》中的《顾命》《康诰》两篇曾提到周成王死后，康王告殡宫而即位的典礼。秦灭六国，定最高统治者的称号为皇帝，但典礼的仪式史籍无载。

隋文帝杨坚以相国、隋王的身份接受北周静帝的禅让，在南郊筑坛。禅让之日，静帝派太傅和大宗伯奉皇帝玺绶策书，乘象辂，备卤簿，持节，率领百官来到相府大门。文武百官皆朝服立于门南，面北。杨坚头戴远游冠，由府中僚佐陪列。相府记室入告杨坚，杨坚在礼曹引导下出大门，立于东面，面西。太傅奉策书，大宗伯奉玺绶，从百官队伍中走出，在节引导下前行。杨坚揖之，入门而左,太傅、大宗伯随后入门而右,百官随入庭中。

太傅面南,读册书毕,授予杨坚。杨坚面北再拜,辞不奉诏。于是上柱国进前陈说皇帝禅位旨意,百官皆劝进,杨坚仍不答应。太傅等人又奉策书进而敦劝,杨坚才接受策书玺绶。杨坚退就东阶位,太傅、大宗伯及百官都面北再拜,搢笏(将笏插于腰带上),三呼万岁。有关官员请备法驾,杨坚不许,改服纱帽、黄袍,到皇宫临光殿,又改服衮冕,乘小舆而出,以朝百官,宣布大赦,改元。是日,要遣官奉册祀于南郊。

北周禅位于隋是皇位易姓,也有的皇帝因种种原因禅位于太子,称为"内禅"。例如,唐代高祖曾禅位于太宗,睿宗曾禅位于玄宗,顺宗曾禅位于宪宗。南宋高宗禅位于太子时,先在紫宸殿设仪仗,文武百官列班肃立。高宗出宫,鸣鞭,禁卫、仪仗及内侍,高宗升御座。群臣上殿拜辞高宗,奏陈敬仰依恋之词,高宗则训谕诸臣悉力辅佑嗣君,君臣皆泣涕。大臣退下,高宗亦退入内宫。

然后,百官列班敬听宣诏,宣毕,群臣再拜,舞蹈,三呼万岁,再拜。然后至殿下列班。禁卫、仪仗迎新皇帝出,鸣鞭,内侍扶新皇帝至御榻。新皇帝不肯就座,内侍传高宗圣旨,命新皇帝入座,新皇帝方才坐下,面东或面西,而不肯面南。百官称贺,再拜,舞蹈,三呼万岁。宰臣上殿,请新皇帝南面而坐,经再三推辞,皇帝才面南而坐。宰臣退下,皇帝起驾回宫,鸣鞭,百官退出。次日,新皇帝至德寿宫朝见太上皇,文武百官在宫门外迎驾。太上皇升御座,新皇帝上殿拜,奏圣躬万福。百官亦拜,搢笏,三舞蹈,三叩头,出笏,三拜。

辽代皇帝登极礼颇采汉仪,与唐代相似,但即位之后,还要举行具有本民族特色的柴册仪。柴册吉日确定后,先期建置柴册殿及坛。柴册坛的规制是厚积薪,以木为三级坛,置其上,还要设置再生母后搜索之室。皇帝先入再生室,举行再生礼,礼毕,契丹八部之叟上前簇拥着皇帝到柴册殿之东北隅。拜日毕,皇帝乘马,选择外戚之老者为御。皇帝疾驰,仆人、御者及从者以覆之。皇帝到达开阔的高地,大臣、诸部帅列仪仗,遥望以拜。皇帝遣使敕大臣和诸部帅说:"先帝升遐,有伯叔父兄在,当选贤者,冲人不德,何以为谋?"

群臣回答说:"臣等以先帝厚恩,陛下明德,咸愿尽心,敢有他图。"皇帝令曰:"必从汝等所愿,我将信明赏罚。尔有功,陟而任之;尔有罪,黜而弃之。若听朕命,则当谟之。"诸臣皆说:"唯帝命是从"。于是皇帝于所在之处封土石以志之。然后,返回,拜先帝御容,宴飨群臣。

次日,皇帝出册殿,由护卫太保扶翼升坛,奉安七庙神主于甀上,宰相率群臣绕坛环立,都用手举甀边。赞祝毕,枢密使奉玉宝、玉册入,有关官员读册毕,枢密使称尊号,将册、宝进献皇帝,群臣三呼万岁,皆拜。宰相、北南院大王、诸部帅进献猪、白羊各一群。皇帝更衣,拜诸帝御容,大宴群臣。

清太祖即位时,礼仪较简,贝勒、群臣皆集殿前,按翼序立。皇帝御殿,皆跪。八大臣出班,跪进上尊号表,侍臣接过后,跪在皇帝面前宣读。然后皇帝走下座位,焚香告天,并率贝勒和群臣行三跪九叩礼。礼毕,复座,贝勒等各率旗属庆贺。太宗登极时,筑坛,备卤簿。皇帝先率群臣到坛告天,然后登坛升座,贝勒等行三跪九叩礼。礼毕,群臣皆跪,贝勒分左右列。奉宝官跪献宝,皇帝受宝,群臣行礼如初。然后,群臣跪听宣读官宣读满、蒙、汉三体表文。宣毕,群臣行礼,奏乐,皇帝还宫。次日皇帝御殿,群臣表贺,行三跪九叩礼。赐宴,颁赦诏。入关以后,礼仪日趋复杂。由于除嘉庆帝即位是由乾隆帝内禅外,其他皇帝皆是在先皇驾崩后于丧次即位,故举行登极典礼时,中和韶乐和丹陛大乐皆设而不奏。

第五章 博学于文,约之以礼——古代人生礼仪

子曰:"君子博学于文,约之以礼,亦可以弗畔矣夫!"简单来说就是君子广泛地学习古代文化典籍,又用礼仪对自己进行约束,就不会离经叛道,这就是古代的人生礼仪观。本章从诞生礼、寿礼、婚礼、丧礼四个层面来分析古代人生礼仪。

第一节 摇篮边的祝福——古代诞生礼

中华民俗人生礼仪是从一个"三"开始到另一个"三"结束,也就是从"洗三"到"接三"。人的一生要接触并遵守的礼仪是从"洗三"开始的。

一、"洗三"礼

"洗三"又称"洗儿""洗三朝",就是在孩子出生的第三天为其洗澡。"洗三"是中华民族传统的诞生礼俗之一,一般兼有祝吉、纳祥、祷神的含义。

"洗三"仪式一般是在午饭后举行,由收生姥姥主持。产房外厅正面设上香案,供奉碧霞元君及各位娘娘。产妇卧室的炕头上供着炕公、炕母的神像,像前摆供品。首先由老婆婆上香叩首,再由收生姥姥随之三拜,然后由本家将盛有槐条蒲艾水的铜盆及所需用品均摆在炕上。收生姥姥抱起孩子,"洗三"仪式开始。

前来祝贺的亲友依次将银钱和喜果及清水往盛有槐条蒲艾水的澡盆里放，这叫"添盆"。亲友若放清水，收生姥姥会说"长流水，聪明伶俐"；若放枣、栗子，就说"早立子"；若放莲子，就说"连生贵子"；若放桂圆、荔枝，就说"枝元、桂元，连中三元"；若放锞子、洋钱、制钱等，就不说吉祥话了。要是栗子、铜钱，需用纸包好，放在盆旁边。

添完了盆，收生姥姥开始给孩子洗澡，她先拿棒槌在盆里搅和。随后，将艾叶球儿点着，以生姜片作托，放在孩子脑门上，象征性地炙一炙。再给孩子梳头打扮一下。然后用事先煮好的去皮鸡蛋往孩子脸上滚滚。洗罢，把孩子包裹好之后，又用一棵大葱往孩子身上轻轻拍打三下。随后把葱扔到房顶上，寓意孩子将来长大后会聪明绝顶，再拿起秤砣比划两下，说"秤砣虽小压千斤"，寓意孩子长大以后，在家庭和社会中都有举足轻重的地位。然后，再拿起锁头比划三下。

至此，"洗三"的礼俗还不算完，再由老婆婆把娘娘码儿、敬神钱粮连同香根"请"下来，放到院中焚化。收生姥姥用铜筷夹着炕公、炕母的神码一焚，并说道："炕公、炕母本姓李，大人孩子交给你；多送男，少送女。"然后，再用红纸把灰包好，压在炕席底下，其意是让它守住炕头，保佑母子平平安安。此刻，"洗三"礼仪结束，收生姥姥为讨赏钱，要向本家道喜。

"洗三"之日，只有近亲前来贺喜，一般是给产妇送油糕、缸炉、挂面、鸡蛋、小米、红糖等物，给孩子送小衣服、鞋、袜、布料等作为礼品。"洗三"当日礼毕之后，照例要以炒菜面招待前来贺喜的亲友，收生姥姥要坐在正席之位，被当成上宾款待。餐桌上主食必定是面条，俗称"洗三面"，有盼小儿长命之意。

二、满月礼

老北京有句俗话："养活孩子办满月——没事儿找事儿。"其实，中国自古就有给孩子办满月和百日的俗信礼仪。清代以来，人们一直沿用旧制,为孩子办满月(又称"弥月")和百日。满月和百日的庆典仪式活动内容基本相同,庆典只办一天,不外乎以宴席、堂会招待亲朋。

在给孩子办满月时,有许多讲究,庆祝满月的活动也多种多样,其中最重要的一项是"剃满月头",又称"落胎毛",延续至今。俗话说:"十里不同风,百里不同俗。"全国各地的剃满月头习俗不尽相同,但其共同特点是胎毛不能剃光,一般在头顶正中(顶心)或近脑门处留下一撮,俗称"桃子头、桶盖头、米囤头"等。旧时给孩子剃去胎毛,说是防止"压运气";还要剃去眉毛,说是小儿长大之后"别眉(没)眼高低的",其意是让孩子将来学会如何察言观色。也有一些地方把落胎发的仪式放在婴儿出生的百天时举行,称为"剃百日头",习俗则与剃满月头一致。所以,这两种仪式也通称为新生儿的"剃头礼"。

办满月或百日的礼仪,可在家里办,也可在饭店办。事先由家中长者提名,再发请帖,邀请亲朋好友。接帖者无论男女均可前来贺喜。如未接帖者,一般只限女客前来祝贺,男客不往,虽至亲也须遵其俗。

给孩子办满月时,向亲朋好友、邻居分送用颜料染红的鸡蛋,是一种回谢的传统民俗礼仪,也是通行我国各地的一种表达喜庆的方式。

三、百日礼

百日礼是孩子出生一百天时举行的一种庆贺仪式。百日礼也称"百碎""百岁""百禄"。宋代孟元老《东京梦华录》言:"生子百日置会,谓之百碎。""百"是一个吉祥数字,也是一个重要的数目,它象征着圆满。

在做百日礼时,亲朋好友都要送礼祝贺,主人也要设宴招待客人。贺礼多是白糖、红糖、鸡蛋等食品,还有小孩的鞋、帽、衣服之类的衣饰。

　　既然叫百日礼,那么这一天的活动自然会在"百"字上大做文章了。其中最讲究的礼仪,就是穿"百家衣"、盖"百家被"、吃"百家饭"。所谓"百家衣""百家被",就是将从许多人家讨来的各种颜色的碎布头拼凑缝制在一起做成的衣被。在各种颜色的布头中,以紫、红、黄为吉祥色。其中,紫色最为珍贵,也最难找到,因为"紫"与"子"谐音,所以人们一般都不愿意把"子"送给别人家。穿"百家衣",盖"百家被",寓意是想借大家的福,让孩子健康成长。孩子要吃"百家饭",也是为了孩子好养活。

　　在百日礼中,孩子还有挂"百家锁(百岁锁)"的习俗。"百家锁"又叫"长命锁",是挂在百日婴儿脖子上的一种吉祥饰物。人们都认为,孩子太小,容易受到惊吓,丢了魂魄,如果用"锁"锁住,就能保住孩子的魂魄,辟灾驱邪。

　　"百家锁"有各种不同的形式,其中最常见的是用红线把铜钱串起来,挂在小孩的脖子上。有钱人家的"百家锁"都比较讲究,有纯金的、镶余的、银质镶金的,穷苦人家则多用铜质的。"百家锁"上面一般都有吉祥图案或文字,图案主要是象征福寿绵延不断的景物,而文字多为"长命富贵""长命百岁"等吉祥话。

　　给孩子送"百家锁",不同的地区也有不同的讲究。有的地方是孩子的外婆送"百家锁",有的地方是孩子的干爹、干妈送"百家锁",也有的地方是众人凑份子来送"百家锁"。所谓"凑份子",就是本家把一些白米、茶叶、枣、栗子用红纸包成一百包,分送到亲朋好友家中。各家接受后,再往红纸里放点钱返还,本家再用这些钱去打制"百家锁",据说这样得来的"百家锁",最为珍贵吉祥。

　　不管百日礼采用哪种庆贺祝愿方式,其目的都是父母亲友祝福孩子健康、平安成长。

四、抓周礼

　　抓周又称"试周""周晬""试晬"。晬是古代对婴儿满百日或周岁的称呼。有关抓周礼俗的记载,最早见于北齐颜之推《颜氏家训·风操》："江南风俗,儿生一期,为制新衣,盥浴装饰。男则用弓、矢、纸、笔,女则用刀、尺、针、缕,并加饮食之物及珍宝服玩,置之儿前,观其发意所取,以验贪廉智愚,名之为试儿。"

抓周礼俗在南朝已普遍流行于江南一带了,有人根据民间流传的"三国外传",将其起源时间向前推至三国时期。也有人认为,抓周习俗的由来可以溯及先秦,其实是楚人崇神巫文化的产物。

抓周"试儿"的风俗礼仪究竟从何而来,学者们的看法也各有不同。有人认为,这一风俗礼仪源于原始先民的征兆观念。原始先民认为,自然界的各种现象、人世间的吉凶祸福都是有征兆的。这本是原始先民因无法解释和把握强大的自然力量与人类自身命运而产生的一种心理需求,最终表现为以抓周的愚昧方式来预测人的前途命运。又有人认为,抓周其实就是人的第一个生日纪念日的庆祝方式,它与"洗三"礼、满月礼、百日礼等一样,同属于传统的诞生礼仪,其宗旨都是对生命延续、顺利和兴旺发达的祝吉。还有人认为,抓周并非社会性的风俗礼仪,只是一种在家庭内进行的俗信活动。它的信仰根源还是一种巫术观念,不过它反映了父母对子女的深情和期望,同时又具有一定的家庭游戏性质,因此,不同于迷信活动,只是一种颇具人伦意味、以合理育儿为信仰追求的风俗礼仪活动。

除了抓周,"试鞋"也是周岁的一种礼俗。抓周和"试鞋"的礼俗至今在许多地方仍有流行,但不同的是,现在的年轻父母只是把这种礼仪当作一种游戏,为育儿增添喜庆气氛,提高趣味性。

第二节　尊老敬贤——古代寿礼

从古至今,生日都是受到人们重视的日子。一般来讲,中国人过生日,50岁以前称"过生日",50岁以后可称"做寿"。如果年满50岁时,父母仍健在,也不能做寿,只能过生日。60岁花甲之年，无论父母健在与否，人人都可以"做寿"。

做寿是我国特有的传统礼俗，它在我国拥有两千多年的历史，表达了人们追求长寿的美好愿望，增进了家族中老少几代人之间的感情，促进了家庭与社会的和谐，体现了浓浓的亲情和中华民族敬老爱老、讲孝道、知感恩的传统美德。

一、寿前礼

寿辰礼仪是通过寿辰庆典表达对老人健康长寿的祝愿，是对老人的祝福和安慰。旧时的寿辰礼仪，从寿日的前三天就开始了，包括送寿帖、行暖寿礼和祭神灵等活动。

（一）送寿帖

在传统寿辰礼仪中，寿期的前三天要送请帖给亲友，请来宾吃寿酒。但比做寿人年长的长辈一般不能送去请帖，俗规祝寿礼仪庆寿是晚辈的事，含有祝老人延年续寿之意，只能晚辈给长辈祝寿。

过去，人们将自己的寿期谦称为"贱辰"或"母难日"，请帖要写："某月某日贱辰（或母难日），谨具菲酌，敬请光临。"如果是寿者的子女写请帖，则写："某月某日为家严（慈）诞辰，谨具菲酌，敬请光临。"一些有身份、有地位的家庭还要请人撰写颂扬父母生平事迹的文字，这称作"寿序"。祝寿的请帖必须用红纸写，并用红封装。

在寿日的前一天，有钱人家还要请戏班唱戏，吹吹打打，燃放鞭炮。已出嫁的女儿要在这一天回来祝寿，送上亲手为老人做的鞋，还要送上衣料以及寿面、寿酒等。拜寿的寿礼忌"扯单"，也就是说，如果父母都健在，不论他们是否同庚，皆为双寿，送礼要送双份。凡是收到寿帖的亲朋好友们都应送寿礼，而且一般要在上午送。做寿者收到亲友送来的寿礼后要一一登记，以便日后还礼。寿幛、寿联、寿屏等寿礼到寿日当天都要在寿堂外悬挂或摆放出来，以烘托寿辰的喜庆气氛。

(二)暖寿礼

寿日的前一天晚上,寿者的子女、儿孙、女婿等晚辈要为做寿的老人行"暖寿礼"。暖寿又称"迎寿",是寿庆的热身,意为迎接寿辰的到来。届时,做寿者家人及其亲戚、挚友团聚在堂屋里,点燃寿烛,设小宴,吃寿面,拉家常,并对正式祝寿事宜进行周密的安排和分工。

本家寿星登上寿堂之后,首先要给供在堂上的寿星或麻姑(女寿神)等神像上香叩首(两揖三叩),然后便端坐在太师椅上,接受晚辈们的祝贺拜寿。行礼的顺序是根据亲疏关系而定的,依次为子、子媳、女婿、女儿、侄、侄媳、孙、孙媳等。其他亲朋好友亦当按照关系远近依次上前行礼叩拜。一般均行一跪两揖三叩首礼。行礼时,可说几句吉祥话或致简短贺词表示祝福。如有未成年小孩前来行礼拜寿的,受礼者要给孩子一个印着大金"寿"字的红封套,内装现金,不拘多少。

拜寿礼后,本家要招待晚饭。一般都是小办,仅预备几样下酒的小菜,主食是打卤面。只有寿日当天办大事时才正式开席设宴。

暖寿礼仪习俗只限于为 50 岁以上的老人祝寿,包含的是敬老孝道之心。50 岁以下的青壮年过生日不举行暖寿礼仪,否则被认为会折寿。

(三)设寿堂

旧时的祝寿礼仪通常都是在自己家里办,这就需要提前布置拜寿行礼的寿堂。寿堂必须要设在本家的正屋大堂或家庙中,布置得不仅要庄重,还要有喜庆气氛。中堂悬挂大寿福、百寿图或一幅寿星像。

寿星信仰最初来自星宿崇拜。古人传说在天狼星东南方有颗南极星,专管人寿长短,能看到它的人就可以健康长寿,看不到的人就会多灾多病,导致损寿。因此,古人便称南极星为寿星、老人星，并将其尊称为"南极仙翁"加以崇拜。

古时，人们对寿星还有另一种说法，认为寿星指的是角、亢二宿，它们是二十八宿中东方苍龙七宿的头二宿。因此，晋代郭璞之注说寿星"数起角亢，列宿之长，故曰寿"。

周秦时祭祀的寿星，实为南极老人星。到了唐代，朝廷便令"所司特置寺星坛，宜祭老人星及角亢七宿"（《通典·礼回》），已将二者合祀了。

历代有许多关于寿星的传说。在神话故事《白蛇传》中，南极仙翁因同情白娘子的遭遇，赠她灵芝，救活了许仙。我国古典名著《西游记》中写道，孙悟空为了救镇元大仙的人参果树，特地从东海蓬莱请来了寿星、禄星和福星相助。明清杂剧中《南极登仙》《群仙祝寿》《长生会》中都有关于南极仙翁的故事。自此，老寿星的形象就成了这般模样：个头不高，大大的脑袋，光光的头顶，慈颜悦目，白须飘逸长过腰际。他一手拄着龙斗"长寿拐"，一手捧着大大的仙寿桃，看起来像一位慈祥和善、人情味很浓的老仙翁，人称南极仙翁。

在我国民间，人们认为男性要长寿可以向南极仙翁祈愿，女性要长寿则可向麻姑祈愿，麻姑是家喻户晓的女寿仙。

传说，麻姑能穿着木屐，在水面上行走如飞。她在宋代修道成仙，被册封为真人。麻姑当年修道是在江西南城县的麻姑山，麻姑山即为三十六洞天之第二十八洞天，又称"麻姑山丹霞宛陵洞天"。麻姑成仙后想出一种制造仙丹的妙法，她抓一把米往空中一撒，就能炼成仙丹，女性吃了便可以长生不老。麻姑究竟活了多少岁，无人得知。她对别人说，自己已经见过东海三次变为桑田，并说蓬莱的水也比过去浅了一半。据说，沧海变桑田一次也要经过几万年，而她竟见过三次沧海变桑田，由此可见她寿命极长。

麻姑的道术惊动了王母娘娘。有一年农历三月初三，王母娘娘大摆蟠桃宴，邀请各路神仙前往赴宴。王母娘娘听说麻姑有长寿之术，特意邀请她赴宴。麻姑也希望在王母娘娘面前显露一手,她从天河边找来一株灵芝,浸以天河之水酿成了一壶"长寿酒"。她将此酒献上,王母娘娘十分高兴,遂封麻姑为女寿星。现在人们常见的"麻姑献寿"图,表现的就是这一传说。后来,与男性做寿时奉送"南极仙翁像"相对应,女性做寿时,人们就送"麻姑献寿"图。

人们自古都慨叹人生苦短,渴望长寿乃至长生不老。古人只能把长寿寄托于神灵,所以才有了南极仙翁和麻姑这样的长寿神仙。

二、行寿、拜寿礼

寿诞当天,是做寿最热闹、最隆重的一天。旧时,凡前来祝寿的亲友,不论是晚辈还是平辈,必须首先到寿堂上行礼,谓之"登堂拜寿"。届时,会有知宾(负责接待的人)带路,在堂上给予引荐。被祝贺的寿星佬儿或寿星婆儿,有的因年事已高,不堪劳累,所以并不在堂上亲自接受贺拜,而是请来宾给供在堂上的神佛叩首就行了,称之"冲上磕啦",由其子孙们向来宾还礼。当然也有于寿堂供案前,按男左女右的位序设置太师椅,寿星在椅子上端坐受礼的。清朝时,给封爵的王爷及其福晋行礼,是两揖六叩,谓之"六素礼",然后向还礼的晚辈及知宾一揖而退。一般无礼宾人或茶房"喝礼(唱赞)"的,仅本人谦让一番。贺寿者如是晚辈,必须跪拜,并说些祝福的吉祥话。

一般的宾客不需向寿星行跪拜礼,只是以作揖的方式致敬,作揖的时候口中要说一些祝贺的吉利话,如"寿比南山""福如东海""长寿健康"等。年少者前来祝寿,称"添寿";年长者前来贺寿,称"补寿"。有的寿星不居主位,而是偏坐一旁,让厅堂上供奉的祖先神明代受子孙的礼拜。

如遇平辈行礼,受贺人则必须起身,做出用手搀扶的姿势,表示受之有愧,请对方免礼。对未成年晚辈行叩拜者,还须适当给内装现金的"喜包(即印有金'寿'字的小红封套)",这要由寿星佬儿或寿星婆儿亲自拿出,可由礼宾人员传递。如果有比被祝贺人年长的来宾登堂贺寿,被祝贺人一定要起身请他免礼。如果是德高望重的长者前来祝寿,被祝贺人则应主动请对方坐在自己受贺的座席上,给他(她)磕头致谢。不过,一般来宾是不"倒"受礼的,因为受到这种礼遇后,不知该以什么厚礼为报。

拜寿时,如果做寿者夫妇同在,则一同举寿,一同到寿堂受拜,否则就是对寿者的大不敬,而且好事成双,也取其吉利之意。

一般规模较大的祝寿庆典,寿星的直系亲属的拜寿仪式都已在暖寿时举行过了,做寿当日不再重复。如果本家没举行过暖寿仪式,则在正日子上午坐席(吃饭),即在"挑寿"之前举行。过去,一般家庭内部小规模的祝寿活动,都是在坐席之前,按照尊卑长幼的次序给做寿人拜寿。

来宾拜寿礼成后,事先没有交礼的,应先到账房"呈礼上账"。然后由知宾引至棚里的官座上用茶,观看堂会戏曲,等候坐席用饭。凡是与本家关系密切者,可主动帮助承担寿棚内外的一切礼仪性、事务性的招待工作。

在通常情况下,至近的亲友都要等到坐完晚席,散了堂会戏,参加本家的"送驾(即送焚寿星纸马)""送灯花"仪式,才可离去。一般朋友则可随时告辞,由于本家全天忙于应酬,顾不上一一送客,故由知宾代送,因此来宾告辞时可不与本家打招呼,仅知会知宾,也不算失礼。

寿庆堂会上演的折子戏主要有《百寿图》《渭水河》《洒金桥》《金马门》《蟠桃会》《落花园》等。在寿庆堂会上,有时为增加喜庆气氛还要加演一两出玩笑戏,如《打缸子》《打面缸》《打灶王》《打砂锅》《打城隍》《打樱桃》《打花鼓》等。

寿戏中所出现的人物大多是长寿之人,如彭祖、王母、寿星等。不管戏中的剧情有何不同和变化,最终总会有一个大团圆式的结尾,以迎合做寿者祈吉求祥的心理。

祝寿的当天还有一种寿日"放生"的习俗。旧时,有些信佛的人要在寿日这天"放生",就是由寿者子女从鸟贩子或鱼贩子那里买来一些鸟、鱼等活物,由寿星亲手放它们生路,这时众亲友会在一旁说些"功德无量""多福多寿"之类的吉祥话。有的人一次放生的鸟可达成百上千只,放生的活鱼也有几百条。据说当年慈禧太后过生日时,也要在颐和园举行放生仪式,向昆明湖内放活鱼,在万寿山前放飞鸟雀。现在,祝寿"放生"习俗已较少见。实际上,"放生"也需谨慎,当注意保护生态环境。

祝寿的第三天要回礼,至此,祝寿活动就结束了,主人家要适当回赠客人一些礼物,俗称"敬福"。对此,祝寿者不能拒绝。

传统的寿诞礼仪,虽然其中蕴含着重要的家族精神和血缘意识,但确实有失铺张。随着时代的发展和社会的进步,现代人做寿基本上抛弃了过去的旧观念,着意于热闹一下,庆祝一下,以表示对老人的尊重、孝道和感恩,为老人祈求健康长寿,也表达了对老人的美好祝愿。

三、寿宴

俗语说:"人生有三面",即洗三面、寿面、接三面。所以,做寿必离不开吃寿面。办寿还不能光吃面,那叫"光眼子面",一定要有酒有菜,俗话说:"无酒不成席"。办寿仪式结束以后,厨房内的女眷们开始忙起来,她们把长长的面条放入开水锅内煮熟,再挑入碗内,浇上卤,端上餐桌,供做寿者和众亲友们共同享用。吃寿面是中国各个地区的共同习俗,所以在老人做寿时,家中亲友聚在一起,一定要吃上一碗热气腾腾的长寿面,仿佛只有这样才算真正做过寿了。

由于做寿吃面的习俗被人们看成一种祈寿增福的表现,因此伴随着吃寿面,种种礼仪应运而生。首先,寿面不能是凉面、冷面,否则被视为不吉利。其次,吃寿面不能把寿面切断,咬断,因为这样会被认为是折损寿命。有很多地方吃寿面时,先用筷子将面条从大碗中挑起到很高的位置,挑面人问道:"长不长?"其他人则同声应道:"长!"然后,面条才被盛入寿星和每个人的碗中。还有的地方，在吃寿面之前，每个人都要将自己碗内的面条挑上几根放入做寿人碗中，然后要说一句"添福添寿"之类的话，这叫"添寿"。另外在有些地方，在盛寿面时还不能盛满，因为"满寿"被认为是不吉利的。

做寿吃寿面是为了讨个吉利的口彩。在正式的大型寿宴上，除了寿面，还要展示各种吉祥食文化。所谓"四四到底"果席，就是在正式的菜肴之外，外加四干果、四鲜果、四点心、四冷荤，最后再上一小碗鸡鸭汤三鲜勾卤汁和一小碗炸三鲜酱，每人面前上一小碗银丝面，请做寿人和大家"挑寿"。

讲究的寿宴还要分大教席、清真席，称为"两面席"。如果做寿人因信奉佛道而持斋吃素，还要准备全素席，称为"三面席"。如亲友当中有外宾、华侨，还需预备西餐，这就成了"四面席"。

俗话说："无酒不成席"，办寿宴一定要有酒，因为"酒"与"久"谐音，"寿酒"自然寓意为"寿久"。早年祝寿多用桂花酒，寓意是仙人祝酒，更能长生不老，永葆青春。在北京，祝寿时常用"烧黄二酒"，即白酒和黄酒，谓之"金酒银酒"。寿宴上的第一杯酒，一定要先敬"寿星佬儿"或"寿星婆儿"，这源于尊老敬老的风俗。

寿宴上使用的盘、碟、碗等的图案，也都要冠以民间流传的吉祥传说或讨口彩的吉祥成语，如"福如东海""寿比南山""三星高照""金玉满堂""岁岁平安"等。

寿宴上有许多禁忌，宾客们说话时，不能有"死""丧"老""病"等不吉利的字眼出现。寿宴上忌喝米汤、黏粥，据说喝了米汤和黏粥，会糊涂一年。寿宴上忌用豆腐做菜，因为豆腐里外都是白色的，只能用于丧宴。旧时，寿宴还忌用圆桌吃饭，因为以为圆桌有人生画圆终止的意思。甚至有的地方，寿宴上忌吃饺子和包子，意在害怕家里人平日多生气，使老人成为"气包"。不过也有不同说法，有的地方民俗就是在寿日当天早上吃寿面，晚上吃饺子、包子，称"寿饺""寿包"。

寿宴上的座次也是有礼仪讲究的。首席当然是老寿星的专座，与寿星同桌的人，应先安排寿星的长辈或平辈至亲，然后安排寿星的姑爷。按照寿诞习俗,寿星的儿子、女儿不能上主桌。不过,要是有空位,可以在陪客的同意下,让老寿星的长孙过来陪坐,因为民间有谚语:"老儿子、大孙子,是老爷子的命根子。"

还有许多地方,给老人做寿时要请全村全族人来吃寿面,如有未到的,还要送上门去。席散以后,要向四邻分送馒头、金团,称"结缘馒头"。对前来贺寿的亲友,要回赠绘有"松鹤图"的寿碗或印有祝寿之诗的寿巾等物作纪念。高龄寿星做大寿时,如果没有回赠寿碗,散席后客人可以悄悄把吃饭的碗"偷"走,俗称"偷碗"。对此,主人绝不会询问,也不会责怪。寿数越高,"偷碗"的人就越多,据说这样的碗拿回家给自己家人用,会添福添寿。

关于吃寿面,还有一则有趣的民间传说。

相传,西汉时期,汉武帝有一次在与大臣们开玩笑时说:"人的寿命长短与人面部的人中有很大关系,谁的寿命长,那么他的人中一定也很长。"东方朔接着说:"那么彭祖活了800多岁,他的人中一定很长,他的面孔不知有多长了?"此说本是戏言,但经过长期流传以后,人们却真的以为面孔长的人寿命就会长。由于面孔之"面"与面条之"茹"为同音通假字,后来人们就传说吃了面条会使人长寿,于是吃寿面的习俗就流传到现在。

第三节 合二姓之好——古代婚礼

婚姻礼仪在古往今来的人生礼仪中是最纯真、最温馨、最神秘、最持久的,它是关系到人类自身繁衍和社会发展的最重要而又最基本的文化活动。婚姻礼仪是向周围的人乃至全社会宣告一个合法、合理、合情的家庭从此诞生了,它不仅是成婚当事人的终身大事,也是两个家庭及其整个家族的一件大事,意味着家庭与家族的兴旺发达。

古代的婚姻礼仪包括说婚、订婚到结婚等过程,也就是旧时的"婚姻大礼"。它源于西周时期的"三书六礼",这对其后各朝代的婚姻形式产生了重要的影响。古代的婚姻关系到国家的稳定和谐，所以特别受到人们的重视，男女双方必须符合一定的条件与形式才能确定合法的婚姻。据《周礼》记载，要想确立婚姻关系，必须具备三个条件，即"一夫一妻""同姓不婚""父母之命，媒妁之言"。婚礼还必须符合一定的形式，也就是婚姻六礼的程序，这才能算是合法的。婚姻六礼指的是纳采、问名、纳吉、纳征、请期、亲迎六个仪节，前五个主要是议定婚姻，最后一个才是正礼，是婚礼的核心。

一、纳采

通常所说的"婚姻六礼"中，纳采是第一礼。《仪礼·士婚礼》中讲："昏礼，下达纳采，用雁。"也就是说，纳采，必须带雁作为礼物。周代以前，公卿纳采用羊羔，大夫用雁，士用雉，后来一律改为用雁。

古人以雁为礼，主要有四个原因：首先，雁是候鸟，每年秋分时节南去，春分时节北返，来去有时，从不失信，可喻男女婚前互守信约，婚后夫妻坚贞不渝；其次，雁是随阳之鸟，喻妇人出嫁从夫；再次，雁行之有序，飞时成形，止时成列，迁徙中老壮雁率先引导，幼弱雁尾随其后，井然不乱，可喻嫁娶之礼，长幼有序，不相逾越；最后，最可贵的是雁失其偶，则不再独活，取其忠贞。由于雁是飞禽，很难捕捉，后人大都以鹅代雁，谓之"雁鹅"。

纳采即提亲，在旧时，男女双方只有成婚之日才能彼此相识，一切按父命行事。男女双方如果自由交往，私订终身，这在古代被称为"非礼苟合"，是要遭到社会鄙视的。《礼记·坊记》曰："男女无媒不交。"因此，纳采时通过媒人提亲是必须的。媒人又称"红娘"，是男女之间的婚姻介绍人，是"纳采"中的重要角色。自周代起，"父母之命，媒妁之言"就是我国古代人们所普遍遵守的择偶方式。《淮南子·缪称训》中就有"媒妁誉人，而莫之德也"的语句。《礼记·曲礼》中也有"男女非有行媒，不相知名"之句。由此可见，媒人在婚俗礼仪中具有非常重要的地位。

二、问名

问名是"婚姻六礼"中的第二礼。纳采后,男方托媒人询问女方的名字和出生年月日及时辰,女方将相关情况写成文书,以便男方占卜成婚吉凶。这种文书就是后来的庚帖,所以人们也将问名礼称作"请庚帖"或"合八字"。

清代的庚帖多为折子状,极富喜庆色彩。封面上一般写着"文定厥祥""天作之合"之类的吉语,也有的写着"鸾笺"二字。庚帖内容主要是记载订婚一方的姓名、籍贯、生辰和祖宗三代世系。庚帖中往往有一些特殊用词,如将男方的生辰叫作"乾造",女方的生辰叫作"坤造"。落款时间前面,男方通常写"龙飞",女方则写"凤舞"等。

这样的庚帖由媒人送到对方家中后,对方要郑重地将其压在堂前供桌的香炉底下,陈设供品并焚香祈祷,来卜筮婚姻的吉凶。如果在此后的三天内,家中人员平安或出现喜事吉兆,如求官晋爵有望、谋事有成、交易获利、远人有信、考试得意、题名在望等,就说明"乾坤两造无冲",婚姻祥瑞可配。如果没有上述喜事吉兆,至少也须在这三天以内,全家老少平安康健,一切正常,没有发生疾病、死伤、失盗、水火灾害、口舌纠纷或官司诉讼等不幸之事,才能去命馆合婚。否则,此桩婚事要一笔勾销,双方须另择佳偶了。

三、纳吉

纳吉是"婚姻六礼"中的第三礼,也就是只要命馆合婚显示"不妨不克",就可以订婚,互换"龙凤帖",又称"定帖"。帖子中要写明男女双方的个人及家庭情况,还有媒人在来回奔走于双方家庭后所商量出的聘礼和妆奁的种类数量。帖子写完后,选择一个好日子,男方派媒人带着一些小礼物,高高兴兴地去女方家中交换帖子。交换了定帖后，这件亲事也就基本上定下来了。所以，纳吉后来又有了"文定"之称，此项礼仪还有"送定""过定""定聘""小定""小聘"等多种称谓。

订婚是婚俗中不可缺少的一种礼仪，其用意在于把婚姻关系通过因袭相传、约定俗成的喜宴、仪式确定下来，得到双方家族亲朋的认可。从此，男女双方就不能反悔了。

不过，旧时对于男婚女嫁这种人生大事还是相当谨慎的，一般都要留有余地，所以订婚又分两个步骤，即"放小定"和"放大定"。放了小定，婚事就算初步定了下来，如无特殊、非常情况，就不会解除婚约。放了大定，就意味着婚事已成定局，男女两家从此都必须恪守婚约。男方准备迎娶，女方准备出嫁。

婚俗礼仪中出现"放小定"，是因为有的父母家人还有些不放心：万一对方"命星"不错，却相貌丑陋、言语粗俗、不明事理，怎么办？万一对方家境虽好，可父母兄嫂厉害，自己女儿过门后会受公婆等人的气，又怎么办？正是由于诸多顾虑，过去也出现了各种各样相看未来儿媳或未来女婿的故事。

放小定就是古代所说的"文定"，也叫"过小帖"。这是纳吉礼中重要的一步，历来都要选个"黄道吉日"来举行，有的家庭还要请亲朋好友前来聚会，设酒宴招待。

放小定属于订婚礼仪的开始，一定要有礼物相送。在定礼方面必须要有如意，因为它象征着双方吉祥如意、婚姻如意、事事如意。由于各个家庭经济条件不同，所送如意的材质也不相同，经济条件好的家庭用玉如意或由三镶点翠、珊瑚、玛瑙或镶嵌的如意，经济条件较差的家庭则用岫岩石、锦川石制成的如意。

古人结婚定礼多以首饰为主，讲究的要送四件：颈圈、耳环、手镯、戒指。放定人（婆母或专人）前往女家，把各种首饰给姑娘戴在头上或手上。然后，姑娘要向放定人行叩拜礼，放定人再送给姑娘一些小礼物，如汗巾、檀香扇子、纪念币等作为拜谢。

一般来说，放小定的礼品比较简单，只是男方给女方金、银戒指各一枚，而且要刻上"大喜"二字，表示双方对婚约的认可。因为戒指多为金属制品,头尾相接,呈环状(圆形),象征着"永久",作为订婚之礼,寓意着夫妻百年好合,天长地久,白头偕老。据说这种礼俗是南北朝时期从西域传入中原的,《晋书·西戎传》载:"大宛俗,娶妇先以金同心指环为聘。"此外,人们认为以戒指放定还有其他几种含义:女方以戴订婚戒指表示已有人家;祝愿姑娘心灵手巧,将来过门后会操持家务,做针线活;意味着男方从此以家法约束女方,使其过门后做事更加稳重。

另外,男家还要给女家送一两个点心匣子、几筒茶叶和几瓶酒,这是送给岳父、岳母的。如果姑娘家还有大伯子与之同住,就一定要多备一份礼物,以示尊重。如果有与姑娘平辈的来见礼叩首,男家就得掏红包分给他们。旧时应酬这种场面,必须面面俱到才不算失礼。

四、纳征

纳征是"婚姻六礼"中的第四礼。纳征又称"纳币"或"过大礼",它是三书六礼中至今保留得比较完整的礼仪,也是极受重视的传统礼节,表达了男方对女方的尊重和爱护。纳征通常是在大婚前一个月或两周进行。当天由男方请两位或四位女性亲戚(她们必须是全福之人,即上有老、下有小、中有夫)会同媒人,带着商议好的聘礼到女方家中。聘礼送到后,男方家里的女宾便会打开礼盒挑选几件精美的金饰,一边为准新娘戴上,一边还要说上几句吉祥话,随后相互道喜问候。到此,纳征礼仪才算完成。

(一)放大定

放大定的礼仪一般都是在上午举行,俗话说:"早礼晚嫁妆"。旧时,大定礼按台计算,这里所说的"台",主要指的是什盒,每一台什盒分四层(农村的什盒只有一层),每层里面放两样礼品。什盒从两台、四台、八台、十六台、二十四台到三十二台或更多,但都必须是双数。什盒宽50厘米,长100厘米,每层深度约20厘米,聘礼分类放在里面，外边以红纸喜字的封条加封，极为郑重。

在通信过礼的具体礼品中，重要的有《通书龙凤帖》《过礼大帖》和如意匣。不可缺少的是"鹅笼"和"酒海"。鹅笼是一个六角形的筒形笼子？上面盖以锥形笼盖，内装活鹅一对（也有单只的），鹅代表古时婚礼用的雁。到了唐代，在婚礼中，请新娘坐在马鞍上，新郎把雁隔障扔到堂中，由女家人接住，然后用红罗缠裹雁身，以五彩线捆住雁嘴，不让它出声。礼成后，再由男方出钱赎回这只雁放生，这就是所谓的"奠雁"之礼。酒海是指把酒装在坛子里。酒象征天长地久，婚姻美满。因为这一台要与"鹅笼"并列，所以笼型与"鹅笼"相仿，与"鹅笼"的数目也要相等对称，每笼装酒一坛（每坛5～30斤）。有钱人家用的酒坛均以红漆油饰，上面还有蓝色"龙凤呈祥"图案。一般平民百姓只在酒坛上贴上红喜字，扎上红绸即可。

此外，放大定之礼还有"鱼池"，"鱼池"内放活鲤鱼两条，取祝愿新婚夫妇鱼水同欢、吉庆有余之意。另外，还有绸缎衣料以及皮、棉、夹、单、纱等四季衣服鞋袜等；成匣的金银首饰，包括项圈、手镯、镏子、钏、珥、簪等；合欢被褥及"装新"用的棉花，因棉花又称绒花（"绒"与"荣"谐音，"花"与"华"谐音），取其荣华之意；上有红色龙凤花纹的龙凤喜饼；印红喜字的大小不等的馒头100～200个，每个二两至半斤，按照上小下大的顺序逐层摆放，分作两台；猪肘、羊腿（富者用整只猪、羊），这是通过女家送给媒人的礼物，俗话说："媒人跑断腿，赔她猪羊腿"；称喜果的干鲜果品四盘：桂圆、荔枝、大枣、生花生、苹果、柿子、石榴、鲜藕等，其寓意"早生贵子""平平安安""藕断丝连"；鸡蛋、鸭蛋、茶叶等吉祥食物。

以上礼盒每台都由两名身穿绣着红光喜字绿袍、头戴大绒秋帽的抬夫抬着，由媒人和请出的至亲一同结队送往女家。一般都不用响器，只听见"鹅笼"中鹅的叫声。所以，过去听到谁家的鹅叫，那就是要聘姑娘了。

女方收到礼品后，都要将其陈列于庭院之中，请亲友们前来观看，表示男家的富有。同时，女家及亲友要将男家送礼的使者迎进客厅,热情招待。送礼的使者先取出如意放在准新娘的膝上,再拿出簪、钗一两件插于新娘头上。也有的请准新娘试穿新衣,穿戴时还要说几句吉祥话,表示祝愿。最后的礼仪是女方捧出文房四宝、糕点果品等物作为回礼,并附红纸礼单一张,上书"领帖答谢"。

(二)送嫁妆

男女订婚之后,男方要准备新房和家具,女方家长也开始为女儿办嫁妆。嫁妆古时称"陪奁""添箱",原指女子梳妆用的镜匣,后泛指女子陪嫁品。女方父母出于对骨肉亲情、家族体面及确保女儿嫁到男家后的地位等因素的考虑,大都会在力所能及的前提下,为女儿置办一份丰厚齐全的嫁妆。

嫁妆在中国有着古老的历史,嫁女办嫁妆的礼俗,最迟在春秋时期就已形成了。当初帮助秦穆公创建霸业的秦国政治家百里奚就是作为晋国公主的陪嫁奴进入秦国的。真正大兴陪嫁之风还是从南北朝开始的,当时称陪嫁为"陪门"。后来,唐太宗还曾降旨不得受"陪门财"。但此风已成,未能改变。俗曰:"陪不尽的闺女,办不尽的年。"又说:"娶媳满堂红,嫁女一场空。"由此可见,旧时的婚礼耗费对男女双方家庭都是一项沉重的经济负担。

人们常用"十里红妆"来形容旧时嫁女的场面,到处可以看到运送嫁妆的壮观场面。送嫁妆包括"添箱""送妆"两项内容,"添箱"是指亲朋好友赠送的礼品,此乃女家聘姑娘办喜事的开始。按照婚俗的礼仪程序,有的人家要招待亲友一至五天,有钱人家还要做"前三后二五"的安排:头一天为"添箱",第二天为"送妆",第三天为"聘女",第四、五天是庆祝。至于贫穷人家,就只有聘女之事了。

(三)"添箱"与"攒妆"

过去,闺女要出嫁时的妆奁来自两个方面:一是女方家长自家出钱采办,称为"攒妆";二是亲朋好友赠送的礼品,即"添箱"。

而添箱需要女方家长设酒宴邀请众亲友等前来。一般是女方收到男家的定礼后，将男家送来的龙凤喜饼或喜字馒头、茶食点心、干鲜果品等分成若干份装入什盒。然后，女方家人分头手捧什盒送给至亲好友，并告知陪送妆奁和聘女的具体日期，表示邀请。由此，姑娘本族的至亲好友必然会根据姑娘生活上的需求，送些实物性的礼品，如衣服、鞋袜、首饰、化妆品等，这样妆奁自然也就丰富起来了。

　　准备嫁妆一般都有固定的套路，套路之内规定的东西是非有不可的，而且只能多，不能少（极贫寒之家除外）。过去市场上有专营的嫁妆铺，专门为人设计，搭配各种嫁妆。只要主人说出打算花费的钱数，店主就会马上拿出几套丰俭不同的嫁妆清单来，请用主选择，保证合乎传统习俗，能摆得上桌面，这样事主就省去了许多麻烦。

　　嫁妆的多少和优劣是根据女方家经济状况决定的，大致可分三类。高官巨商富户的嫁妆，可称"豪华型"，包括房产田地、商号店铺、金银珠宝、奴仆丫鬟以及成套的红木家具、古董摆设、绸缎皮草、首饰佩戴、衣裘细软、各类器皿等，应有尽有。中产阶级小康之家嫁闺女所用嫁妆就简单了许多，一般的套路是：樟木箱子一对，内装四季衣服、鞋袜等穿戴之物；匣子一对，又称"子孙箱"，里面放出嫁女儿平日喜欢之物和自攒的私房钱；红漆连三一座，与其配套的有帽镜一座、盆景一对、掸瓶、花瓶（内插绢花）、茶叶罐；八仙桌一张，太师椅一对；镜支一个（梳妆用具）；锡拉油灯（用金属锡做的灯）一盏，称之"长命灯"；茶壶、酒壶、脸盆、脚盆、尿盆、"子孙盆"。贫家之女的嫁妆只有简单的木器和衣物，如箱子一对，装四季衣服、鞋袜；一只小箱子为"子孙箱"，内装嫁女珍爱之物；匣子一对，内装首饰、珠花、绢花、绒花、荷包、汗巾等小物件；镜子、梳子等梳妆用品；盒子一对，内装糕点喜果。特别贫穷的人家嫁女时，只有一大一小的两只木箱（内装衣物），再加脸盆、油灯而已。无论贫富，尿盆、子孙盆、长命灯是必须有的，旧时，这些是女人出嫁的三宗宝。

(四)送妆

嫁妆准备好后,女方就要往男方家送嫁妆,这在旧时被称为"送妆",也叫"发奁",俗称"过嫁妆"。送妆有其固定的仪式和程序。

首先是男方"催妆"的仪式。过去,催妆有双重意义:一是催嫁妆早点出发,别误了吉时;二是催新人上妆,准备登轿。女方的嫁妆按老礼,必须等到男方催妆的礼物到了之后才能送妆。所谓催妆礼,就是男方雇人抬来催妆盒子,里面要摆置几样食品,如猪肉、羊肉、干面、切面、年糕、糕点之类。肉被称为"离娘肉",年糕有"年年登高"之意。实际上,这是一种提前谢妆的礼仪形式。凡是有催妆仪式的,嫁妆送到男方之后,男方就不用回到女方家再举行谢妆仪式了。催妆与谢妆不可兼用。

等催妆的盒子到了之后,女方就该准备打点送妆了。送妆时,可以不用吹鼓手。待女方发妆后,男方要立即派出近亲4~8人到路口去迎接,这叫"迎妆"。

这时,男方早已将新房墙壁刷裱成"四白落地",打扫得干干净净,单等妆奁一到,马上就可以"安妆"。送妆人必须是近亲,以便按新郎、新娘的生活习惯安放。安妆完毕,要由一位送妆的近亲手持嫁妆的清单一一念唱,称之"投帖",请新郎接妆,再向主婚人道喜。这也是妆奁的交接仪式。

妆奁送到男方家,安妆之后,这一天的礼仪活动就算结束了。男方如果没有举行过催妆仪式,此时应即刻与媒人和送妆人一同到女方家中,进至上房中间,向上三叩首,不发一言,随即返回自家。女方父亲或尊长在旁立候,但不用接送,也不用烟茶招待。此为旧时的"谢妆"之礼。

五、请期

请期是"婚姻六礼"中的第五礼,这是一项虽历经千年却至今变化不大的礼节。请期，意思就是男方向女方请求确定结婚的日期。送完聘礼之后，往往男方都希望尽快地把新娘娶回家。男方通过占卜确定了结婚日期后，就派媒人携带着雁回到女方家中，征求女方家庭的意见，这就是周礼中所规定的"请期"。请期是男方表达对女方的尊重的一种礼节，所以措辞也是谦逊诚恳的。

请期在民间又称"挑日子""送白头"或"提日"。古人之所以要设请期之礼，其主要目的还是为了"择吉"。古人认为，男女婚姻关系的确立是天作之合，所以结婚的日期与时辰应该顺应天时才会有好的结果。因此，先秦时期的人们就开始通过占卜的方法来选择"吉日良辰"。

六、迎亲

亲迎也称"迎亲""迎娶"，是"婚姻六礼"中的最后一礼，也是六礼的核心。历来人们认为只有举行了亲迎之礼，才算正式结婚，婚姻关系才得以最终确立。

（一）择吉日布置新房

男女双方定好了良辰吉日，男家的头等大事就是布置新房了，新房又称"喜房""洞房"。新房的布置要吉祥喜庆。有钱人家不仅要采用高等木料打造新房内的家具，还要请来能工巧匠为之添上各类精美的图案花纹，用于表示对新人美好的祝福、虔诚的祝愿。

新房布置所用图案往往以吉祥的动物为主。吉祥动物首推麒麟，麒麟作为吉祥的象征，既是"圣兽"又能"产万物"。新房布置的中心主题是"求子"，古人有"麒麟送子"之说。相传，古代有一位年老善良但无儿无女的画家善画麒麟，一日，当他沉醉于对麒麟的描画时，突然看见麒麟背上大放金光，驮着一个小男孩向他走来，于是他把眼前景象画了下来。民间流传的麒麟送子的艺术品非常多，一般图案正中都是一个龙头、狮尾、鹿身、身披鳞片、马蹄细腿的圣兽,背上驮着一个年轻女子,手里抱着一个胖小子,以示送子。

新房用蛙纹做装饰也是常见的。蛙纹起源于原始时期先民们的生殖崇拜。从图形上看,蛙的肚腹和孕妇的肚腹形状相似,而且蛙的繁殖能力强。所以,古人用蛙纹象征女性子宫,蛙纹图案用于新房装饰的实际内涵是祈孕求子。

用凤凰图案来装饰新房是民间盛行的一种习俗。在新房中经常可以见到绣有"凤凰牡丹""双凤团花"的被面、帐帘、台布以及雕有凤凰的各种家具。其实,凤凰本身就是人们想象出来的一对阴阳吉祥鸟的组合。龙和凤组合一体隐指异性欢爱,凤和花亲和又象征着两性交好(如凤凰牡丹)。使用凤凰图案是对阴阳调和、家庭和睦、子孙绵绵的预祝。

一般新房中都会出现鸳鸯的图案。鸳鸯在古代又被称为"匹鸟"。民间传说,鸳鸯形影不离,雄左雌右,飞时同振翅,游时同戏水,栖则连翼交颈而眠。如若丧偶,遗者终身不匹。这种特性与中国传统五伦中的夫妻之义恰恰相合,所以从古至今人们都以鸳鸯喻夫妻和睦、同舟共济,以其作为爱情、婚姻美满的象征。

(二)婚礼司仪

旧时,男女婚嫁双方都想把喜事办得无懈可击,各种礼法是必不可少的。按照传统习惯,都要事先请几位至亲好友担任婚礼中礼仪性的职务。

男方所请的司礼、司仪人员主要如下。娶亲太太一人。要求是年长的"全合人"作为男方迎娶仪式的总主持人。全合人又称"全福不忌"人、"全科人",必须是上有老、下有小、有丈夫的女性,还必须懂得传统婚嫁礼俗,善于应酬,面容好,仪表端庄,举止大方,但不论其社会地位和家庭贫富。娶亲官客4～8人。除大媒要陪同新郎外,张罗发轿以后,还要负责迎娶途中一切礼仪性事物。提新娘盖头红包袱的小男孩一人(10岁以下)。在迎娶发轿后,随娶亲官客一同乘车(轿)将包有盖头的红包袱提到女家。提

"金银水壶"的小男孩一人（10岁以下）。搀新娘下轿的妇女两名。在南方礼仪中称"傧相"。为新娘下轿时铺红毡、倒红毡的少女两名。

女方所请的司礼、司仪人员主要有：送亲太太一人。要年老的"全合人"，为女方送亲礼仪的总主持人。送亲官客4～8人。为新娘"开脸"的妇女一人。开脸就是用棉线绞去脸上的汗毛，是出嫁的标志。抱新娘上轿的男士一位。要在兄长、伯、叔、舅中选择一人担任。

（三）搭棚、贴囍，准备迎娶

搭大棚、贴囍字是整个喜事的开始。在办喜事前一两天搭棚，男方娶亲，先于"迎妆"；女家聘女，不误"添箱"。只能赶前，不能错后。这也是礼仪。

为办喜事搭的棚叫"喜棚"，因为是用来设喜宴招待亲友前来唱"喜酒"的，所以又叫"酒棚"。棚的形式、大小是依据办事的规模、自家住宅的格局、经济条件来定的。旧时，都是在家里结婚，有住四合院、三合院、大杂院、农村小院的，还有住没院子临街的铺面房的，喜棚只好搭在门口的便道上。

与搭棚结彩同时进行的就是贴"囍"了。"囍"在民间被当作吉祥图案。习惯上，男方家中贴双喜表示娶亲，女方家中贴单喜表示嫁女。民间办喜事都要在大街门两旁贴上"囍"，一般都是红纸黑字，也有红纸金字的。

（四）发轿、上轿、下轿

花轿也称"喜轿"，是古代婚礼上使用的特殊轿子。它一般装饰华丽，主要以红色来显示喜庆吉利，因此也俗称"大红花轿"。

婚礼当天凌晨，待嫁的女方在家里梳洗打扮结束，男方就会派来迎亲的花轿，这叫"赶时辰"。据说当天如果有几家同时娶亲，那么谁赶的时间早，谁将来的婚姻就准会幸福美满。

　　有的地区是在敲锣吹号、唢呐齐鸣的发轿仪式上，请一对夫妇齐眉、儿孙满堂的老人充当福、禄二星，手持镜子和烛火，将花轿的前后、左右、上下、内外都映照一遍，谓之"搜轿"，又用燃满芝香的熨斗在轿内晃几下，谓之"薰轿"。传统习俗以为搜轿、薰轿能驱赶潜伏在喜轿内的妖魅，确保迎亲活动的顺利进行。做完这些才发轿，去女家迎娶新人。

　　顺利完成发轿礼俗之后，还有新娘上轿前后的各种礼仪。当迎娶的花轿到达女家路口时，由走在最前面打着"开道旗"的人猛烈鸣锣，通知女方喜轿马上就要临门了。

　　女方闻讯后，先请四位送亲的宾客把大门关起来，称之"闭门"。这样做的目的表面上说是磨磨新娘的性子，其实是为了等候上轿的吉时。花轿到时，照例由娶亲的官客前来叫门，门里门外互相逗话。娶亲的在门外喊："天不早了啦，开门吧，别误了吉时！"送亲的官客在门里问："你们是干什么来的？"娶亲官客答："我们是到贵府娶亲的。"送亲官客又问："你们都有什么举动？"娶亲官客说："花红大轿，旗鼓喇号。"送亲官客说："太好了，那就请你们吹奏一个大头和尚斗绿翠吧！"鼓手应声吹奏。随后，娶亲官客再去叫门："礼乐具备啦，开门吧，别误了吉时！"送亲官客说："不行，不行！还得吹一个'炒麻豆腐大咕嘟'！"在双方逗话过程中，鼓手要先后吹奏"赵匡胤打枣，一个一个地摘""油葫芦倒爬城，翻过来调过去地爬""蛐蛐爬城头，爬去爬回来""屎壳郎爬竹竿，一节一节的"等民间俗曲。最后，还要吹奏一曲《夸得胜》。临开门时，娶亲的必须将事先准备好的几个红包和茶叶包从门缝递到送亲人手里。这时，送亲人会大喊一声："合意开门！"迅速把门打开，并将铜钱、硬币向空中一扬，称为"撒满天星"。此时，围观的小孩一拥而上，争抢钱币，娶亲人趁机一拥而入，由送亲人引见到堂上相互道喜问候。娶亲太太与送亲太太互道辛苦，即入闺房，商量上轿事宜。

　　当喜轿进了门，新郎也随媒人一同进门，来到正堂给岳父、岳母三叩首，称之"谢亲"，再到闺房前隔帘深作一揖，称之"催妆迎亲"。然后，由娶亲太太给新人梳上双抓髻，以象征"抓髻夫妻"。抓髻是古代少年的发型，故梳抓髻象征着少年。所谓"抓髻夫妻"，表示是在少年时代定下的婚约，也表示女的是初嫁，男的是初婚，而不是半路夫妻。

有的还要戴上绒花，谐音"荣华"，意在富贵。

在旧时的北京，一般新人上轿忌穿红鞋，而要穿绿色绣花鞋。据说是因为红色象征着火，如果穿红鞋上轿，就意味着跳进了火坑，这女子过门不吉。现在这种风俗已不存。

新人穿戴整齐后，盘腿坐在炕上，要面向喜神方位，等候上轿。到了吉时，新娘由兄长、伯、叔中的一人抱入轿内，据说这是为了避免出嫁女儿带走娘家的泥土，俗信"土能生万物，地可产黄金"，怕带走了娘家的好运气。还有俗语说："沾了娘家一棵草，来到婆家穷到老；不沾娘家一块土，全靠自己能发富。"

喜轿离门之前，女方要分别设宴招待娶亲太太和娶亲官客，这只是一种过场性的礼仪，不能真吃真喝，所以俗称"看席"。但临走时，由娶亲太太、娶亲官客将女方事先准备好的给新人吃的"子孙饺子"和给新人用的"子孙碗""子孙筷子""偷"过来（筷子必藏在袖口里），带回男家，象征着"窃取子孙"。

新人上轿后往男方家抬，谓之"起轿"。起轿也有诸多的礼仪。例如，接新娘的喜轿不能按原路返回，一定要绕道而归，这叫"不走回头路"，寓意夫妇今后在生活中要多开辟道路，不能"一条道走到黑"，所以要绕道而行。

有的男女双方同住一条胡同，迎娶时也要绕个大圈。还有的男女双方同住一院，但也要新娘坐上喜轿在街上走一遭，再回到院里来。因为"坐轿"是"正娶"的象征，否则就不合乎礼制。

喜轿一旦坐上新娘，即成为"宝轿"，所以一定要放下轿帘，完全封闭，防止外界"邪祟"冲犯新人。宝轿路过庙宇、祠堂、坟堂、井河、桥梁等处时，都要由送亲的官客用红毡子象征性地进行遮挡。再有，宝轿走起来要求四平八稳，使新人不受颠簸，以象征婚姻生活平稳安定，不奔波劳碌。所以，起轿后要由新人的亲兄弟、叔伯兄弟或表兄弟扶住轿杆。

喜轿到了男方家打杵后,娶亲太太下轿进门休息。男家也要把大门关起来,由送亲的官客去叫门。到"合意开门"时,也要撒"满天星",撒出几百吊大铜钱或硬币,但这是犒赏轿夫们的。

此时,男方的院子里会生起一个"烧炭盆",里面烧上木炭,火势要旺,象征着婚后生活红火兴旺,让炭火烧去一切不吉利的东西。宝轿在门外就要卸了轿顶,撤去轿杆,只剩下轿厢,俗称"轿腔子"。然后,四名轿夫提着四角上的"坐绳",缓缓地越过炭火盆,谓之"熏煞",又叫"迈火盆"。

这时,娶亲太太要在天地桌前上香,再由茶房从天地桌上拿下马鞍子,放于轿前,并将弓、箭递给新郎,嘱其"箭头朝地,勿伤新人"。

新郎便隔着轿帘虚发三箭,说是为了"驱邪""射煞",也寓意"箭发连中,马到成功"。据说,这源于古代流传下来的"抢亲"遗俗。至此方可打开轿帘,但新人不能空手下轿,要一手托苹果,一手抱宝瓶,下轿后先左脚跨马鞍,再右脚跨马鞍,谓之"平平安安"。新娘下轿后,新鞋先不能沾地,要从红毡上走过,可用三块红毡来回倒换。在农村也有用米袋来回倒换的,谓之"代代相传,香火不断"。然后就是不可缺少的"三拜"之礼:一拜天地,二拜高堂,夫妻对拜,之后才能步入洞房。

七、入洞房

洞房礼仪多,但也因时、因地、因人而异,形式多样。因为有"防冲""防克"等诸多禁忌,不让外人观礼,仪式是不公开的,由此也增加了神秘感。

首先是坐帐(也称"坐床")。坐帐的形式一般有两种。一是让新娘踏过布匹、高粱,取"步步高升"之意。新郎、新娘坐向为八卦式,或冲东南、西南、东北、西北不同,都是按命馆先生指定的方位坐。二是让新娘踏过红毡后与新郎按男左女右的位置,一同坐在炕沿上。然后，新郎将自己的左衣襟，压在新娘的右衣襟上，表示男女已经同床了。与此同时，由娶亲太太开始撒帐。

撒帐是我国民间婚礼通行的一种习俗。新婚之夜，一对新人对坐在婚床上，然后由"全合人"将桂圆、荔枝、红枣、栗子、花生之类的"喜果"撒在帐内的床上，一边撒一边唱着祝福祈吉的"撒帐歌"："一把花生一把枣，大的跟着小的跑。多子多孙多富贵，吉祥如意白头佬。""新娘好比一枝花，好花好果要结籽，麒麟送子到君家。"也有的按东、南、西、北、中、上、下、前、后等方位来撒唱："撒帐东，花开富贵朵朵红。撒帐南，早生贵子中状元""撒帐北，一双金鸡交颈式，夫妻交拜两和合，生下孩童似贵客。"可见，撒帐在很大程度上其目的是求子。

撒帐不仅撒喜果，还要撒五谷杂粮，其意是饲喂"青羊""乌鸡""青牛"，即贿赂鬼神，使它们不伤害新人，这是所谓的"禳解"。

撒帐过后，接下来新郎就要用裹着红纸的新秤杆将新娘的盖头挑下来，称之"初会"，俗称"露脸"。秤挑盖头是中国民间的传统习俗。拜堂仪式之后，夫妻二人被送入洞房，因从前的新娘都要头盖喜帕，称为"盖头"，就要由新郎亲手挑开。新郎挑盖头用的是秤杆。古人以秤为神灵之物，用于婚礼可以避邪，又以秤为吉祥之物，婚礼用之以祝吉祥。据说，秤杆上的秤星乃是天象，旧时的老秤是十六两为一市斤的度量工具。用秤杆挑盖头，当然会称心如意，大吉大利了。新郎把盖头挑下来之后会把它坐在自己臀下，其意是婚后能压新娘一辈子。有时，女家的送亲太太若是手快，就不等新郎坐下，赶紧夺过盖头，口里说声："高升吧！"这时，两位新人才能互相查看对方的容貌。

接着就是"插花卜喜"之俗。新郎将新娘头上的绒花摘下一枝，任插一处。据说，"插于上方生子，插于下方生女"。也有的说："应插在窗磴上，插得越低，生子越近。"还有的插于喜神方位的窗户或墙壁上。不论插在何处，总的意愿都是早日生儿育女，传宗接代。

新娘到夫家后，还有一个重要的礼仪——"共牢而食，合卺而饮"。这是新人从一对陌生人到夫妇的一个过渡环节,也体现了从此夫妻一体,组成家庭彼此相爱,永不分离,白头到老。这种礼仪要求新郎、新娘要进食新婚的第一餐,喝新婚的第一杯酒。婚礼被古人看作"礼之本",《礼记·昏义》中说:"共牢而食,合卺而酳,所以合体,同尊卑,以亲之也。"具体做法是:新娘到达夫家后,侍者交替为新郎、新娘浇水洗手,赞礼者已经为新人安排好了新婚第一餐的馔席。在新郎、新娘的中间摆着三个古代盛肉食的"俎",其中一个里面装着鱼,另一个里面装着风干的兔子肉,还有一个里面装着乳猪,由新郎、新娘共同享用,这就叫"同牢而食"。牢,是指俎或俎里的食物。其实,新婚第一餐的饭菜非常简单。进食的过程也同样简单。侍者将食物加给新郎、新娘,他们先吃一口饭,再喝一口肉汤,然后再用手指蘸一点酱吃,这个过程被称为"一饭"。这样总共进行三次,即"三饭",其说法是"三饭告饱,食礼完毕"。晚饭时,还要进行"三酳"。古人饭后,用酒漱口,其目的有两个:一是清洁口腔,二是安食。但在婚礼中要漱口三次,称为"三酳"。

"三酳"中使用的酒器,前两次是爵,最后一次是卺。卺,就是对剖而成的两半葫芦瓢。"合卺"之礼是用五彩丝线把两个卺连在一起,让两个小男孩(称"卺童")对坐,手里各捧一个小卺,斟上酒,卺童说:"一盏奉上女婿,一盏奉上新妇。"有酒量的新郎都会连饮三瓢。如果没有葫芦,可用小金银盏子代替,也应用五彩线拴住盏足,依礼而饮,这就是原始的喝交杯酒的仪式。后来,人们以杯代卺,两只杯子用红线拴在一起,谓之"千里姻缘一线牵"。喝时,娶亲太太将一杯递给新郎,送亲太太则将另一杯递给新娘,二人各饮半杯再相交换,这只是象征性的交杯饮酒,点到则已。

接下来要吃"子孙饺子"了,女家送来的子孙饺子放在两个盒子里,共14个,用红头绳拴成对子(内附一红封,是女方赏给男方厨灶上的赏钱),与男方准备的长寿面同时下锅煮熟,放在洞房的炕桌上。娶亲太太将每对饺子分别夹起,让新婚夫妇各吃一个,再喂两人一些长寿面,并说些吉祥话,如"多子多孙""福寿双全"

"儿女满堂""荣华富贵""白头到老"等。还要安排一个男孩在窗外问道："生不生?"要由新郎或娶亲太太回答："生!"这表示婚后要生儿育女。

吃完子孙饺子和长寿面，新郎即可退出洞房，只留新娘一人面向喜神方位坐在炕上，不能说笑，不得下地走动，否则为不吉，称为"坐射"。新郎必须在子时之前回到洞房，否则只能第二天再回洞房。

洞房花烛之礼的最后一项活动就是"闹房"，此俗在民间非常流行。人们以为"愈闹愈发，不闹不发""人不闹鬼闹"。此俗源于汉代，实际上是在新婚之夜对新郎、新娘的一种祝贺方式。但一定要注意："闹房"是热闹，而不是胡闹。

第四节　侍奉逝者的魂魄——古代丧礼

死亡是人生旅程的终点站，标志着人一生的结束。几千年来，丧葬礼仪已经成为我国传统民俗文化的重要组成部分。在中华传统礼仪文化中，丧礼是产生最早的礼仪。

中国的丧葬礼仪有一个相对完整的传承过程，是传统礼仪中对后世影响最大的礼仪之一，因为它自古就与人们对祖先的崇拜观念结合在一起，与中国传统的"孝"文化融合在一起，这是符合人们心理需求的。

一、换床

清代程允升《幼字琼林》："福寿康宁，固人所欲；死亡疾病，亦人所不能无。"生、老、病、死是人生必须经历的过程。古人认为，死亡是人生的第一大灾难，人们是无法抗拒和避免的，只能用礼仪去平抚悲痛之情。

旧时，家中的病人一旦沉疴不起，即称之"落炕"，其意是病人已不能行动、站立,神志不清,离死期不远了。所以,家人总会留心观察,寸步不离,采取措施,尽力控制病人的死亡地点和时间。

换床是病人临终前的一种礼仪。民间俗语说:不能让亡人背着炕走,否则就会增加他的"罪业"。也有的说,换床是对病人"冲喜"的俗信,认为病人通过换床,可能会转危为安。其实是生者怕死者留恋初终(死去)的地方,阴魂不肯离去,免得将来生者睡在此处此炕铺时会疑神疑鬼。

旧时,病人换床一般都是到附近的杠房(旧时将出租殡葬用具和提供人力、鼓乐等的铺子称为"杠房")租赁一张灵床(称"吉祥板"),谓之"传吉祥板"。也有管"吉祥板"叫"太平床"或"吉祥床"的,这是因为遇丧临丧不言丧。

关于病人死亡的时辰,民间也有说法。民间有些地区认为,人在清晨早饭之前去世最佳,这样可以替子孙留下三顿饭,俗称"留三顿"。其意是后代人一日三餐都有饭吃,若在早饭后断气,则预示后代人将有"断顿"的可能。最忌讳是在晚饭后断气,死者把一日三餐全部带走了,后代会成为乞丐。但也有的地方认为死者最好是一日三餐吃饱了再走。这样可以不做饿死鬼。

二、衣殓

人死去后穿寿衣,俗称"装裹",又叫"装老的衣服""小殓""初殓",也就是衣殓。

古代儒家定制,衣殓分两次进行,如三日给亡人穿常服,称"小殓",五日给亡人穿官服,称之"大殓"。后来,给垂危病人穿寿衣都是在其咽气之前。民间认为,只有在咽气之前穿好寿衣,才算真正把衣服穿走了,得了后人的济,否则就要光着身子到阴间见阎王和祖先了,这是后人对祖先的不敬不孝。

在给垂危病人穿寿衣之前,要先净身沐浴,儒家的说法是"以示洁净反本之意"。民间则说:沐浴的目的是不让亡人把今世的尘垢带入来世。另有说法是:不让亡人把"红尘"世上所感染的污垢带进天国。给亡人整容理发可把前额头发剃掉，但脑后头发不能剃，这叫"留后"，希望后代健康长寿。

寿衣穿棉不穿单（单衣），要穿单数（单数为阳）。一律不钉纽扣，因"纽子"音同"扭子"。只钉"飘带"，取"带子"——后继有人，香火不断之意。寿衣的料子不用缎子，因与"断子"谐音。也不用兽皮，因怕来世托生动物。

给亡人的铺与盖也很有讲究。贵族九铺八盖，有钱人七铺七盖或五铺五盖，一般人家三铺三盖，贫穷人家只能是一铺一盖。不论几铺几盖，最后一层都是铺白盖黄，称之"铺金盖银"，寓意死者在阴间享有荣华富贵。

从"落炕"到"衣殓"，都属于病者的弥留阶段，病人断气为"初终"，民间称其为"倒头"，因为头是人体主宰，"头既倒，身亦亡"。

三、报丧、吊唁

《仪礼·士丧礼》中讲，士死亡后的第一天，主要由人先向国君报丧，国君闻讯派人前来吊唁。丧主到寝门外迎接，见宾而不哭，到中庭吊唁者向丧主传达君命。丧主哭拜叩首，捶胸顿足，但也有节限，通常是顿足三次为一节，共三节九次。然后，吊唁者离开，丧主到大门外拜送。哭泣时顿足，表明悲哀到了极致，同样有节限。吊唁时还要送一些衣被，目的是资助丧主顺利治丧，这些被称为"襚"。

在民间多为口头报丧，即孝子亲自前往亲朋好友家中报丧。报丧时孝子要穿孝服到亲戚家，不能进门。有人来接时，无论长幼，都要磕头（也有的用拱手作揖礼）。南方地区报丧者，不论天晴还是下雨都要带着伞。民间俗信认为，死者的灵魂会躲在伞内跑着前去，因此要带伞报丧。

用书面报丧的称讣闻，又叫"讣告"或"赴告"。讣告用大折子（有白色、烟色、黄色），表面只书"讣"字，里面为正文，不用标点符号。《清稗类钞·丧祭类》载："讣文，一作'讣闻'，古本作'赴'，以丧告人也。详具死者之姓号,履历及生卒年、月、日、时,卜葬或浮厝之地及出殡日期,凡宗族、戚友、同乡、同官、同事、同学,必遍致之。"旧时报丧用的讣闻大致如此。

亲友接到讣告后,前来吊丧并慰问死者家属,这就是民间的吊唁。在吊唁时,死者家属要哭尸于室,对前来吊唁的人跪拜答谢并迎送如礼。吊唁的人要穿素服,要按顺序,一家一堂,本家先祭,外客后祭,一律行跪拜礼,长者在前,晚辈在后。俗话说"先死为大",所以来吊唁者除了长辈不下跪外,即使平辈也要向死者跪拜。

四、穿戴丧服

丧服俗称"孝服",穿孝、戴孝是生者以区别于日常的着装来表达对死者追思的服丧礼仪。丧服制度大约始于周代,因与死者关系亲疏不同,生者所着孝服的等级也不同。《仪礼·丧服》相关记载最完整。其中所规定的丧服,由重至轻,有斩衰、齐衰、大功、小功、缌麻五个等级,称为"五服"。两千多年来,五服有传承也有变异,但基本上保持了原来的定制。

五、入殓

棺木是旧时的主要葬具之一,已有两千多年的历史。棺木俗称"棺材",老北京有句俗话:"活着混所好房子,死后混口好棺材,也不枉为人一场。"棺木历来受到人们重视,被人们看成是人死后住的房子,民间还认为棺木是吉利之物。"棺材"的"棺"与"官"谐音,"材"又与"财"谐音,正好取升官发财之意。棺木以木制为主,外面有彩绘图案,图案一般为百寿图、四季图、二十四孝图等。棺材前面正面绘云纹莲台,书写"某某之灵枢",后面绘香鼎燃香,有的地方画有白菜。有的棺木前面还写有"福如东海""音容犹在"等词语。棺木内还要涂上松香或用黄麦纸裱糊,取"黄金入柜"

"遗泽子孙"之意。也有放其他物品的，但放谷草是必不可少的，取"落地而生，坐草而归"之意。

入殓又称"棺殓""入木"，就是把亡人的遗体敛入棺木，从此亡人的一生功过就此定论，加盖后即谓之"盖棺定论"。此后，亡人的亲友与亡人便终生不得相见，所以说入殓是最后的遗体告别仪式。

入殓要选择吉时，还要忌与亡者相冲的属相。到了吉时，便将遗体从停放灵床的地点抬往正厅，长子抱头，次子抱腰，三子抱腿，也可以孙辈代之。遗体被抬起后，由另外一人立即将太平床向外翻倒，以除不祥。遗体从灵床上敛入棺木，被人们视为"乔迁"，故有孝子高喊："某某您迁居了！"按传统礼规，一定是先人脚，后人头，表示"立进"，而不能是躺着进去的。随后可放入一些随葬品，一般都是亡者生前所爱之物。

过去，亡者的灵柩都忌讳停放在光天化日之下。据说怕接收到"日精月华"，更怕冲犯上天过往的神灵。所以，停灵必须在屋内，棚内灵堂也就设在里面，供亲属守灵、亲朋吊唁。

在家停灵即使是不准备酒席招待吊唁的亲友们，也要举行个简单的祭奠仪式，这就需要搭棚。办白事用的棚称"丧棚"，也叫"白棚"。民间的丧棚有多种形式，最讲究的丧棚是起脊大棚，规模的大小根据丧家院落的格局。如果只搭一层院子的棚，行话叫"平棚起尖子"，又叫"一殿"，有点像古代的殿堂，上面起一条脊。如果有两层院子，就搭一座大棚，把两层院子都罩上，后高前低，灵堂设在后面。大户人家除了搭主棚（灵棚），还要搭许多用途不等、名目繁多的棚，供远亲吊唁、休息。

六、哭丧

死者咽气之后，在整个丧葬过程中，人们的哭声不断。哭是表达人类悲痛情感的一种最直接的方式，所以哭丧也就成了中国丧葬礼仪的一大特色。哭丧仪式往往贯穿丧葬礼仪的始终，有的哭得悲悲切切,有的哭得声嘶力竭,有的哭得惊天动地,有的哭得真情实意。无论哪种哭泣,都有它独特的内涵,因此哭泣也是一种礼仪的需要。

七、接三与送三

旧时,人死的第三天要对亡人进行"初祭",这是丧礼中的大典,叫作"接三",也叫"迎三"。民间传说,人死三天,他(她)的孝属一定要隆重地祭祀一番,希望亡人"尚飨",也就是请亡人回家来再吃一顿。

接三要准备纸活(用纸糊的物件)。一般的纸活以当时流行的交通工具为主,如轿车、马车、大鞍车、洋车、三轮车、自行车、船、骑、箱子等。

接三时,还要请鼓乐一堂,在门前吹打,称之"门吹儿"。接三的鼓乐分两种:一是官鼓大乐,俗称"官吹儿",吹人们习用的丧祭哀乐,用11人到13人不等;另一种是近代兴起的"花吹儿",俗称"怯吹儿",主要吹奏当年的流行小曲,如《苏武牧羊》《小放牛》《打新春》《打花巴掌》《探亲调》等。也有吹喜剧选段的,如河北梆子《大登殿》《双吊孝》、评剧《三娘教子》等唱段。也有仿效香会文场的,更有的是官吹儿与花吹儿交替使用的。无论是官吹儿还是花吹儿,都有"早上鼓"(俗称"早上儿")与"午上鼓"(俗称"午上儿")之分。"早上儿"是上午九点左右在丧居门口吹奏。"午上儿"是在接近中午时,开始吹奏。

接三之日,儿女们在花钱尽孝上,历来就有分工,由儿子出钱到蒸锅铺先定做一堂"斛食馂馂(馒头)",供晚上僧人放焰口用。已出嫁的女儿要出钱做一桌祭席,冷荤热炒都少不了。然后摆上供桌,进行家奠仪式。

接三之后,是送三。民间认为,人死三天,当神、佛将亡人灵魂接引升天的时候,亡人的儿女晚辈就必须焚化车马、银箱,为他(她)送行,这叫"送三",也叫"送路"。送三是在晚上进行。何时送三？送到什么地方？要请示本家大爷，再行送三。因为送三是给亡人的神魂送行，必须有香灯、火把照路，不论是否天黑，送三的亲友都要执香提灯。送三时，成年男士都要拿一股香当作火把，称之"引路香"。后来也有打着白纸灯笼的，谓之"引路灯"。俗话说："东送娘娘，西送三。"所以，送三时，出门后要往西走，再到预定地点。

八、下葬

把灵柩抬到埋葬的地方下葬，这在旧时叫"出殡"，也叫"出丧"。民间俗信"入土为安"，所以下葬是丧俗礼仪中重要的一项，它将丧礼推向最高潮，是死者与生者的永别。

棺柩起杠后，在出殡途中还有诸多的礼仪，如喊加钱儿、扬纸钱、路祭棚、路祭桌等。喊加钱儿是北京地区特有的殡仪形式，扬钱儿则是各地普遍的形式，两者同时进行。加钱儿，是指本家和近亲在杠价之外赏给杠夫们的酒钱。喊加钱儿，是将本家给的赏钱喊出来。例如，"本家老爷赏钱多少多少吊！""本家大姑奶奶赏钱多少多少吊！"为讨本家高兴以便再获赏，于是给一吊喊十吊。不但起杠时要喊，而且沿途遇上路祭桌、路祭棚，有主祭人赏钱时，礼成后，走杠时都要高喊加钱的数目。扬纸钱，是在晚清时出现的习俗。旧时，凡是在起杠、换杠、换罩和经过丁字街口、十字路口、庙宇、桥梁、城门、河流等处时，或遇有路祭棚、路祭桌、茶桌时，都要在杠前扬起纸钱。据说这是打发"外祟"和"拦路鬼"的。

下葬是丧礼的最后环节，是死者享受哀荣的最后时刻，所以下葬礼仪也特别受到人们的重视。死者都先以棺椁装殓，后以土进行掩埋。古人以为这种木土结合的葬仪是一种礼遇，也是死者最后的归宿。俗话说："死人奔土如奔金"，所以"入土为安"。

谁家死人后，会即刻请人打坑开穴。开穴又称"破土"，一般要请阴阳先生择吉日开工。打坑时要将头锹土留好，等下葬掩土时，由长子把这头锹土扬洒在坑内。

下葬时要把灵柩用杠绳拴好,兜至坑口。灵柩要头朝北、尾朝南(与在家停灵的方向相反)。杠夫各把一角,共使用八根绳往坑内系灵柩,称之"八把花"。灵柩的两头四个角各用一根绳,称之"口花";灵柩中间用四根绳,称之"腰花";往坑里系棺,称之"抖花"。开始放棺时,先由杠夫把大绳往腰里一挎,左手缆绳,脚蹬在坑口的杠上,做好架势,准备下葬。此时,全体孝子下跪,鼓乐齐鸣,这是最庄严的时刻。

至此,孝子众人起立,焚纸活,扬纸钱,紧接着就是掩土埋棺。埋土时,由打尺的杠头或看坟的用锹端来开穴时的头锹土,让长子先抓一把扬向坑内,次子、三子等众亲属各抓一把土扬向坑内。最后由杠夫撮土把坑填满,堆起坟头,众人叩首。礼成后,丧主跪请亲友中穿浮孝(穿浮孝者非本家至亲)的脱孝,并向众亲友叩谢。众亲友随之还礼,礼毕,主宾返城,丧礼到此结束。

第六章　不学礼,无以立——
古代伦常礼仪

古代儒家对于伦常关系的礼仪是非常看重的,认为君臣之礼、父子之礼、夫妻之礼、兄弟之礼、师生之礼等是每个人都必须重视的礼节。在这些礼仪中,如果人们可以做到仁、义、礼、智、信,那么就可以保证社会风化的良好,从而构建和谐安宁的社会。同时,儒家认为,和谐的人伦关系应该是仁君忠臣、父慈子孝、夫义妇从、兄仁弟悌、师教生尊。本章就对这几种基本礼仪展开分析。

第一节　仁君忠臣——古代君臣之礼

古礼规定"君仁臣忠""君使臣以礼,臣事君以忠"。如果一位君王非常圣明,他就应该拥有较高的德性,关爱自己的臣民,并施恩惠给自己的臣民,以德服人。作为臣民,也应该对君王尽忠,坚持自己的正确立场,指出君王在执政过程中的一些过失,这才是君臣之礼。

一、仁君忠臣

古代礼仪制度规定,作为君王,他们应该施以仁政,给臣民施予恩惠,按照礼仪办事,这体现了儒家的"以德服人"思想。孟子主张:"以力服人者,非心服也,力不赡也,以德服人者,中心悦而诚服也。"也就是说,居于高位的君王,只有具有仁德之心,并将这份仁德之心施予民众,才能符合天道,臣民才能信服。因此,以德为政,才能得到臣民之心。如果君王不仁,臣民不服,君王昏庸无道,必然会失去民心。《孟子·离娄下》中说:"君之视臣如手足,则臣视君如腹心;君之视臣如犬马,则臣视君如国人;君之视臣如土芥,则臣视君如寇雠。"这句话的意思是君王对待臣子的态度也决定着臣子对待君王的态度。如果君王对臣子不尊重,那么必然会导致祸患。

古人又指出,君王要想做到真正的仁政,必须"德主刑辅",即要用德性来教化臣民,如果教化无效可以施以刑罚。只有将德性与刑罚相结合,才能真正实现刚柔并济,这是治国的道理。事实上,历代君王以德服人的并不多见,而多以刑罚为主。

君王做到如此,那么臣民应该怎么做呢?

古代礼仪规定,作为臣民,应该对君王尽忠,如果违背了君王的意愿,会被认为是大逆不道的行为。君王统治臣民的工具就是忠君报国,如古人常说"效犬马之劳"。如果将君王和臣民的关系比喻成马车,那么君王就是驭手,而臣民就是效力的马匹。在古代社会,君尊臣卑的地位是非常明显的。

《礼记·曲礼》中说:"大夫死众,士死制。"这就是说作为大夫,应该鞠躬尽瘁,为保护民众奉献自己;作为士人,应该努力执行君王的命令,即使献出生命也毫不畏惧。这样的思想在古代一直流传,并且被君臣接受。自古以来,忠君报国而死者众多,典型的如诸葛亮的"鞠躬尽瘁,死而后已"。

战国时期,楚国的三闾大夫屈原是著名的爱国人士,他主张授贤任能、彰明法度、改良内政、联齐抗秦,但是被一些人阻止,而且进谗言使楚怀王疏远屈原,结果楚怀王被诱骗而身死异国。顷襄王即位之后,屈原继续进谏,却被迫害并放逐。之后,秦国将楚国国都占领。这时屈原空有报国之心,但是回天乏术,因此投江以死明志。

从历史上看,所谓的臣子的忠心,更多地表现为顺从。

二、朝会礼仪

朝，何以为朝，因为大臣通常都在清晨入宫廷理事。据《孟子·公孙丑》记载："朝（早晨）将视朝。"还有《诗经·齐风·鸡鸣》曰："鸡既鸣矣，朝既盈矣。"这里描写的是我国古代君臣要在鸡鸣天亮的时候入朝，所以文武百官天不亮就要起身上前去参加朝会。唐朝著名诗人岑参的诗很形象地描述了当时早朝的情景："鸡鸣紫陌曙光寒，莺啭皇州春色阑。金阙晓钟开万户，玉阶仙仗拥千官。花迎剑佩星初落，柳拂旌旗露未干。独有凤凰池上客，阳春一曲和皆难。"

中国古代帝王的朝会主要有以下两种。其一为大朝，就是帝王大会文武百官，有时也包括外国使臣。大朝是一种十分庄重的典礼，也是一种十分隆重的仪式，但必须说明一点，就是在这种朝会上，帝王一般不处理国政。其二为常朝，这是帝王处理国政的重要活动之一。朝仪是帝王与文武百官在朝堂上处理政务的相关礼仪的规定，其内容主要包括：朝会的场所、时间、相关的仪式以及某些特殊的规定。大朝仪有诸多规定，常朝仪也有很多种类，如我国历史出现过早朝、午朝、辍朝仪，忌辰朝仪，朔望朝仪，常朝御殿仪，常朝殿门仪以及东宫朝仪等。

（一）常朝仪

常朝是我国古代最主要的一类朝会，所以文献资料中所讲的朝仪如无特殊的说明均指常朝之仪。

朝会早在成汤建立商朝之时就诞生了，《史记·殷本纪》曰："汤改正朔，易服色，尚白，朝会以昼。"据历史资料记载，当时的朝会要五年一次，朝会时各地诸侯齐会于某地，一般来看应该是商的都城，觐见商王。朝会在周代没有什么实质性的发展，只是糅合了一些宾礼的内容，发展到秦代就成了封建皇帝专制集权统治手段和方式的一部分。秦代常朝仪不得其详，不过从赵高对秦二世说"奈何与公卿廷决事？事即有误,示群臣短也……公卿稀得朝见"等历史记载来看,秦代还是有当廷决议政事的常朝礼仪制度的。

西汉高祖时期儒士叔孙通给刘邦制定朝仪,使刘邦初尝皇帝瘾的故事,成为我国历史上朝礼的最早记载。具体记载如下:朝臣平明前依次入殿,趋行示敬。门庭中陈车骑戒卫,设仪仗旗帜。功臣、列侯、将军、军吏站立于西方、东向,文官丞相以下站立于东方、西向,大行官(掌宾客的礼官)设九宾传告皇帝乘辇出房,宫廷中卫官执戟传警。皇帝南面就位,诸侯王以下至六百石按职位高低依次跪拜行礼。百官上朝退朝出入宫门有"门籍",上书每人的姓名、状貌、职爵等,无籍者不得通行。

西汉时期的朝仪地点并不固定,有时在未央宫,有时在明堂,有时在泰山。诸侯在朝会上的位次在吕后当权时就已有条文规定。

隋代时期的隋文帝是一个很勤勉的天子,每天清晨都要临朝视事,而且经常从清晨一直工作到太阳偏西。到了唐代初期,皇帝每月朔、望在太极殿坐而视朝,两仪殿则为日常听朝视事之所。据《新唐书·职官志》记载,按品级高下有不同的上朝规定,如文武官职事九品以上朔、望入朝;文官五品以及监察御史、员外郎、太常博士每日朝参,称为"常参官";武官三品以上,三日一朝,即每月九次上朝,称为"九参官";武官五品以上五日一朝,称"六参官";弘文馆、崇文馆、国子监学生四时参等。

唐代贞观盛世时期,鉴于当时天下太平,常朝改为三日一朝,后又改为五日一朝。唐代末年,朝制改为每月共九次,即逢一、五、九日坐朝,地点为延英殿。其还规定,如有紧急公事不受上述时日限制,可以奏请开延英殿。

宋代的朝仪与唐代无太大区别。据《宋史·礼志》记载:"文武官日赴文德殿正衙曰常参,宰相一人押班。其朝朔望亦于此殿……百司朝官以上,每五日一朝紫宸,为六参官。在京朝官以上,朔望一朝紫宸,为朔参官、望参官,遂为定制。"此外,宋代朝仪按官职大小及职位高低明确规定了文武百官入朝的秩序，其大体秩序为：太师、太傅、太保、太尉、司徒、司空、太子太师、太子太傅、太子太保、郡王、太子少保、大都督、大都护、御史大夫、六部尚书、侍郎、大理寺卿、大府卿、殿中监、少府监、将作监、前任节度使等。

明代洪武年间制定了朔望朝仪：遇朔、望之日，皇帝着皮弁服御奉天殿，百官穿朝服，按秩序站好后行拜礼，有事要奏者由西阶升殿，奏完后走下西阶。如果没有事上奏，则侍仪由西阶升殿，跪奏今日无事，然后引班带百官出殿。明代除有早朝外，还有午朝和晚朝，而且各有各的朝仪。此外，明代还有与前代诸多不同的新规定。

（1）牙牌制度。在洪武年间，文武百官朝参时必须佩带象牙小牌，否则门卫官有权将其拒之门外，还规定牙牌不准私自转借。

（2）朝班次序牌制度，即由礼部制造百官朝班次序牌，牌子上写明品级，文武百官对号入座。

（3）正月节日放假。明代永乐年间，元宵节放假自正月一十一日起共十天，百官朝参不奏事。

（4）忌日朝仪。明代规定遇明代先帝先后诸忌日，朝会时不鸣钟鼓、不举音乐，皇帝还要穿上浅淡服装，百官也穿浅淡色服装系黑角带子上朝。此外，明代还有一些辍朝的规定：凡遇皇妃去世，辍朝三日；亲王去世，辍朝二日；郡王及文武重臣去世，辍朝一日等。

清代初期，规定五日一朝，后顺治皇帝改为"逢五视朝制"（即逢初五、十五、二十五视朝）。康熙皇帝将朝参文武官员按次列为九班，以击鼓为号，起立听统一指挥，引入殿内行跪拜礼。到了雍正时期，朝会地点定在乾清门，还规定了奏事次序，户、礼、兵、工四部轮班上奏等，奏答完毕，皇帝起驾回宫。

（二）大朝仪

大朝仪是朝会庆贺中最隆重的仪式，最早的记载是东汉以后的事了，如元日岁首，皇帝乃受大朝的庆贺。其仪式是：夜漏未尽七刻,钟鸣,贺礼开始。百官群臣依次要奉献贺礼,礼物依职位爵禄大小而有不同。在大朝上有关官员还要向皇帝报告当地政治和财税情况,这一制度为历代所沿袭。

魏晋南北朝时期,大朝的庆贺之礼与两汉时期大致相同,但是在晋代有了更确切的含义,即岁首正月元旦朝会,称为"元会"或"正会",是国家最隆重的庆典。冬至的朝会称为"小会"或"冬会",规模相对要小一些。但这两次朝会比起一般的宫廷庆典来说,依然是最主要而隆重的活动之一。

唐代的元旦、冬至两大朝会合称"正至"。其中,元旦朝会有皇太子献寿、中书令奏诸州上表、黄门侍郎奏祥瑞、户部尚书奏各州贡献、礼部尚书奏各藩国贡献等,然后百官上殿高呼万岁,乐舞有"三大舞"(七德舞、九功舞、上元舞),朝贺毕,皇帝宴飨群臣。

辽金时期的朝仪基本与汉代相同,只是朝仪时的音乐和舞蹈带有浓厚的本民族气息。宋代初期的大朝仪每年只有元旦、五月朔日、冬至节共三次,后来金兵掳徽、钦二帝,宋代就不再朝贺了,直到绍兴十五年才恢复,但规模已大大缩小。

元代初期,其朝仪尚没有礼仪的记载,直到元八年才使用了稍加改动的汉代大朝仪。

明朝的大朝仪在朱元璋建国时就已制定,其仪式与登基仪式相似。

大朝仪发展到我国封建时期最后一个朝代——清代时,其元旦、冬至和皇帝诞辰日(万寿圣日)称为"三大节",都要举行大朝贺礼。其朝仪是:天亮后,亲王、贝勒、贝子等在太和门外集合,其他王公以下百官集合于午门之外。礼部安排好一切后,皇帝从中和殿出来,这时午门的钟鼓响起来,乐队演奏起《中和乐》,皇帝进入太和殿,乐声停止。内大臣和众侍卫跟在皇帝前后左右,负责保卫工作;四位起居注官站在西边的金柱旁边,负责记录大典实况。王公百官立即在自己的拜位上齐刷刷地跪下。宣表官捧着表来到殿座下边的正中间朝北跪着,两位大学士上前展开表,宣表官高声宣读表文,读毕,将表放在原来的案上。此时《开陛乐》

开始演奏，群臣行三跪九叩大礼。礼毕，《开陛乐》再次响起，皇帝赐坐令一下，群臣和外国诸使节便在自己站立的地方一跪三叩，随后按次序纷纷入座。赐茶后又鸣鞭三次，奏《中和乐》，皇帝起驾回宫。待音乐停止后，群臣开始依次退朝。

三、交聘礼仪

先秦时代，各个诸侯国之间具有非常频繁的聘问活动。此外，还有非常繁缛的礼仪。特别到了春秋战国时代，五霸争雄，七国并峙，各国关系错综复杂，使者冠盖相望于道。仅据《春秋》记载，公元 242 年间的朝聘、盟会等外交活动就高达 450 次。

当时，诸侯朝聘天子、诸侯相互聘问已成定制，即所谓"比年一小聘，三年一大聘，五年一朝"。据《仪礼·聘礼》记载："君与卿图事，遂命使者与介。"使者就是指聘国派出去往他国的外交使者，又称之为"宾"。宾的级别要根据聘问活动的规格来决定，通常是"小聘使大夫，大聘使卿，朝则君自行"。所谓介，是指使者的随行人员。介的多少取决于使者的爵位，一般"上公七介，侯伯五介，子男三介"。介又可区分为上介和众介。上介是外交使团的副使，地位仅次于使者，负责协助使者办理各项出使事务，如遇使者病死等特殊情况，可代行使者职务。众介指除上介以外的其余随行人员。如果使者的身份是卿或上大夫，那么上介的身份就是大夫，众介的身份至少也是士。与此相对应，受聘问的主国国君也要任命一些接待宾介，引导礼仪的人员，这些人一般通称为"摈"。摈也有不同的等级。《仪礼·聘礼》记载："卿为上摈，大夫为承摈，士为绍摈。"

使者出访乘车，车后载旜，"旜，旌旗属也。载之者，所以表识其事也"。使者到达主国的国境和近郊之际，要"张旜"，用来表示使者将要到这个国家访问。在旅途上，一般要"敛旜"，因为"此行道耳，未有事也"。

《周礼》规定，行交聘礼时，出使国要先确定使者、聘礼出使路线,然后使者受命拜别国君。使者沿途经过各国时,要行"过邦假道"之礼。如不假道而径行,就是把他国看作自己的边鄙邑县,就是侵犯别国的主权。例如,《左传·宣公十四年》记载,楚子自恃强大,在派遣申舟出使齐国时,明确地指示他"无假道于宋",结果遭到宋人的阻拦。宋国大臣华元义正词严地指出:"过我而不假道,鄙我也。鄙我,亡也。杀其使者,必伐我。伐我,亦亡也。亡一也。"于是杀了申舟。至于天子出行,则无须借路,因为"普天之下,莫非王土"。只是到了战国时期,因为王室没有多少实权,只剩下天子的名声,所以哪怕是王室的出使大臣,也必须在过邦的时候借路。例如,《国语·周语》记载:"定王使单襄公聘于宋,遂假道于陈以聘于楚。"

聘礼属于"五礼"中的宾礼,属于列国诸侯相互聘问所要遵循的礼仪,这个礼仪大致分为六个主要仪节。第一是郊劳,当使者到了主国的近郊(离国都约 15 千米的地方)时,主国国君要派遣卿前往迎接,并以束帛慰劳。之后,便将使者安排到宾馆,并设宴款待。第二是聘享,这是聘礼中最主要的仪节,可分为聘与享两个部分,都在宗庙举行。除此之外,使者还要向国君夫人行聘享礼。第三是私觌,又称"私面",是指使者以私人的身份面见主国国君及公卿,并赠送一些钱财。公卿在受币后,按礼应设宴招待,并回致币帛,否则就是不以贵宾之礼相待。第四是飨宾,指国君设宴酬谢使者。在宴会进行中,主宾往往赋诗酬酢。第五是馆宾,使者即将启程回国,主国国君派卿把圭、璋送还使者。古代以玉比德,将玉送还,有德不可取之于人的意思。之后,国君还要亲临馆舍,以拜谢聘君与使者的修好之谊。第六是馈赠,使者始发,宿于近郊。主国国君派卿馈赠给使者与觌币相当的礼品,以表示礼尚往来。使者回国要向国君汇报,如在出使过程中遇丧事要行特殊礼仪。除此之外,聘问时还要留心各种具体的小细节,以下按上述次序对《仪礼》所述交聘礼仪进行概述。

国君和卿谋议聘问的事情,接着任命使者。使者两次行拜礼,行稽首礼,辞谢。国君不准许,然后使者退回原位。谋议出使事情后,也像任命使者一样任命上介。

第二天,使者身穿朝服在祢庙(祭祀神灵的家庙)陈列礼物。属吏在室中铺席设几。祝(家庙管理者)首先走进室内,使者紧跟其后进入室内。使者在右边,两次行拜礼。祝向神灵报告。

上介和众介在使者的门外等候。使者在车上设置旃旌(用羽毛装饰的旗子),率领众介在燕朝接受使命。国君面朝南方穿上朝服。卿大夫面朝西,以北边为上位。国君派卿让使者入朝。使者率众介入朝,面朝北以东边为上位。国君拱手行礼,使者进前,上介站在使者左边,继续接受国君的命令。

出使队伍抵达主国国境,派人把旃旌系在车上,立誓遵守礼仪制度,然后才通报守关人。守关人问随从几人,使者让介回答。主国君主派士询问事情始末后,命人带领其踏入国境,然后将旃旌收起,开始查看礼物。铺幕,使者穿朝服,站在幕的东边,面朝西。众介都面朝北,以东边为上位。贾人面朝北坐下,擦拭圭玉,接着打开木匣。上介面朝北查看,退后返回原位。然后陈列兽皮,头部朝北以西边为上位。又擦拭璧玉并展示,和束帛一起放到左边的兽皮上。上介查看后退回。在幕的南边拴马球,马头一致朝北,束帛放在马前的幕上。接着按同样的礼仪展示国君夫人的行聘、进献礼物。最后展示众人的束帛。这一礼仪在到达主国国都的远郊和馆舍后都要重复进行一次。

第二天,下大夫到馆舍迎接使者,使者穿皮弁服,到治朝行聘问的礼仪。使者进入门外的帐幕,开始陈列礼物。卿充当上摈,大夫充当承摈,士充当绍摈。国君穿皮弁服,在大门内迎接主宾。大夫引导使者从门的左侧进入,国君两次行拜礼,使者避开不回拜。每逢进门、转弯,国君都拱手行礼请使者,到庙门后,国君拱手行礼进门,站在中庭(庭院的中部),使者站在接近西塾(西厢房)的位置。上摈出庙门邀请使者,并传话。贾人面朝东坐下,打开木匣,取出圭玉,丝垫悬垂,不站起而交给上介。上介拿着圭玉,折起丝垫,交给使者。上摈进庙向国君报告,出来,辞谢圭玉,然后引导使者和众介从门的左边进庙,以西边为上位,面朝北而站。国君和使者三次拱手行礼，到堂下的台阶前再谦让三次，国君先登上两级台阶，使者登堂后，站在西楹（堂前的柱子）的西边，面朝东。上摈退回中庭。使者转达自己国君的命令，主国国君向左转身，面向北。上摈进前到东阶的西边。国君两次对着横梁行拜礼，使者背向西墙三次躲闪。国君独自加穿裼衣（罩在裘衣外面的罩衣），在中堂和东楹中间接受圭玉。上摈退回，背向东塾站立。使者下堂，介按与进门时相反的顺序出门。使者出门。国君亲自把圭玉交给太宰，露出裼衣，捧着上面放璧的束帛进献。上摈进内报告国君，出门接受礼物。使者从门的左边进庙，像起初一样拱手行礼、谦让登堂，转达自己国君的命令，拿兽皮的随从张开兽皮。国君两次行拜礼，接过束帛，并派士接受兽皮。然后使者用璋向国君夫人行聘问礼，并进献琮，礼仪形制规格完全和聘问国君的礼仪一样。最后上摈出门请问使者还有何事，使者要报告说公事已经结束，只是他私人请求拜见国君。

上摈走进殿内报告此事，在出来辞谢的时候请求按照礼仪规格款待使者，使者象征性地辞谢一次后便听其吩咐行事。上摈进内报告，宰夫撤掉几改换筵席。国君像原先一样拱手谦让迎接使者进入。

使者手捧束帛，两人牵着四匹有装饰的马从门的右边进入，面朝北放下束帛，两次行拜礼，行稽首礼。传话的摈者辞谢，使者出门，摈者坐下取束帛，出门。牵马的两个属吏跟在后面出门，在东塾的南边面朝西站立。摈者请求按客人的礼节接受会见，使者辞谢一次就听从了，用右手牵着马进入庭中陈列。使者捧着束帛带领众介从门的左边进入，以西边为上位。国君像原先一样拱手谦让、登堂，面朝北两次行拜礼。使者躲避三次，转身向西，再转身向东，背向西墙站立，然后用衣袖向里掸拂束帛，进前与东楹平齐，面朝北交给国君。接受马的士从前边转身，从牵马人身后到他的右边，牵着马从使者前边往西然后出门，使者下堂，在西阶的东边为送马行拜礼，国君走下一级台阶辞谢。

摈者在出门之前会询问使者还有什么没有解决的事情，使者回答事情都已完成。摈者进去报告国君，国君给使者送行，询问使者的国君居处如何，使者回答，国君两次行拜礼。国君又问使者国家的卿如何，使者回答。国君再问询使者路途辛苦，介都两次行拜礼，行稽首礼，国君回拜，使者出大门，国君两次行拜礼送行。

使者请求向主国的大夫问询先前到馆舍慰劳的事，国君推辞一次，准许了。使者到馆舍，卿大夫到馆舍慰劳使者，使者不见，大夫把雁放下，两次行拜礼，上介接受。慰劳上介也是一样。

下大夫做摈者，摈者出门请问什么事，卿穿朝服到大门外迎接，两次行拜礼，使者不回拜。卿拱手行礼，先进大门，每过一门或转弯处大家都会拱手行礼。到庙门时，卿拱手行礼进入，摈者请求命令。庭中放四张鹿皮做礼物。使者捧着束帛进入，三次拱手行礼，并前行。身穿朝服的使者去拜访卿，卿若接受礼物必须在祖庙中进行。

国君派卿前往使者的馆舍送还圭玉，使者加穿裼衣到大门外迎接，不行拜礼，引导大夫进入，大夫从西阶登堂，从西楹柱西边绕过往东到堂中。使者在碑的北面听取国君的命令，从西阶登堂，从大夫左边过来面朝南接受圭玉，退后背向右站立。大夫下堂到中庭。使者下堂，在碑的北边面朝东，在东阶东边把圭玉交还给上介。上介出去请问何事，使者出迎，大夫如同原先进入一样行礼送还璋玉。使者露出裼衣，迎接，大夫赠送给使者一束色纱绢。行聘礼用的璧、束帛、鹿皮，都按送还圭玉的礼仪送还。大夫出门，使者送行，不行拜礼。

主国国君前往馆舍拜谢使者，使者回避。上介佐助使者听取国君的命令，为使者向国君行聘问、进献礼，向夫人行聘问、进献礼。国君返回，使者跟随到外朝请示，国君辞谢，使者返回。

使者在返回本国之前，在外朝将成双的禽鸟赠送给主国国君并行三次拜礼。主国侍奉使者的人听凭他行礼。使者启程，住宿在主国国都的近郊，主国国君派人像相见时一样赠送束帛，使者在住处门外接受,行如同接受慰问时的礼仪。国君派下大夫赠上介礼物,派士赠送众介礼物。士送他们到国境。

第二节 父慈子孝——古代父子之礼

父母对子女的慈爱不仅体现在日常生活的关爱中,还体现在对孩子的教养上。当然,对孩子的教养显得非常必要。反过来,孩子对于父母的教养应该怀有报答之心,用恭顺、尊敬的态度对待自己的父母,为父母养老送终。

一、父慈

作为父母,应该对子女怀有慈爱之心。在日常生活中,父母要对孩子关爱有加,同时还要进行严格的教育,教授子女如何做人、如何拥有高尚的品德,让孩子能够茁壮成长,并能够在文化知识、待人接物等层面有所建树。从这一层面来说,这是父母对子女的大慈。因为只有父母教授给孩子如何做人,才能让孩子成材,能够以德服人,从而能够在社会立足。否则,当子女长大之后,很难成为对社会有用的、合格的人。这就是父母的过错了,也是因为父母没有给予子女大慈的结果。

《三字经》中说:"养不教,父之过。"父母养育子女,如果不能给予子女严格的教育,那么父母就是有错的。在历史上,这一点做得比较好的就是孟母,孟母三迁的故事想必大家都知道,为了能够让自己的儿子健康成长,三次搬迁居所。

《三字经》还说:"首孝悌,次见闻。"这句话的意思是传授知识并不重要,而是让孩子知道孝悌之义,学会做人。《礼记·内则》中有一段在子女成长过程中的年龄段程式,其内容涉及多个层面,其中最重要的就是对礼仪规范以及行为举止层面的内容。这可以说是父母对子女每一个阶段的教育实践活动。例如,孩子到了可以自己吃饭的时候,父母应该教育孩子如何使用右手;开始学说话的时候，父母要教育孩子如何答话。

孩子到了 7 岁，父母应该区别男女，不能让他们同席共食。

孩子到了 8 岁，父母应该教授他们出入门户、就席吃饭，即要尊敬长者，谦虚礼让，后于长者。

孩子到了 10 岁，男女有所区别。对于男孩子，父母应该带他们外出求学，在外居住，跟随老师学习六书九数，衣裤都不用帛，穿孩童时的服装即可，避免奢侈，学习中要进退有礼，努力学习。对于女孩，父母要将其养在深闺之中，学习如何为妇。

到了封建社会后期，随着社会不断发展，整体文化水平不断提升。《礼记·内则》中所规定的父母对子女的启蒙教育已经与社会发展不相适应，因为这些规定主要是针对封建社会初期制定的，并且启蒙教育内容还仅体现在礼仪、生活这两个方面。

到了宋代之后，知识教育不断提升，父母仍旧承担启蒙作用。司马光《居家杂仪》中有关教子的规定就反映了这种变化，司马氏的训练程式包含以下几个方面。

（1）孩子降生之后，如果需要为孩子请乳母，一定选择那些谨慎、品行良好的妇女，以免对孩子的品行等造成影响。

（2）孩子能够自己独立吃饭之后，父母应该鼓励他们，并且教授他们使用右手吃饭。

（3）孩子能够说话时，父母要教授他们说自己的名字。等他们稍微懂点事后，父母应该给他们讲孝敬长辈，如果发现他们不尊敬长辈时，不能纵容，应该立即训斥。

（4）孩子到了 6 岁，父母应该教授孩子辨别东南西北。男孩在这时应该开始习字，女孩在这时要学习女工。

（5）孩子到了 7 岁，父母应该教授孩子男女不同席共食，并让他们学习《孝经》《论语》。

（6）孩子到了 8 岁，父母要教授孩子不能随便进出门户，要懂得礼让长者，教授他们学习《尚书》。

（7）孩子到了 9 岁，父母应该教授孩子读《春秋》及诸史，给他们讲解知识，通晓义理。如果是女孩，父母应该为其讲解《论语》

《孝经》《列女传》《女诫》之类,帮助他们略晓大意。

(8)孩子到了10岁以后,父母允许男孩子外出求学,并许可在外住宿。之后。只要回到家中,父母要给子女讲授"仁、义、礼、智、信"的哲理和忠、孝、悌、恕的道理。自此以后,可以读《孟子》《荀子》《扬子》,博览群书,并选择其中的精华进行背诵,严禁看非圣贤之书传,避免受其蛊惑。通读上述书之后,才可以开始学文辞。对于女孩,父母应该教授其温婉,帮助其熟练女工。

二、子孝

父母与子女之间的至深亲情源自人类的天性,因为它是以血缘为基础的,是一种最稳定的亲情关系。父慈子孝的父子之礼在家庭礼仪中占有重要的位置,历来受到儒家的重视。父子之礼实际上是指家庭中长辈与晚辈之间的礼仪,首先父母要慈爱,这是指父母在日常生活中对子女不仅要有关爱,还要进行严格的教育。《三字经》中说:"养不教,父之过。"首先要教子女言谈举止、待人接物之礼、孝悌之礼及文化知识,还要教子女如何做人以及该拥有怎样的高尚品德。

子女长大后要感恩于父母在生活上的照顾和关爱以及做人方面的教育,回报父母,这种礼仪属于孝道。孝道包含了孝敬、孝顺、孝养,家庭礼仪中属于孝道的行为有很多,这使我国古代出现了许多孝子,由此也形成了孝文化。孝文化传承至今,仍受到人们的遵循与提倡,因为孝是中华民族传统文化的精华,也是中华民族的传统美德。元代的郭居敬收集了古代二十四个孝子的故事,编成被后世广为传颂的《二十四孝》。

孝道既是一种礼仪,也是一种文化,作为文化是可以传播共享的。悠悠华夏,上下五千年,中华民族素以"礼仪之邦"著称,孝道是一种被人推崇的传统美德,是中国传统文化最为显著的特征之一,是几千年来最伟大的立国精神,是家庭和谐、社会安定的基本要素。千百年来,多少古圣贤的孝行故事感天动地,激励着历代中华儿女力行忠孝。它在协调人际关系、维护社会稳定、促进社会发展的进程中发挥了巨大的作用。

古人非常尊重孝道。唐朝狄仁杰为官清廉，秉政以仁，朝野赞誉。他常年在外做官，日夜思念父母，只要一有空闲就登上高山，遥望家乡方向的白云，回忆父母的嘱托，时刻不忘做一个好官，这就是历史上传颂的"望云思亲"的故事。人们用一首诗赞美狄仁杰的孝道之心："朝夕思亲伤志神，登山望母泪流频。身居相国犹怀孝，不愧奉臣不愧民。"

敬老、爱老、养老是中国孝道礼仪的美德，不仅古代的明君是敬老、爱老的典范，当今国家的领导人也是如此。

1919年，在湖南长沙的毛泽东听说母亲病重，立刻赶回韶山，可是由于母亲诸病并发，还是谢世了。毛泽东万分悲痛，跪于灵前，以泪和墨，含悲挥毫，写下了长达446字的《祭母文》。

呜呼吾母，遽然而死。

寿五十三，生有七子。

七子余三，即东民覃。

其他不育，二女二男。

育吾兄弟，艰辛备历。

摧折作磨，因此遘疾。

中间万万，皆伤心史。

不忍卒书，待徐温吐。

今则欲言，只有两端。

一则盛德，一则恨偏。

吾母高风，首推博爱。

远近亲疏，一皆覆载。

恺恻慈祥，感动庶汇。

爱力所及，原本真诚。

不作诳言，不存欺心。

整饬成性，一丝不诡。

手泽所经，皆有条理。

头脑精密，劈理分情。

事无遗算，物无遁形。

洁净之风，传遍戚里。

不染一尘，身心表里。

五德荦荦，乃其大端。

合其人格，如在上焉。

恨偏所在，三纲之末。

有志未伸，有求不获。

精神痛苦，以此为卓。

天乎人欤，倾地一角。

次则儿辈，育之成行。

如果未熟，介在青黄。

病时揽手，酸心结肠。

但呼儿辈，各务为良。

又次所怀，好亲至爱。

或属素恩，或多劳瘁。

大小亲疏，均待报丧。

总兹所述，盛德所辉。

必秉悃忱，则效不违。

致于所恨，必补遗缺。

念兹在兹，此心不越。

养育深恩，春晖朝霭。

报之何时，精禽大海。

呜呼吾母，母终未死。

躯壳虽瘝，灵则万古。

有生一日，皆报恩时。

有生一日，皆伴亲时。

今也言长，时则苦短。

惟挈大端，置其粗浅。

此时家奠，尽此一觞。

后有言陈，与日俱长。

尚飨。

同时还写了两副挽联。

其一：

疾革尚呼儿，无限关怀，万端遗恨皆须补；

长生新学佛，不能住世，一掬慈容何处寻。

其二：

春风南岸留晖远，秋雨韶山洒泪多。

读后令人感动，催人泪下。毛泽东在新中国成立前就提到孝道礼仪，他曾指出："要尊重父母，连父母都不肯孝敬的人，还能为别人服务吗？不孝敬父母，天理难容！"

孝在父子之礼中占有最重要的位置。儒家认为，孝是子女侍奉父母的行为准则，是天经地义的事。孔子就主张子女侍奉父母要竭尽其力。《孝经》通篇提倡行孝，宣扬"孝，德之本也""夫孝，始于事亲，中于事君，终于立身"等说教。理学家进而把孝与"天理"联系起来，程颢、程颐说："行仁自孝悌始，孝悌，仁之事也。仁，性也；孝悌，用也。"意思是说，"孝悌"是"仁"的具体实践，也是仁的外在表现形式。

第三节　夫义妇从——古代夫妻之礼

古代儒家提倡一种"夫为妻纲，夫义妇从"的夫妻之礼，指的是婚后夫妻相处时应遵循的行为规范。其实，夫妻之礼就是夫妇有义，丈夫对妻子的义是一种责任礼仪，这是古礼中对丈夫行为的约束。《大戴礼记·本命》有"三不去"之说，即"有所娶无所归，不去；与更三年丧，不去；前贫后富，不去。"其意是妻子如果已经无家可归，就不能休；和丈夫一起为公婆守了三年丧，这样的妻子不能休；曾与丈夫共患难，如今丈夫富贵了，他也不能休掉妻子。违背这三条的丈夫就是不义之人，就是违背夫妻礼仪之人。

旧时,要求妻子所遵从的礼仪就不那么公平了。古代要求女子遵从"三从四德","三从"是指"未嫁从父,既嫁从夫,夫死从子","四德"是指"妇德、妇言、妇容、妇功"。"四德"是对女子的品德、辞令、仪态和手艺做出的规范,它是女子出嫁前的"必修课",以免到了男家因不懂礼仪和规矩而被休回。古代,作为妻子要遵守这些礼仪规范,须端庄顺从、知耻守节、尊老爱幼、相夫教子、勤俭节约。如果违反了这些礼仪,轻者受责,重者会被休掉。

在古时所崇尚的夫妻之礼还有"相敬如宾"和"举案齐眉",它们是用来表示夫妻感情深厚、相互之间彬彬有礼的成语,这两个成语源于两则典故。

"相敬如宾"出自《左传》,说的是晋国大夫臼季奉命外出时,经过冀地,看见旧臣郤芮之子缺在除草。过了一会儿,缺的妻子把饭送来,并恭恭敬敬地双手将饭奉给丈夫,缺庄重地接过来,同样毕恭毕敬地祝福之后再用饭。缺之妻在丈夫吃饭过程中,一直恭敬地侍立一旁,等他吃完后,再收拾餐具并辞别丈夫离去。

"举案齐眉"出自《后汉书·梁鸿传》,说的是东汉扶风平陵人梁鸿,学富五车,在当时很有名气,女子孟光仰慕他的人品便嫁给他为妻。后来夫妻二人迁居到吴地,梁鸿为人舂米养家糊口。每当梁鸿回家时,孟光总是把饭和菜都准备好,摆在托盘里,双手捧着,举得与自己的眉毛一样高,恭敬地送到梁鸿面前。

第四节　兄仁弟悌——古代兄弟之礼

兄弟之礼是维护兄弟之间关系的规范。儒家对于兄弟之情是非常看重的,并将兄弟之间的关系与君臣、父子、夫妇之间的关系相提并论。古人认为,兄弟之间应该做到"兄友弟恭""兄仁弟悌",即在家庭中,兄长要照顾自己的弟弟,而弟弟也要对哥哥予以尊重,并怀有报答之心。

一、兄仁

在古代，规定了正妻的长子为嫡长子，可继承父权。他的子孙后代系统称为"大宗"，而他的弟弟们则称为"小宗"。妾所生的儿子都称为"庶子"。嫡长子所生的儿子也按照礼仪之规分大宗和小宗，这就是我国历史上的宗法制。宗法制的核心不仅仅是继承权，还拥有对胞弟的生杀权。由于宗法制区别了尊卑和长幼，人们又制定了一些礼仪来约束相关行为和权力，如"兄友弟恭""兄仁弟悌"。

俗话说"长兄如父"，如果父亲不在了，长兄就要担当起父亲的职责。如果弟弟的行为合乎正道，要赞赏他；如果不合乎正道，就要用礼来管教他、帮助他。

在儒家看来，兄弟间有长幼之分、高低之别。《白虎通义·三纲六纪》说，兄是接近的意思，即兄与父亲接近。刘熙《释名》说，兄是大的意思，即兄的地位在兄弟中更为尊贵。

兄弟间还有亲疏之别，有"嫡兄弟""庶兄弟""从父兄弟"等，其中"嫡兄弟"为同父同母，"庶兄弟"为同父异母，"从父兄弟"为父亲兄弟的儿子们。

在家庭礼仪中，兄弟礼仪往往分亲疏和长幼，规定兄弟所需要承担的责任和义务。《大戴礼记·曾子事父母》中对哥哥进行了规定，即要求为弟弟举行冠礼、婚礼，不能错过时间。

兄长对弟弟的仁爱还体现在祸福相同、忧乐与共上。兄弟间应该荣辱与共，共同享受幸福，共同分担痛苦。兄长爱兄弟胜过爱自己，有时候甚至可以牺牲自己的生命来保全弟弟。

二、弟悌

正因为兄长如父亲般对待弟弟，因此弟弟对待兄长也需要"恭"与"悌"。《礼记·内则》中规定：一家的嫡子、庶子要恭敬地对待嫡长子夫妇。嫡子和庶子即使富贵了，也不能去兄长家里炫耀。子弟中如果有人得到了最好的馈赠器物,需要将其贡献给嫡长子,次等的留给自己。如果不是送给嫡长子的,就不要带到家里。祭祀的时候,如果家境富裕的,需要准备两头祭祀用的牲口,把其中最好的给嫡长子。不管兄长如何对待自己,弟弟们都要尽心竭力,要做到诚心。

第五节　师教生尊——古代师生之礼

古人往往把教师与君王、父母并称,这样做的目的在于尊师重道。作为教师,责任在于传道授业解惑,同时还要善于对学生进行教育,教授他们做人的法则、处事的道理。学生也要尊敬老师,视他们为自己的父母,终身不能忘记他们的教养之恩。

一、师徒关系

学徒拜师学艺就是要学到一种谋生手段,对于那些贫苦农民、市民的子弟来说,一技在身意味着一生以至一家的温饱得到了保障,所以学徒自然对师傅产生尊敬和感激的心情。俗谚"一日为师,终身为父""名虽师徒,义为父子",正是这种心情的真实写照,这也同我国古代尊师的传统是一脉相承的。《管子·弟子职》中说:"先生施教,弟子是则。温恭自虚,所受是极。"食时,"先生将食,弟子馔馈。摄衽盥漱,跪坐而馈;先生有命,弟子乃食"。日常礼仪如"入户而立,其仪不忒""交坐毋背尊者""遂出(倒退着走)是去。""先生将息,弟子皆起,敬奉枕席,问所何趾""先生既息,各就其友;相切相磋,各长其仪"。所说虽系师生关系中的弟子的职责,却可以看到古代师徒关系的影子,而且由于拜师学艺涉及谋生大事,徒弟比学生更加恭敬温顺。

师傅收徒不仅可以得到拜师财礼,而且获得了廉价劳动力;同时,技艺后继有人,精神上得到了慰藉,从这个角度看,工匠是乐于收徒的。但旧中国经济不发达，原料，市场、客户有限，招收一名徒弟，就意味着培养一个潜在的竞争对手，甚至有可能危及自己的生计，即俗谚所谓"教会徒弟，饿死师傅"，因而师傅对徒弟往往十分严厉苛刻，在精神上树立宗法思想，使徒弟终生感恩，不敢欺师灭祖。正因为如此，学徒就要承担大量艰辛的劳动，忍受清苦的生活待遇。当然，并不是说开明仁厚的师傅不能同学徒建立起情同骨肉的关系，但这毕竟是少数。

师徒关系这种复杂性大体规定了学徒、出师礼俗的方向。

二、拜师礼俗

一般业者都参加了行会，所以收徒要受到行会的控制。行会为了保护全行业整体利益，防止某些店坊因增加收徒而扩大生产经营规模，导致行业内部竞争分化加剧，往往对收徒加以限制。一般规定一师带一徒，出一进一。在经济不景气的情况下，甚至停止收徒，如北京糖饼业就曾经规定，由光绪三十四年新正初一日起，3年内停止收徒。违者处罚，除退回多收徒弟外，还要缴纳罚金，或为同行演戏一台。有的行业，或因内部矛盾尖锐，或因市场狭小，或因技术精密，收徒除符合行规的要求外，还需要经过全行师傅同意，如景德镇的陶瓷业，收徒者需挑着红篮走过一条街，反对的工匠可以用武力阻拦，战胜者方可收徒。

此外，有的行会还规定了不收外省徒弟（如长沙裱糊业）、兄弟不能同师（如景德镇陶瓷业）、父子不能同门（梨园业）等。至于学徒的年龄，一般限制在 10 岁到 17 岁之间，对于身体柔韧性要求较高的行业，如戏曲、杂技业的学徒五六岁即开始学艺。

至于师傅，由于对自己技艺的珍视，希望传业得人，也为了避免纠纷，所以收徒也有一些条件。首先，要求徒弟具备举荐人（或称保荐人、保人）。举荐人应该是师傅熟悉信赖的人，或有一定财产、地位的人，有的要求徒弟具备"铺保"。这是为了在师徒或师傅与徒弟的家庭发生纠分时，如犯规、犯法、伤病、走失、死亡等，由保人居中调停解决。其次，是对学徒的人品、素质进行考察。这些考察一般不公开进行，常常通过日常生活小事来了解。例如，把钱、财、食物放在显眼的地方，观察投师者会不会偷取；或者留投师者吃饭，观察他是否勤快、是否能够随机应变。剃头业、木匠业等师傅则观察他拿筷子等动作是否灵巧，能否掌握专业技艺。对于从业者素质要求较高的行业，如戏曲、杂技等业则公开考核投师者的才能。这些考核一般都当时进行，有的行业也规定了试徒半年的期限。

中国传统以为师徒关系仅次于父子关系，即俗谚所谓"生我者父母，教我者师傅""投师如投胎"。有的行业，一入师门，全由师傅管教，父母无权干预，甚至不能见面。建立如此重大的关系，自然需要隆重的礼仪加以确认和保护。一般拜师礼仪分成四个程序。

第一，拜祖师、拜行业保护神。表示对本行业的敬重，表示从业的虔诚。同时，是祈求祖师爷"保佑"，使自己学业有成。拜神，一般要烧红烛一对，点高香三柱，隆重的还要供奉三牲，从简的也要敬献茶点果品。然后，由师傅引导徒弟向行业神像或神位行三拜九叩大礼。有的是由师傅先行礼，向祖师禀告收徒始末，再带徒弟行礼。有的行业在行礼后，学徒还要跪读誓词、祝词、祷词，内容大多系表敬祈福的。

第二，行拜师礼。一般是师傅、师母坐上座，学徒行三叩首之礼，然后跪献红包和投师帖子。如果师叔、师兄在场，学徒要向师叔三叩首，向师兄三作揖。红包内包现钱，等于学费。有的行业要交双份，另一份交给行会。费用的数目一般在事先议妥，但不会太低。投师帖子，实际就是拜师契约，明文规定了师徒的权利义务和不履行合约的处罚条款。由徒弟（或其家长）和保人签字画押。现录河北邢台某鞋店学徒的投师帖子，以见其概："立字人×××，因家贫人多，情愿送子×××到邢台文盛德鞋铺当学徒。经×××说合，定明四年为期。提水做饭，擦桌扫地，只许东家不用，不准本人不干。学徒期间，无有身价报酬。学满之后，身价另议。如有违犯铺规，任打任骂。私自逃跑，罚米十石。投河奔井，与掌柜无干。空口无凭，立此为据。"

第三，师傅训话，宣布门规及赐名等。训话一般是教育徒弟尊祖守规，勉励徒弟做人要清白，学艺刻苦等。譬如，越剧业，师傅训话前把戒尺供在唐明皇（行业神）神主前，说："大家都是同行，要有三分义，大家要和好，认真学戏。我话胜过骂，骂胜过打，顶好勿要犯打。"有的行业，还要宣布门规。所谓门规，是师门（或同行）历代相承的规矩，并无统一规定，主要涉及职业道德、人品修养、学艺规矩、生活守则等内容。现录两种门规如次。戏曲某师门规："不许台上翻场，不许当场损人，不许当场开撬，不许在台上看场面，不许在台上看后台，不许顿足，不许私窥前台，不许笑场，不许错报家门，不许临时告假，不许临时推诿，不许临时误场。""医药某师门规：不准借端报仇，毒药杀人。看病不分贵贱，不分远近。不调戏妇女。不背师叛教。"

某些行业，拜师时还要由师傅赐名。有的只改原名的一个字，再加上师门行辈的一个字，组成新名。例如，原名李进保，师门行辈为"义"字，可能就改成李义保。有的行业是把原名全部改掉，当然有的行业并不改名，并无统一规定。

有的行业，师傅训话、赐名后，还有些特殊礼仪。例如，越剧业，由师傅用新狼毫笔，沾上溶于酒的银朱颜料，在徒弟眉心上涂一下，称为"点眉心"。意思是这样就点开了聪明孔，学艺时可以精神集中，思想开窍，上台不会怯场。

第四，举行拜师宴，宴请师傅一家、师叔师兄、保荐人、师门亲友等，丰俭无统一规定。

三、学徒生涯仪规

（一）学徒年限

中国最早规定学徒年限的记载，见于《新唐书·百官志》，其中规定：细缕之工，4 年。车辂乐器之工，3 年。平慢刀稍之工，教以 2 年;夭镞竹漆屈柳之工,半年。冠冕弁帽之工,九月。显然是以技艺的难易为确定学徒期限的标准。后代虽然也基本如此,但一般规定为 3 年。这可能是由于技术难易虽有公论,但容易各持一端,自以为难;而期限愈长,对师傅愈有利,所以都愿意延长期限,这自然对学徒及其家庭不利,造成不少纠纷,所以趋向于取其平均值。当然,技艺确实复杂,3 年内不可能出师的,也可以延长。

(二)学艺规矩

一般来说,第一年干杂活,带有见习性质,主要是熟悉工序、交易仪规等。所谓杂活,除了生产、经营方面的事情外,还要负担坊铺的卫生、伙食、伺候顾客等杂务,甚至要为师傅、师傅的家属干家务,等同仆役。这种杂务要一直干到满师,所以俗谚有"徒弟徒弟,三年奴隶"的说法。当然也有一些行业,徒弟待遇较好。例如,北京典当业,徒弟不做杂役,不伺候师傅、店主,不受打骂,甚至吃饭都有人盛好,没有活计时可以坐着休息,比之"奴隶",可谓天堂般的生活,但这毕竟是少数。

第二年,主要练习基本技能,如理发业就让徒弟在成熟的冬瓜上练习刮去细毛。一般要经过长期反复的过程,甚至要进行超负荷的练习。例如,戏曲业的鼓手,手腕上要系以重物,这样才可以使技能过硬。

第三年,开始学习一般技术。授艺的方式,也并非全由师傅把着手教,往往是略示一二,跟着师傅做而已,即俗谚所谓"师傅引进门,修行在个人"。有的甚至是由师兄或其他工匠代为授艺。至于秘诀绝技,一般徒弟根本学不到。艺匠常谓"一招鲜,吃遍天",授人以秘,则何鲜之有? 这固然是其自私心态的反映,但残酷的市场竞争,也促使师傅"留一手"来保护自己的利益。这种观念根深蒂固,甚至发展到绝对化,如绝技有"传子不传女"之说,因无子而失传的事也屡见不鲜。此外,近世又流行"学三年,帮一年"的规矩,其实质就是变相延长学徒期限,正因为如此,师傅在 3 年内更不会把技艺教全,徒弟只有在"帮一年"的时候,才可能掌握比较全面的技术。

当然，上述内容比较突出了师徒关系中利害冲突的一面，这并不排斥师徒之间对立较少情同父子甚至超过父子的现象。

（三）学徒的生活仪规

由于徒弟一般随师傅居住在作坊、店铺或师傅家中，因而衣、食、住、行等方面都需要有一套仪规加以调整。

（1）衣。一般由师傅供应。一年发给一套棉衣、两套单衣。有些行业还供应工作服，如铁匠的大围裙、商店接待顾客时穿的大褂。但涉及物资的行业，学徒的内外衣裤不准安兜，不准戴荷包，以免藏掖；某些涉及贵重物资的行业，学徒下工时，往往还要搜身。

（2）食。大型的或伙计较多而自行开伙的作坊店铺，学徒随伙计吃饭。规模较小的或在雇主家用饭的，徒弟随师傅进餐。如果没有炊事人员，徒弟要帮灶，给师傅、雇主盛饭，并坐末座。师傅、雇主未举箸前，徒弟不能先吃。吃菜时，只能夹眼前碗碟的，不能伸长胳膊或站起来。吃饭要快，不能贪多，要在师傅、雇主前吃完。饭后，筷子要平放在桌上，不能交叉。也不能去休息，要帮助收拾餐具，或准备、整理工具和材料。一般作坊商店的伙食较清苦，待遇好一点的，初一、十五可以见到荤腥，否则只有（端午、中秋、春节）三节才能改善伙食。

（3）住。一般规模较小的坊铺，学徒没有专门住宿的房屋、床铺，只睡在空闲的地方，甚至在灶头、柜下临时搭铺。规模较大的坊铺，可以同工匠睡统铺。一般在业主、师傅就寝后，或他们允许了才能睡觉。

（4）行。师傅、师兄辈在场时，若不发话，徒弟只能两旁侍立。同行时，师傅、师兄辈先行，进门时要侧身相随。说话时不能高声喧哗，答话时更要低声下气，师辈们说话，不能插嘴。

（5）劳动时间。一般从天亮开门，一直劳动到掌灯，没有午休；商店或活计忙的作坊还要加夜班。作坊除三节外，平时没有休假,商店则只有春节才能休息五天。休假期间,不能回家,甚至也不准家长探视。

（6）收入。学徒没有工资,即便随师傅外出干活,收入也归师傅。但每月发给有限的剃头钱,逢年过节发给一些买鞋钱,数量都很微小。个别行业也有发给零用钱的。

（7）伤病。一般小伤小病要坚持劳动,实在不能干活了才可以歇工。病情伤势严重的,遣回家中治疗,家在外地的才由业主请医抓药,但伤病十分严重的也要遣送原籍。

（8）文化娱乐。除个别行业如刻字、书坊、印刷、会计、医药等业,一般不提倡,甚至不准徒弟学文化以及参加娱乐活动,学徒也没有时间和财力去听戏游逛。唯一可以自娱的时间,只有三节休假时候。

（9）地位。学徒在同行中地位最低,一般不能加入行会,更不准加入"西家行"（即工人行会）,甚至出师后还要有一定年限、手续方可入会。但有的行业也可能允许徒弟入行,如北京牛骨行会规定:学徒每月入款 300 文,倘若不准入行,也就无须每月交费了。

四、出师礼俗

出师是学徒人生历程的重要门槛,自然要谢师和庆祝。对于师傅、行会来说,事业后继有人,是行业延绵发达的喜事,但也带来新的竞争对手,所以也需要祝贺,并施行礼仪约束。

（一）出师礼仪

一般是徒弟先向祖师敬献供品、叩拜,然后向师傅、师母行三拜九叩大礼,感谢教养之恩。有的还要送红包。师傅一般要退回"拜师帖子",并赠送一份工具。有的行业要向祖师牌位跪诵祭告词。现录木匠祭祖文一篇:"惟××朝。岁在×年×月×日之吉时,班门弟子×氏,谨以香帛酒醴,庶羞不腆之仪,祝告于祖师公输夫子之神而言曰:伏以! 木有根,水有源。江湖发源于昆仑。

今有弟子××门下×生，蒙祖师在天之灵，承天地相佑之功，今三年学徒期满，学业亦见小成，按礼准其下山，任其放缰驰骋，兹日下放，正式成为教内之人，特告于祖师之前。善哉！先师有遗言，尔应铭在心。守吾本教宗旨，赤心为国为民，谨遵三规五戒，逢生不可胡行。发扬祖师利人之德，勿负业师教育之恩。付汝开山斧子一把，不能用它挣一座金山，只可在人间刻一个名字。从此为匠，业精于勤，愿尔记此示，有志事为成，今日谢师，敬请天地、元皇、祖师及殿前千千祖师、万万师尊、当坊土地及一应神灵，前来享受馨香，共饮喜酒一盅。伏以，伏以，神其来降！谨祝以闻。"

不进行告祖仪式的行业，也有类似内容的勉励之词。

最后，举行谢师宴，宴请师傅一家、师叔辈、师兄辈、行会同仁、重要主顾等。宴请不单纯是庆贺，并且还有把徒弟引荐给客人们的用意，以便今后独立开业时有所照顾。

当然，有些行业禁止摆谢师酒，如长沙裱店行规规定：出师，原请各店家设席三桌，今议免酒席，只出钱二串文。若满师之日，不出钱入公，公议各店不雇请；如有不查明白误雇者，罚钱一串文，除罚外，原在某师学习，罚某师赔此徒弟出钱二串文，均系入公。

（二）出师后的规矩

帮师一年，付给工匠一半的工资。

不准抢师傅生意。

由师傅引荐加入行会，不能自行入会。

有的行业，还需要由原师保荐，别店才可雇用，如北京牛骨行规定：学徒虽学满出师者，无本号掌柜作保，他号不准雇用。北京皮箱业规定，徒弟出号时，无师傅引荐，不许擅用。

这些规矩带有把师徒关系无限延长的性质，并且从行规角度控制了新的竞争对手，保护原有工匠利益，反映了旧中国师徒关系的封建性。此外，还有些不成文的礼俗，如逢年过节，徒弟需备礼物探视师傅；师傅有病有事，徒弟随时有义务去帮忙、侍候等。

第七章　天之经也,民之行也——古代日常交际礼仪

我国是文明世界的礼仪之邦,作为文明标志之一的传统交际礼仪源远流长,在传统文化中占有重要地位。这不仅因为我国传统交际礼仪自成体系,闪耀着璀璨的民族文化特色,而且因为我国传统交际礼仪曾经是礼治的基础,并一向被视为法治的必要补充,在社会整体中发挥着调节人际关系的重要职能。本章重点介绍古代日常交际礼仪的相关内容。

第一节　温良恭谦让——古代交际礼仪

人们在社交活动中讲究礼仪,不但会赢得对方的好感、显示自己的修养与风度,而且会在自己与人交往、特别是在遇到问题和困难时收到意想不到的效果。所以,我们必须注重日常礼仪,说话有尺度、交往讲分寸、办事重策略、行为有节制,这样才能给别人留下良好印象,别人才容易接纳你、帮助你、尊重你、满足你的愿望。可以说,人际关系的好坏是决定人生成败的重要因素。

一、社交礼仪概述

一般来讲,社交礼仪泛指人们在社会交往活动过程中形成的应共同遵守的行为规范和准则,其主要表现在礼节、礼貌、仪式、仪表等方面。具体来说,礼节是礼貌、品德、修养和风度的具体表

现形式，其核心是友善和尊重，如《礼记·儒行》记载："礼节者，仁之貌也。"礼貌指人们在相互交往过程中表示敬重、友好的行为规范。仪式是指在一定场合举行的具有专门程序、规范化的活动。仪表指人的外表，包括容貌、服饰、姿态、举止等方面。现代社交礼仪是现代人们用以沟通思想、联络感情、促进了解的一种行为规范，是现代交际不可缺少的润滑剂。

（一）社交礼仪的特征

社交礼仪的规范性告诉人们：应该怎样做，不应该怎样做；怎样做是对的，怎样做是错的。其主要表现在如下三个方面。

其一，仪表上，在不同的场合应该穿适合的服装。例如，商务谈判无论男女都要穿正式的商务服装。

其二，语言上，人们无论谈论什么事都要运用礼貌语言。例如，分手时说声"再见"，接电话时说声"您好"以及在交际中双方所使用的都是比较规范的礼貌语言。

其三，行为上，在社会交往中的行为也要遵循一定的规范。例如，人们见面时以握手等行为表示礼貌，用招手表示再见，特别情况下还要用拥抱、亲吻表示问候和告别。

（二）社交礼仪的原则

1. 平等谦和

平等是人际交往的基础，谦和就是谦虚随和的意思。要想与更多的朋友友好往来，首先自己要从平等的角度出发，也就是说不能我行我素、厚此薄彼，更不能目中无人、傲视一切。在日常生活中，我们应该做到不以貌取人，不以权势压人，时时处处平等谦和待人。谦和是我国传统的美德之一，只有一个人在内心谦虚时，外在的举止、言谈、态度才能表现得彬彬有礼，才能从别人那里得到教诲；随和在生活中表现为平易近人、热情大方，显示出虚怀若谷的胸怀，这是拥有较强的调整人际关系能力的一个重要方面。

2. 真诚尊重

有人曾把社交礼仪的基本原则概括为"充分地考虑别人的兴趣和感情",这一点并不过分。在与人交往的过程中,尊重是交往的基础,也是礼仪的根本。在社会交往中,人与人是平等的,尊重长辈、关心客户不但是自身素质修养的体现,而且是一种可贵的礼仪行为。真诚是对人对事的一种实事求是的态度,是待人真心真意的友善表现,具体表现为对人不说谎、不虚伪、不骗人、不侮辱人,相信他人、尊重他人。所谓心底无私天地宽,真诚的奉献才有丰硕的收获。只有真诚尊重对方,方能使双方心心相印,友谊地久天长。此外,尊敬人还要做到入乡随俗,尊重他人的喜好与禁忌。总之,对人尊敬和友善是处理人际关系的一项重要原则。

3. 信用宽容

孔子曰:"民无信不立,与朋友交,言而有信。"我们在社会交往中就应注意如下两点。

其一,守时,与人约定时间的约会如会见、会谈、会议等,要统筹安排时间,绝不拖延迟到。所有人对于这一点都是清楚的,但是真正事事做到的人可以说几乎没有。曾有这样一个报道,大意讲的是在上海国人与德国人谈生意,因为我方领导迟到而使德国人取消签约的事。

其二,守约,俗语曰:"言必信,行必果。"无论是和单位签订的协议、约定,还是个人口头答应的事,说到就要做到,这也是社会交往中十分重要的一点。

一般来说,如没有十分的把握就不要轻易许诺他人,许诺做不到,反落了个不守信的恶名,从此会永远失信于人。

中国传统文化历来重视并提倡宽容的道德原则,并把宽以待人视为一种为人处世的基本美德。对于宽容而言,宽即宽待,容即容忍。宽容就是心胸坦荡、豁达大度,能设身处地地为他人着想,谅解他人的过失,对不同于自己和传统观点的见解能耐心公正的容忍，不计较个人得失，有很强的容纳意识和自控能力，总是站在对方的立场去考虑一切，是人生中一种较高的境界。对人保持宽容，凡事想开一点，眼光看远一点，善解人意、体谅别人，才能正确对待和处理好各种关系与纷争，为自己成功的社会交往打下一个良好的基础。

4. 自信自律

自信是社交场合的一份很可贵的心理素质。一个有充分信心的人，才能在交往中不卑不亢、落落大方，遇强者不自惭，遇到磨难不气馁，遇到侮辱敢于挺身反击，遇到弱者会伸出援助之手。自律就是在与人交往时，既要彬彬有礼，又不能低三下四；既要热情大方，又不能轻浮诙谀。要自尊不要自负，要坦诚但不能粗鲁，要信人但不要轻信，要活泼但不能轻浮。此外，人际交往中还要注意各种不同情况下的社交距离，也就是要善于把握沟通的尺度。

只有掌握并遵循社交礼仪原则，做到待人诚恳、彬彬有礼，在人际交往和商务活动中才会受到别人的尊敬。

（三）社交礼仪的种类及作用

社交礼仪大体可以分为如下两大类：一类是日常社交礼仪，通俗地说就是非正式场合中需要讲究的仪式和礼节，它们主要包括：称呼、介绍、致谢、致歉、告别、握手等生活中最为普通的礼节；另一类是公关场合社交礼仪，指一些特定环境下的人们交际活动中常用的礼仪，它主要包括会议、晚会、宴会以及婚、丧、嫁、娶等各种集体或团体的活动。

社交礼仪是人们沟通交往的桥梁，也是现代社会进行公关商务活动的载体。社会需要礼仪，人类需要沟通。此外，礼仪是个体与群体的协调器，每个人都是社会舞台上的演员，既要演好自己的戏，又要善于与其他角色协调配合。

二、常见的古代社交礼仪

中国素有"礼仪之邦"之称,"礼"在传统社会无时不在:出行有礼、宴饮有礼、婚丧有礼、寿诞有礼、祭祀有礼、征战有礼等。这里就日常交往中的传统礼仪择要介绍。

(一)行礼方式

1. 正规揖礼

左手压右手(女子右手压左手),手藏在袖子里,举手加额,鞠躬 90°,然后起身,同时手随着再次齐眉,然后手放下。

2. 一般揖礼

直立,两臂合拢向前伸直,右手微曲,左手附其上,两臂自额头下移至胸,同时上身鞠躬 45°。

3. 拱手

类似揖手,只是身子和胳膊不用动。

4. 颔首致意

颔首也称"颔首礼"或"点头礼",作为一种答礼,现一般用于上级对下级、长辈对晚辈以及同辈之间。在古代,两名同级官员相遇时,行揖手或拱手两次。地位不同时,低级者向右侧移动,揖手两次,高位者点头答礼。如果地位差距较大,同上,高位者可以不答礼。现多用于如下几种场合:同级与同辈在路上相遇时,又未戴帽,可边走边点头致意;对于同一场合已多次见面的相识者或者朋友等也可点头来表示致意。

5. 女子"万福"

最初女子行"万福"礼时,首先是举手齐胸,但在左胸侧,后来演化为手轻轻搭于左胯处即可，然后右脚后支，庄重缓慢的屈膝并低头，这一姿势后来也演化为微微屈膝并低头，同时口道"某某万福"。

（二）拜贺庆吊

1. 拜贺

中国自古就十分重视人际交往，礼尚往来在我们心中根深蒂固。在日常生活中，拜贺是重要的交往活动之一，其有许多仪礼俗规也是必须要遵守的。拜贺礼一般行于节庆期间，是晚辈或低级地位的人向尊长的礼敬，同辈之间也有相互的拜贺。例如，古代，元旦官员朝贺，民间新年拜年之礼，行拜贺礼时，不仅要态度恭敬，口诵贺词，俯首叩拜，也得有贺礼奉上。据历史记载，拜年的这一礼俗源于古代宫廷中的元日（即新年的第一天）朝会。在我国汉代，每年的元日清早天还不完全亮时，文武百官纷纷从府中出发，约在天刚亮时齐集宫门来向皇帝行贺年礼，皇帝这时要为百官赐宴，共度佳节。

元日朝会发展到了唐代，各种礼仪表现得更为隆重。据史料记载，当时唐代皇帝不仅要受百官朝贺，而且当时边远地方的属国首领（有时是使臣）前来奉礼恭贺，其仪式十分隆重。宋代的朝会礼仪更向程式化发展，仅仪仗队伍就达 5 000 人。明清时期的朝贺从半夜就开始一直要进行到元日中午，可见其仪式之繁。中国社会的家国同构性促使封建的官方典礼在民间各个家庭内部模拟性地再现，"于是长幼悉正衣冠，以次拜贺"。

这种拜贺礼仪在今天演变为广泛的拜年活动。拜年首先是家拜，即家中小辈给长辈磕头。然后是近拜，即给本族长辈拜年。其次是远拜，即本村邻里好友互相拜年。可见，朝会古俗对国人潜意识的影响。此外，过年吃饺子，但是饺子在宋代称为"角儿"或者"角子"，因其颜色形状类似"银角子"（金的称"元宝"）而得名。明代始改为"饺子"。饺本来是指饧糖，以其粘湿如胶故称饺。明代以后专指过年食品饺子，其饧糖的含义遂失。吃饺子寓意为招财进宝,新年发财。

2. 庆吊

庆即是贺喜,吊也就是唁丧,庆吊之礼泛指人与人往来中贺喜、吊唁的礼节。例如,在罗贯中的《三国演义》第四十二回中,刘琦疑惑地说道:"东与我家有杀父之仇,安得通庆吊之礼。"在我国古代,庆吊之礼一般体现在人生大事中。人的一生要经历诞生、成年、婚嫁、寿庆、死亡等若干阶段,围绕着这些人生节点形成了一系列人生礼仪。子孙繁衍是家族大事,诞生礼自然隆重热闹。婴儿满月时,亲戚朋友纷纷上门恭贺,并馈赠营养食品与幼儿鞋帽衣物。

小孩长大成人时要行成年礼,即冠笄之礼。婚嫁自古就是人生的大事,大婚之日亲友纷纷前来恭贺,主人要大宴宾客。寿诞礼一般在四十岁以后开始举行。生日那天有庆生仪式,亲友送寿礼致贺。最后一道人生仪礼是丧礼。中国人重视送亡,丧礼发达。人死于正命是白喜事,亲戚朋友都来吊唁。为了表示哀悼心情,人们要奉上挽联、挽幛或礼品、礼金。亡者一般在三五天内入殓安葬。拜贺庆吊之礼显示了人们相互扶助的社会合作精神与社会团结的气象。

第二节　形象重于泰山——古代个人礼仪

人是礼仪的行为主体,所以个人礼仪是各类礼仪的基础。个人礼仪是社会个体的生活行为规范与待人处世的准则,主要包含如下四方面的内容:仪表、仪容、仪态和言谈举止。这四个方面都是我们每个人生活行为规范与待人处世的准则,是一个人道德品质、文化素养等精神内涵的外在表现。个人礼仪无论是古代还是现代都是个人道德品质、文化素养等综合素质的外在表现。

一、个人礼仪概述

(一)个人礼仪的概念与特征

一般来看,个人礼仪作为个人综合素养的综合体现具有如下特征。

1. 以个人为对象

从个人礼仪的概念可以看出,它是对个人行为的种种礼仪性规定,而不是对社会团体或组织行为的限定。但由于每个群体都是由一定数量的个体所组成的,每一个社会组织也都是由一定数量的组织成员所构成的,因此个人行为的良好与否将直接影响着群体、社会组织乃至整个社会的生存与发展。所以,良好的个人礼仪、规范的个人行为是促进社会文明有序发展的重要方面。

2. 以修养为基础

个人礼仪不是简单的个人行为表现,而是个人的公共道德修养在社会活动中的体现,它反映的是一个人内在的品格与文化修养。若缺乏内在的修养,个人礼仪对个人行为的具体规定也就不可能自觉遵守、自愿执行。只有"诚于中"方能"形于外",因此个人礼仪必须以个人修养为基础。

(二)个人礼仪的意义

从小的方面来看,个人礼仪是个人的文明行为,但是从国家角度来看,它属于社会文化范畴,是一个国家文化与传统的象征。我国自古就有"礼仪之邦"的美誉,从古至今一直就十分崇尚"礼",也极为重视礼仪教化。历代君主、诸路圣贤均把礼仪视作一切的准绳,认为一切应以礼为治、以礼为教,如《论语·为政》中说:"道之以政,齐王以刑,民免而无耻;道之以德,齐王以礼,有耻且格。"还有《天子》记载的"礼仪廉耻,国之四维",直接将"礼"列为立国四精神要素之首。可见,个人礼仪对一个国家的影响之大,也突出了个人礼仪的社会作用。

(三)个人礼仪的培养与形成

良好的个人礼仪、规范的处事行为并非与生俱来的,也非一日之功,要靠后天不懈努力和精心教化才能逐渐地形成。因此,个人礼仪也有一个由文明的行为标准转变为个人自觉行为的渐变过程。

1. 形象气质

气质是指个人的个性特征、风格以及气度,是一个人综合修养的外在表现。在生活中,无论一个人的气质是聪慧、高洁,还是粗犷、恬静,都能产生一定的美感,但是奸猾、孤傲、冷僻的气质只能使人厌恶。比如,在生活中有的人装扮和别人没什么不同,但在人群中显得很出众,容易引起别人的注意,其实就是他们的自身形象与气质吸引众人的目光。

从礼仪的角度出发,在现实生活中,仪容仪表美是外在的形象,而气质美是内在的美,所以我们不但要讲究美丽的容貌、时髦的服饰、精心的打扮、外在的美感,更要讲究不受年纪、服饰及打扮局限的内在气质美,这才能真正展现一个人的人格魅力。

2. 素质修养

在当今社会中,一个高素质、高修养的人具有如下一些特点。

(1)诚信守约

自古以来,诚实守信就是中华民族的传统美德,一个人能够在社会上立足,靠的是信用。随着现代生活节奏的加快和生活形式的多样化,首先需要增强的就是时间观念。参加各种活动要守时,不论什么原因,迟到都是一种失礼的行为。一般情况下,不能按时赴约要事先通知对方,以免让人久候,误会自己对别人有怠慢之嫌。当然，过早到也不好，从某种意义上讲也是不懂礼仪的表现。

（2）谦虚随和

古人说："满招损，谦受益。"谦虚是受人欢迎的良好态度，社交场上任何自傲情绪的流露都会成为你通向成功之路上的障碍。社交场合中切记不可因曾帮助过他人而说出来炫耀，特别是对方或对方的至亲好友在场时；不因自己比他人多一点知识或一技之长而津津乐道；不因自认为比别人强而以比别人高一头的姿态出现，这样会与别人产生距离。

（3）理解宽容

理解是情感交流的基础，是个人礼仪的根本，也是成功交际和建立友谊的桥梁。一般来讲，在日常生活中"理解"所包含的内容十分广泛。首先，理解别人的行为习惯。不同国家、不同种族的人的习惯往往相差甚远，有时会是截然相反的。比如，对于收礼物时，我国的礼仪一般是不会当着客人的面打开，而西方国家却完全相反，如果不当面打开那就是失礼了，所以理解别人的行为习惯不能不说是个人礼仪的一个重要方面。其次，还要理解别人的情绪、情感以及立场观点等。理解往往是朋友之间珍贵的帮助和支持，生活中、工作上有人和自己看法不一致、伤了你的面子、侵犯了你的利益时，只要无碍大雅都要适当地给予宽容、理解，这正是自己的修养、品德的体现。

（4）和善亲切

只有发自内心地去爱别人，去关心帮助别人，才会对人和善亲切、彬彬有礼，否则对别人的态度就会粗野、放荡。不单对自己的家人要有爱心，对别人也应有"爱人如己"的精神，要热情、亲切、自然、真诚。切忌虚假过分的热情，应该掌握热情的尺度，否则会使人陷入一种十分别扭而又不知如何是好的境地。无论说什么、做什么，需由内心发出。帮助别人需诚心诚意，不带有目的。

二、常见的古代个人礼仪

（一）坐立行走

众所周知，席地而坐是古人的一种日常起居习俗，其起源于商周时期，并且一直延续到我国的唐代时期，绵延约 2 000 多年，其历时可谓长矣。所谓席地而坐，也就是在地上铺上一张席子，然后有客人来请其坐在上面，当然家庭里的人也是坐在上面的。

在古代，席又分为以下两种。

其一为筵。筵也就是竹席，铺于室内地面，隔开土地使地面看起来更整洁美观，一般室内满铺筵，所以其形制很大。正是因为如此，古人入室前要脱鞋才成为一种礼节，以免将污泥尘土带入室内，踏脏铺筵。《吕氏春秋·至忠篇》中记载了这样一个有关入室脱鞋的礼仪故事：一次齐王得重病，卧床数日终不见好，后来当时著名的大夫文挚经过对齐王的病细查后，得知他只是虚病，只要激怒病自然会全痊。于是，文挚就采用了入室不脱鞋这一办法，结果齐王见文挚"不解履"入室，且"登床，履王衣"，勃然大怒，竟下令将其活活烹死了。可见，当时人们对入室脱鞋之礼是何等的重视！

其二为席。席一般用蒲草编制，成长方形，置于筵上，为了隔潮而垫于身下，可铺几重，这与筵只铺一层不同。在古代对于席铺几重也有着严格的规定。据《礼记·礼器》记载："天子之席五重，诸侯三重，大夫两重。贫困人家无席；对于贵族来说，居必有席，否则违礼。"有关坐席的礼仪古人也十分讲究，如《礼记》曰："父子不同席""男女不同席""有丧者专席而坐"。还有论语中也记载："席不正不坐。"所谓正，指席的四边应与墙壁平行，在古代，席正表示对客人的尊重。

在礼仪之邦的中国，对于古人坐姿也可以细分为如下几种。

其一为席地而坐，也是古人的常见坐姿，其姿势是这样的：两膝跪在席上,两脚背朝下,臀部落在脚踵上。坐姿像跪但又不同,主要是跪时身体要耸直,臀部不得落在脚踵上。

其二为跽,也称"长跪",如《孔雀东南飞》中记载有"府吏长跪告"。其具体姿势是:在席地而坐时,若臀部抬起离开脚后跟,上身挺直,这时人的身体似乎加长,这是一种将要站起来的准备姿势。这种姿势有时是表示对别人尊敬的意思,有时表示跽者将有所作为。

其三为蹲居,也称"居",是古代一种较为省力的坐法,其姿势具体是:脚板着地,两膝耸起,臀部向下而不贴地,像蹲一样。

其四为箕踞,是一种极为随便的坐法,也是古人认为最不恭敬的坐法之一。其具体姿势为:臀部贴地,两腿分开平伸,上身与腿成直角,形似箕踞,故曰"箕踞"。虽然我们现代人常常这样坐,看似随意自然,其实这种"箕踞"的坐法在古代是一种对别人极不尊重的行为。

古人对站立的要求也十分严格,如《礼记·曲礼上》记载"立如齐""立勿跛""立不中门",就是说站立必须不跛不倚,呈立正姿势,而且不能站在门的中间。接受别人之礼,必须站立而不可坐,以示尊重。在古代,为了注意人际关系的处理,对于行走的礼节也很多。古代士大夫外出是不步行的,如孔子在不做官后说:"吾从大夫之后,不可徒行也。"但是,人总得走路,而士大夫们的走路就有很多的规矩,成为礼的一部分。据《释名》记载:"两脚进曰行,徐行曰步,疾行曰趋,疾趋曰走。"此外,《尔雅》曰:"室中谓之时,堂上谓之行,堂下谓之步,门外谓之趋,中庭谓之走,大路谓之奔。"

从以上记载可以看出,古代的行即走路,走即跑,步即徐行,奔则是跑,趋就是小步快跑。从礼仪的角度来看,趋是恭敬的动作,有"趋礼"的记载,如《曲礼上》:"帷薄之外不趋,堂上不趋,执玉不趋。"也就是古人常说的,即帷薄之外的人看不到里面的人不必趋,堂上地方狭小不必趋,执玉担心将玉摔坏不必趋。

除此以上三种情况外都必须趋,特别是在尊者、长者面前要趋,在君王面前自然更要趋了,如《战国策·赵策》记载:"左师触龙言愿见太后,太后盛气而胥之。入而徐趋,至而自谢曰:'老臣病足,曾不能疾走,不得见久矣,窃自恕。'"此外,在传统行走礼仪中,还有"行不中道,立不中门"的原则,即走路不可走在路中间,应该靠边行走;站立不可站在门中间。这样既表示对尊者的礼敬,又可避让行人。

(二)古代衣着与服饰

1. 历代服饰制度

根据文献记载,中国冠服制度初步建立于夏商时期,到了周代时期,周王朝设"司服""内司服"官职掌管王室服饰。可见,当时冠服制度已经很完善了,而且周代时上衣下裳已分明,奠定了中国服装的基本形制,最后到春秋战国时期冠服制度被统治者纳入礼治。在等级分明的古代社会里,王室公卿为表示自身的尊贵以及权力的至高无上,在不同礼仪场合,所穿戴的服饰形式、颜色和图案也是不同的。

在春秋战国时期,随着社会生产力的不断提高,当时的织绣工艺已经有了很大的进步,服饰材料品种名目繁多,而且衣服款式空前丰富多样。男女的帽冠更是多种多样,有精致的轻纱,有贵重的金玉。鞋多用小鹿皮制作,或用丝缕、细草编成。冬天皮衣极重白狐裘,价值千金。女子爱用毛皮镶在袖口衣缘作装饰,还有半截式露指的薄质锦绣手套,异常美观。深衣有将身体深藏之意,又称"长衣""麻衣""中衣",在春秋战国时期是士大夫阶层居家的便服,又是庶人百姓的礼服。深衣把以前各自独立的上衣、下裳合二为一,却又保持一分为二的界线,上下不通缝、不通幅,还有胡服,其是赵武灵王在公元前307年颁胡服令,推行胡服以适应射箭之用。胡服指当时"胡人"的服饰,与中原地区宽衣博带的服装有较大差异,特征是衣长齐膝,腰束洛带,用带钩,穿靴,便于骑射活动。在古代佩玉是人格的象征,而且还有佩玉制度,致使上层人士不论男女，都须佩带几件或成组的美丽雕玉。

在秦代服制中，服色尚黑，面料锦绣，绣纹多有山云鸟兽或藤蔓植物花样，织锦有各种复杂的几何菱纹以及织有文字的通幅花纹。

西汉时期，张骞两次出使西域，开辟了中外驰名的"丝绸之路"，使丝绸源源不断向外输送，自汉历经魏晋直至隋唐时期，从未中断，使中华服饰礼仪文化传往世界各国。

汉代时期，深衣也得到了新的发展。西汉时男女服装仍沿袭深衣形式，上下依旧不通缝、不通幅；外衣里面都有中衣，其领袖合一并显露在外，成为定型化套装。在汉代，随着舆服制度的建立，服饰的官阶等级区别更加严格。据记载，当时的皇帝与群臣的礼服、朝服、常服等 20 余种，服饰上的等级差别已十分明显。

魏晋时期，等级服饰有所变革，民族服饰大为交融。冠帽已多用文人沿用的幅巾代替，有折角巾、菱角巾、紫纶巾、白纶巾等。魏初，文帝曹丕制定九品官位制度，"以紫绯绿三色为九品之别"，这一制度此后历代相沿而用之，直到元明。

晋代的首服除幅巾为社会沿用外，有官职的男子还戴小冠子，而冠上再加纱帽称漆纱笼冠，本是两汉武士之制，传之又传，不仅用于男官员，而且流传民间后男女通用。晋代服饰具有上衣短小、下裙宽大的特色，足穿笏头履、高齿履（一种漆画木屐），流行一时。

隋唐时期经济文化繁荣，服装无论是在衣料还是在款式方面都得到了空前的发展。男子冠服特点主要是上层人物穿长袍，官员戴幞头，百姓着短衫。直到五代，变化不大。天子、百官的官服用颜色来区分等级，用花纹表示官阶。隋唐时期最具代表性的女子衣着是襦裙，也就是短上衣加长裙，裙腰以绸带高系，几乎及腋下。还有一种名曰"半臂"的服饰，其起源宫廷，后传到民间，有对襟、套头、翻领或无领等诸多式样，袖长齐肘，身长及腰，以小带子当胸结住。因领口宽大，穿时袒露上胸，"半臂"经久不衰。唐代时期女鞋多为花鞋，一般以锦绣织物、彩帛、皮革做成。此外，唐代妇女的发饰多种多样,而且名称也很复杂。

宋代基本保留了汉民族服饰的风格,当时的官员服饰主要有三种样式,即官服、便服、遗老服。官服的面料以罗为主,不同官职的服饰色彩也不同,在这一点上宋代基本沿袭唐制。例如,三品以上服紫,五品以上服朱,七品以上服绿,九品以上服青。服式也与晚唐时期的大袖长袍相似,但宋代平翅乌纱帽,直脚幞头,君臣通服,已经成为定制了。宋代便服的样式为小袖圆领衫和帽带下垂的软翅幞头,与唐代相同。遗老服的代表样式为合领(交领)大袖的宽身袍衫而且要用深色材料缘边,同时配以方筒状高巾子名曰"东坡巾",相传为大文学家苏东坡创制,实为古代幅巾的复兴,明代的老年士绅还常戴用。宋代民间的服饰特征为:男子流行幞头和幅巾,女子则流行花冠和盖头,当时花冠通常以花鸟状簪钗梳篦插于发髻之上。

辽金时期契丹、女真族的男性一般的服饰为窄袖圆领齐膝外衣,脚穿长筒靴,以方便骑马、征战、狩猎,而当时女性则穿窄袖交领左衽的长袍衫。辽金时期的统治者为了能与汉族共存都曾设"南官"制度,也就是以汉族治境内汉人,和现在的自治区、自治州及以港澳地区的治理十分相似。当时的汉族官员仍采用唐宋官服旧制。从整体上来看,辽金时期的服饰反映了契丹、女真与汉民族在长期文化交流中,各自发扬民族传统的发展轨迹。

元代统治者于公元 1314 年(延佑元年),以蒙汉服制为参考,对当时的服装色彩等做了统一规定。汉官服式仍多为唐式圆领衣和幞头;蒙古族官员则穿合领衣,戴四方瓦楞帽;中下层一般为腰间多褶的辫线袄子,其式样为圆领紧袖袍,宽下摆,折褶,有辫线围腰,戴笠子帽,这样的装束便于骑马驰骋。元代每年举行 10 余次大朝会,届时万千官员穿同一颜色、式样并加饰纳石矢金锦珠宝的高级礼服,称作"质孙服",这种服饰到明代被用作差役服装。

明代以汉族传统服装为主体,上层社会的官服是权力的象征,历来受到统治阶级的重视。在服饰的色彩方面,可分为以下两种。

其一为王室服饰，龙袍和黄色自唐宋以来一直被王室专用，到了明代也不例外，这种情况直到清代末年。

其二为文武百官服饰，自南北朝时期以来朝中百官一直以紫色为贵。可是，在古代人们十分讲究忌讳，何况明代皇帝姓朱，又据《论语》有"恶紫之夺朱也"之说，故紫色废除不用，而以朱为正色。

在明代的服饰中，最具礼仪文化的就是"补子"了。所谓"补子"，是指一块织绣着不同纹样的边长约 40 厘米的正方形绸料，再将其缝缀到官服上，胸前背后各一块，相信大家在古装电影电视中见得比较多了。其实，"补子"在古代用来表示品级，而且其上的图案也有严格的规定，如文官的补子用飞禽，武官用走兽，各分九等。在服饰方面，皇帝戴乌纱折上巾，帽翅自后部向上竖起，官员朝服戴展翅漆纱幞头，常服戴乌纱帽。

此外，当时社会的上层妇女中已开始穿高跟鞋，并有里高底、外高底之分。明代普通百姓的服装或长或短、或衫或裙，基本上承袭了旧传统，而且品种十分丰富。在服饰用色方面，平民妻女只能衣紫、绿、桃红等色，以免与官服正色相混，对于社会最低层的劳苦大众只许用褐色。一般人的帽除唐宋以来的旧样依然流行外，明代还制作一种由六片合成的半球形小帽，称六合一统帽，取意四海升平、天下归一，后留传下来，俗称"瓜皮帽"。

清代以满族服装为大流，当时以暴力手段推行剃发易服，剃发留辫，辫垂脑后，穿瘦削的马蹄袖箭衣、紧袜、深统靴等，按满族习俗统一男子服饰。清代时期的官服主要为长袍马褂。当时补子的纹样与表示等级基本与明代相同，但是清代官帽凡军士、差役以上军政人员都戴似斗笠而小的纬帽，按冬夏季节有暖帽、凉帽之分，还视品级高低按上不同颜色、不同质料的"顶子"，帽后拖一束孔雀翎。翎称花翎，高级的翎上有"眼"，眼也就是羽毛上的圆斑，当时以花翎的眼多为贵，一般有单眼、双眼、三眼之别。

清代女装汉、满族发展情况不一。汉族妇女在康熙、雍正时期还保留明代款式，时兴小袖衣和长裙；乾隆以后，衣服渐肥渐短，袖口日宽，再加云肩，花样翻新无可底止；到晚清时都市妇女已去裙着裤，衣上镶花边、滚牙子，一衣之贵大都花在这上面。满族妇女着"旗装"，梳旗髻（俗称"两把头"），穿"花盆底"旗鞋。

至于后世流传的所谓的旗袍，主要长期用于宫廷和王室。清代后期，旗袍也为汉族中的贵妇所仿用。

2. 古代服饰简介

（1）头衣

在古代，头衣也称"元服"。有关头衣的使用也有着严格的规定，贵族戴的可以分为冠、冕、弁三种。

冠：其实就是贵族男子所戴的一种帽子，也是一种装饰。戴冠的过程是这样的，首先把头发盘在头顶上打成髻，用一块黑色的帛把发髻包住，然后再戴冠，戴上后，再用笄或簪横穿过冠圈和发髻，这样起到加固的作用，最后用缨，也就是冠圈两旁的丝绳，在下巴上打结，将冠固定在头顶即完成。在古代，该戴冠而不戴，是不合礼仪标准的，如《左传·哀公十五年》记载：卫国内乱，子路用以系冠的缨被人砍断，他放下武器结缨，并说："君子死，冠不免。"结果被人砍死。古人又有免冠谢罪之说，摘去冠，表示自己有过错，情同罪犯，自降身份。

冕：据《说文》记载："冕，大夫以上冠也。"可见，冕是古代天子、诸侯、大夫戴的，到了汉代，规定只有皇帝才能戴冕有旒，以后各代沿袭了这一制度，后来冕旒就成了皇帝的代称，如王维的《和贾舍人早朝大明宫之作》："九天阊阖开宫殿，万国衣冠拜冕旒。"

弁：有两种。其一为爵弁，是贵族戴的帽子，是尊贵的象征；其二为皮弁，它是用白鹿皮制作，由几块拼接而成。

此外，还有俗人的帽子叫"陌头"，又称"幅头""缲头""绡头"等。

（2）体衣

在古代，体衣是指上衣，裳是下衣。

襦：短上衣。

禅：单衣。

裘：皮衣，毛向外。

袍：絮了乱麻或旧丝棉的长衣。

古代上衣的领子有两种：一种是交领，衣领直接连着左右襟，衣襟在胸前相交，左襟压右襟，在右腋下挽结；另一种是直领，领子从颈后沿左右绕到胸前，平行地下垂。

绅：古人长衣外要系带，带子在腹前打结，余下的下垂部分就是绅。古时有"缙绅"的说法，绅又作"捂"，是古代君臣相见时作为记事或指画时用，后来缙绅成为高官的代称。

帛：丝织品的统称。

褐：是一种麻或毛织品，布细褐粗。在古代还有一说法就是布衣，其实布衣是读书人做官前穿衣服的材料，所以布衣在古代也是读书人的代称。

裳：也就是下衣，古代一般为裙。

裤：古代写作绔，也就是裤子。现在我们常说纨绔子弟指富贵而又不务正业的人，就是源于古代纨绔是有钱人穿的。

蔽膝：也称袆（yi），遮住大腿到膝部的服饰。

邪幅：绑腿。

（3）足衣

履：汉代之前叫"屦（拍）"，之后称为"履"，也就是现在我们穿的鞋子。古时的屦也分为两种：其一为草屦，也就是草编制而成的，故又称"草鞋"，其在古代为下贱人穿，普通人穿菅屦，也是一种草鞋；其二为葛屦，这是用葛藤纤维编制的，比一般的草鞋要贵重一些。

鞮（di）：兽皮做的鞋。

韤（wa）：用熟皮、布帛做的袜子。

第三节　长幼有序,客随主便——
古代餐饮礼仪

　　中国餐饮文化源远流长、博大精深。据文献记载:至少在周代,饮食礼仪已经形成了一套相当完善的制度。这些礼仪日臻成熟和完善,它们在古代社会发挥过重要的作用,对现代社会依然产生影响。近代,随着中国不断对外开放,西方的餐饮文化开始传入中国,并对中国传统餐饮文化产生影响,中国传统的餐饮礼仪开始和西方餐饮礼仪相融合。但是,由于中西方历史、文化、风俗等方面的差异,中国与西方在饮食观念上有很大的差异,具体表现在以下三个方面。

　　中国餐饮文化,注重天人合一。古有"民以食为天""丰衣足食"之语,今有"人是铁、饭是钢,一顿不吃饿得慌"的俗语,可见中国把饮食当作生活的重要部分,常以饮食的好坏来衡量生活水平的高低。很多盛大的节日也与饮食有关,如元宵节吃元宵,端午节吃粽子,中秋节吃月饼,冬至北方吃饺子、南方吃汤圆,腊八节喝腊八粥,除夕吃年夜饭等。西方则没有中国这样看重饮食。

　　中国饮食文化注重群体意识,追求团结、团圆。偏爱使用圆桌,因为圆桌可以坐更多的人,也方便面对面的交流。在中国,不管什么宴席,什么节日,都只会有一种形式,大家团团围坐,共享一席,除了个人的餐具、主食,其他菜品于餐桌中间共同品尝。虽然从卫生的角度讲,这种饮食方式不够卫生,但它符合我们民族"大团圆"的普遍心态,便于大家交流感情。西方注重个体意识,即便是请客,也是各点各的菜,以免把自己的意志强加于人,表现出西方对个性、对自我的尊重。·

　　中国饮食追求味的享受,讲究色、香、味、形俱全,只要好吃又好看,营养反而显得不重要。俗话说得好:"民以食为天,食以味为先。"西方更看重饮食的营养,讲究食物营养成分的搭配和吸收，注重饮食的科学和健康。

中国人的饮食礼仪从古到今、以一贯之。《礼记·礼运》说："夫礼之初，始诸饮食。"根据文献记载可以得知，至迟在周代时，饮食礼仪已形成一套相当完善的制度。这些食礼在以后的社会实践中不断得到完善，在古代社会发挥过重要作用，对现代社会依然产生着影响，成为文明时代的重要行为规范。

在讲究民以食为天的国度里，饮食礼仪自然成为饮食文化的一个重要部分。饮食礼仪因宴席的性质、目的而不同，不同的地区也是千差万别。古代的饮食礼仪按阶层划分：宫廷、官府、行帮、民间等。现代饮食礼仪则简化为：主人（东道）和客人了。"排座次"是整个中国饮食礼仪中最重要的一部分。从古到今，随着桌具的演进，座位的排法也出现相应变化。总地来讲，座次是"尚左尊东""面朝大门为尊"。家宴首席为辈分最高的长者，末席为最低者。巡酒时自首席按顺序一路敬下。

汉族传统的宴饮礼仪一般的程序是：首先迎客于门外，客至，致问候，引入客厅小坐，敬以茶点。请客入席，餐桌一般使用圆桌，主人一般坐在主座，主人右手边的是主客，左手边的是次重要的客人；如果主宾身份高于主人，则主宾坐在主座上，主人坐于主宾右手边；一般等长者先坐定后，才开始入座，从座位的左边入座；不能让客人坐在靠近上菜的地方。

概括起来说，即以左为上，是为首席。席中座次，以左为首座，相对者为二座，首座之下为三座，二座之下为四座。客人坐定，由主人敬酒让菜，客人以礼相谢。宴毕，导客入客厅小坐，上茶，直至辞别。席间斟酒上菜，也有一定的规程。现代的标准规程是：斟酒由宾客右侧进行，先主宾，后主人；先女宾，后男宾；酒斟八分，不得过满。上菜先冷后热，热菜应从主宾对面席位的左侧上；上单份菜或配菜席点和小吃先宾后主；上全鸡、全鸭、全鱼等整形菜，不能将头尾朝向正主位。

用餐时必须等人到齐了才能开始进餐；应等主客或主人先用餐；看准自己要取的食物，再动筷子，尽量不要碰到其他食物；最好让筷子上的食物在自己的接碟中过渡一下,再送入口中;不能玩弄餐具,不可用筷子指指点点或者打手势示意;不可吮吸筷子,不要把自己筷子伸入汤中取食物。吃饭时,应端起饭碗,用饭碗贴紧自己的嘴巴,用筷子把米饭推入口中;多吃靠近自己面前的菜,尽量少吃离自己远的菜;应从盘子靠近或面对自己的盘边夹起,不要从盘子中间或靠别人的一边夹起。喝汤时不要发出声响,用汤勺小口喝。不宜把碗端到嘴边喝;汤太热等凉了再喝,不要一边吹一边喝。

把筷子搁在碗上或碟子上,表示自己暂时停止用餐,把筷子平放在桌子上表示自己已经酒足饭饱,结束用餐;即使自己已经吃饱,也应再吃点菜或把筷子放在碗上或盘上等其他人吃完。不可把筷子放在桌上表示吃完,这样会让吃得慢的一方感到不安而匆忙结束用餐。在和女士单独用餐时,应尽量做到让女士来表示用餐结束,切不可女士还在吃时说自己已经吃饱了,这会让对方认为自己很能吃而感到尴尬。

敬酒环节更有讲究,一般顺序是:主人敬主宾、陪客敬主宾、主宾回敬、陪客互敬,做客绝不能喧宾夺主乱敬酒。自己手上有餐具,或者别人正在用餐时,都不能向别人敬酒;别人给你倒酒时,应用手扶酒杯;敬酒一定要站起来,双手举杯;如果没有特殊人物在场,碰酒最好按时针顺序,不要厚此薄彼。

应邀赴宴,一定要遵守时间,既不能过早,也不要迟到,可比主人约定的时间稍早一点,一般应在约定时间提前五分钟到达。作为客人,赴宴讲究仪容,根据关系亲疏决定是否携带小礼品或好酒。赴宴守时守约。抵达后,先根据认识与否自报家门,或由东道主进行引见介绍,听从东道主安排,然后入座。

以上了解了中国传统文化中的用餐礼仪,下面重点介绍中国古代餐饮文化中比较突出的一种:乡饮酒礼。

乡饮酒礼始于周代,最初不过是乡人的一种聚会方式,后来儒家在其中注入了尊贤养老的思想,使一乡之人在宴饮欢聚之时受到教化。秦汉以后,乡饮酒礼长期为历代士大夫所遵用,直到道光二十三年，清廷决定将各地乡饮酒礼的费用拨充军饷，才被下令废止，前后沿袭约 3 000 年之久，在中国历史上产生过深远的影响。

第四节　彰显生活情趣——古代节俗礼仪

节庆礼仪有三个特点：约定性、民俗性、地域性。约定性是指它有规定的时间、约定的内容。民俗性指绝大多数节庆来自民族习俗。礼仪的一个出处就来自习俗，所谓"礼出于俗，而俗化为礼"。很多礼仪其实是来自约定的习俗，节庆礼仪的习俗性很明显。地域性是指在不同国家和地区，礼仪的习惯是不一样的。节庆礼仪其实就是七个字：衣、食、住、行、访、谈、送。下面就我国几个主要的传统节日习俗进行简要介绍。

一、春节

春节，古称"元旦"。据民间习俗，从腊月二十三起到新年正月十五闹元宵止都称"春节"，现在春节的庆祝活动一般从大年三十（二十九）开始。春节是中国民间传统中最为隆重和盛大的节日，代表着新的开始与新的希望，历朝历代，无论是达官显贵，还是贩夫走卒，所有的中国人都把春节看作喜庆团聚的好日子。春节期间，家家户户清扫一新，贴春联、贴年画、守岁、放鞭炮、拜年等活动丰富多彩。

二、元宵节

农历正月十五是一年中第一个月圆之夜，叫"元宵节"，又称"上元节"或"灯节"。自唐朝开始，民间就有元宵之夜观灯的风俗。

吃元宵是元宵节最主要的活动之一。古时候人们把元宵这种食品叫"汤豆"或"团子"。元宵的形状是圆形,又含着一个"圆"字的同音字,象征美满、吉祥、和睦的家庭,所以人们多取其意,这一天要吃元宵。灯会在夜间举行,一般从正月初十开始就行动起来,人人动手,家家户户扎花灯、点花灯,特别是到了元宵节的夜晚时分,更是张灯结彩,所以元宵节又称"灯节"。在明清时,花灯的样式最为繁多。到了当代,政府、民间都会组织大型灯会。

三、端午节

农历五月初五为端午节,又称"端阳节""午日节""五月节""支芎""端午""重午""午日""夏节"。相传爱国诗人屈原在农历五月初五那天,抱石头投汨罗江自尽。两岸百姓知道后,纷纷划船打捞他的尸体,并向江中投放粽子,使鱼虾饱食后不吃他的尸体。此传说历代沿袭下来,演变成如今端午节吃粽子、赛龙舟的习俗。

四、中秋节

农历八月正好在秋季的中间,古人谓"仲秋",八月十五又在"仲秋"之中,所以称"中秋",于是"中秋节"就有了"八月节""月节""月夕"等别称,继而引申为以圆月为象征的"团圆节"。在这一天,人们邀请亲朋好友夜饮玩月,连回娘家的媳妇这天都必须返还夫家。中秋晚上,我国大部分地区有烙"团圆"的习俗,即烙一种象征团圆、类似月亮的小饼子,即"月饼"。饼内包糖、芝麻、桂花和蔬菜等,外压月亮、兔子等图案。祭月之后,由家中长者将饼按人数分切成块,每人一块,如有人不在家即为其留下一份,表示阖家团圆。

五、重阳节

农历九月九日是我国传统的重阳节,又名"重九节""登高节"

"菊花节""茱萸节"。我国古代把"九"定为阳数，农历九月九日，月日并阳。两阳相重，两九相叠，故名"重阳"，又名"重九"。每到这一天，人们出游登高，赏菊花，饮菊花酒，佩茱萸，吃重阳糕。时至今日，一些地区仍保存着这种风俗。政府还把重阳节定为"敬老节"，向老年人表达敬意之情并帮助他们解决困难等。

六、腊八节

冬至是我国的一个重要节气，时间是 12 月 22 日或 23 日。过了冬至，我国大部分地区将进入最寒冷的时期。俗话说："冬至大如年。"在古代，这一天有祭天、祭祖、拜贺、食百味馄饨等习俗。在现代，人们也在这一天祭祀先祖。由于人们在腊月初八有吃"腊八粥"的风俗，因而演变为今天的腊八节。

第八章　事无礼不成,国家无礼不宁——传统礼仪的现代意义

　　"人无礼则不生,事无礼则不成,国家无礼则不宁。"礼仪是一个国家、一个民族道德修养与文化修养的外在表现。随着中华民族越来越强大,越来越受到瞩目,社会发展变革越来越快,内部提升个人的修养、外部提升国家的形象成为公民的迫切要求。在人们的社会交往过程中,礼仪越来越成为人们的行为准则与行为规范,在现代社会交往中不可或缺。

　　在中华民族的礼仪中有着丰富的优秀文化元素,其也是中国传统文化的一个体现。实行礼仪教育,不仅要教会儿童懂礼貌,做文明人,也要对中华优秀传统文化加以继承与发扬,是落实民族精神教育的一个有效途径,同时对提高德育教育的实效性、构建和谐社会也有着积极的作用。

　　当前,经济社会的发展促进了人们思想、观念、道德意识的变化与碰撞,这种思想、观念、道德意识的多元化推动了社会的进步。因此,加强对国民的民族精神教育,形成良好的礼仪修养,有助于养成人与人之间的尊重、理解、互助关系,对一个国家的未来、一个民族的团结奋进有着强烈的现实意义。

第一节　传统礼仪与道德的关系及其德育功能的体现

　　礼仪对于个人修养、家庭和谐、社会秩序都起着非常重要的作用,具有"礼以体政"的政治功能和"礼以安身"的道德功能。虽

然礼仪具有历史性的特点,但产生于宗法血缘体制下的礼仪在长期发展和积淀而形成的礼文化中不乏精华和优良之处,至今仍有借鉴意义和现代价值。

一、传统礼仪与道德的关系

(一)传统礼仪与道德的内在关系

就礼仪与道德的起源来讲,二者有着千丝万缕的关系。下面就来分析二者的内在关系。

1. 注德于礼、视礼为德

就礼仪与道德的起源而言,礼仪的出现要早于道德并更早地运用于实践中。礼仪最早可以说源于原始氏族社会,而无论从广义层面上定义礼,还是从狭义层面上定义礼,都不是从德的规范行为派生出来的。换句话说,正是因为礼的规范行为的出现,导致礼的思想体系的形成,而德就是在这时候诞生的,并对礼进行补充和修正。显然,这一观念实际上是对原始礼仪进行的加工,注重德对于礼的补充作用。

简单来说,礼被德视作德的一部分,德将礼视作最高标准,正如管仲的观点:把"礼义廉耻"定为"国之四维",而把"礼"放在首位。

2. 德礼一体、德内礼外

礼的原始意义离不开祭祀。何炳棣在《原礼》一文中指出,在氏族部落,祭祀是一项重要的集体活动,培养了人们的集体意识,让人们明白是、非、善、恶以及长、幼、尊、卑等伦理思想。显然,祭祀与伦理道德也是密不可分的。简单来说,礼仪源于祭祀,而祭祀又对培养人的道德意识有重要作用。

礼仪的道德属性是通过利益活动展现出来,而礼仪的价值与意义也是其道德意义的表现。在仁、义、礼、智、信五德中,唯有礼是讲究形式的,礼仪是道德精神的外显。

(二)传统礼仪对道德养成的作用

对个体而言,文化是习得的,而不是人的先天本性。哲学与心理学的研究告诉人们,在人的内部,起决定作用的要素是人格结构。人格结构决定着人要做什么、如何做和为什么做,而这正是文化特质和模式对人的影响所在。换言之,人的心理、人格与行为都受到其所处文化的影响与制约,如美国人的个人主义、日本人的集团意识都是受到不同文化模式作用的结果。正是在此意义上,我们说人是一种文化的行动者。

1. 礼仪文化与道德人格的形成

文化与人格的研究在 20 世纪三四十年代比较兴盛,许多心理学家、文化人类学家、精神病理学家都活跃在这一领域。比如,弗洛伊德的精神分析理论为此研究提供了理论支持,它隐含着这样一种假设,即源于一定文化价值观的儿童教养模式对人格塑造起着重要作用,因此每种文化中都有相似或模式化的人格特征。美国著名文化人类学家米德在《萨摩亚人的成年》《三个原始部落的性别与气质》等著作中,指出人类心理和行为是特定文化的产物。文化人类学家本尼迪克特、林顿等人也认为:"一方面,文化是人格的放大,是人格的外部投射;另一方面,文化也影响和塑造着人格。"这都说明特定的文化模式对人格的形成起着非常重要的作用。德国哲学家恩斯特·卡西尔认为,人是文化活动中所表现出来的行动统一体,人正是在能动的创造性活动中产生了一切文化,同时又塑造了人之为人的东西——人格。文化与人格彼此之间相互影响、相互促进。文化塑造人格,人格扩大文化。任何个体一出生就要面临一个已有的文化世界,一方面,他要接受既定文化的教化,是文化的产物;另一方面,作为主体,他又能动地创造文化。文化创造了我们,我们也创造了文化。正如马克思所宣称的："人们自己创造自己的历史，但是他们并不是随心所欲地创造，并不是在他们自己选定的条件下创造，而是在直接碰到的、既定的、从过去承继下来的条件下创造。"

伦理学领域里的人格是指人与其他动物相区别的内在规定性，是一个人做人的尊严、价值和品格的总和。所谓道德人格，"就是指人格的道德规定性，是人格主体的道德认识、道德情感、道德意志、道德信念和道德习惯的有机结合"。道德人格比人格的内涵要深。其中，道德认识是基础，道德情感是人们参与社会道德生活和接受道德教育的结果，其一旦形成，就会驱使自己选择正确的道德行为。道德意志是人们在履行道德义务或决定道德行为的过程中自觉、自愿地做出抉择、克服困难的顽强力量和坚持精神。道德意志是道德认识向道德行为、道德品质转化的关键。道德认识、道德情感和道德意志集合于特定的个体身上，最后表现为个体的道德行为和习惯。伦理学所言的理想人格模式是主体高尚的道德人格，它研究的侧重点是道德境界的高低，并以道德主体对所处社会的道德规范的遵守情况区分出道德境界的高低、道德人格的有无。在中国古代社会，道德人格按照其体现道德理想的不同程度可分为圣人、贤人、大人、君子、成人、善人等。虽然传统社会把人格分为圣人、君子等，但是圣人并不是人人可为之的，君子则是人所追求的理想人格。在《论语》一书中，"君子"共出现 90 余次，我们在《论语》中也可以看到君子与小人的严格分野。可见，"君子"即是孔子孜孜追求的理想人格，是礼仪文化塑模的结果，也是礼仪文化的人格化。

外有礼乐，内有仁义，是礼仪文化的精髓；同样文化在对人的塑模上，也体现出个体内外兼修的道德人格形成之路，正如孔子所说的"文质彬彬，然后君子"。这其实也就是说个体修养首先是建构优雅的外在形象，人们常说："优雅的举止胜过优美的身材，高雅的举止是最好的艺术，它比任何雕塑和名画都更让人赏心悦目、心旷神怡。"首先，礼仪作为一种非常具体的行为规范，它对人的衣着、言谈举止都有非常明确的规定。如果个体能够在生活中始终按照礼仪的要求去做，就能够培养人的道德意志，因为那些烦琐细致的仪节需要持久的努力，只有在时时刻刻的谨守中，个体才可能形成道德习惯，养成良好的道德行为。个体做到自尊方可尊人。其次，礼仪是培育个体内在的道德精神。中国传统礼仪的本质是"仁""敬""和"，礼仪文化也培养人的仁爱精神，对世界万物的敬畏。

道德人格的形成离不开具体而现实的社会关系。马克思认为："人在本质上是一切社会关系的总和。"在强调文化因素决定人格形成的心理学家看来，人格正是人们扮演的各种角色的综合体。任何一种社会都要建立一种与其发展程度相适应的社会关系体系，在这种社会关系体系中每个社会成员都有其相应的社会角色。礼的精神实质是分，所谓"乐统同，礼辨异"（《礼记·乐记》），礼仪文化通过对社会个体进行明确的区分，区分出不同的社会角色。用礼的规范来实现角色的定位，即"君君、臣臣、父父、子子"。在传统社会，基本的社会关系有五种：君臣、父子、夫妇、兄弟、朋友，这也叫"五伦"。"五伦"是"礼"要规范的基本领域。因为任何人都不能逃离这五种关系，否则就与禽兽无异，所以五伦也叫"人伦"，是传统社会最基本的人伦关系。个体也就是在这现实的社会伦理关系中，按照角色的要求与期待，去努力扮演好自己的社会角色，在这个过程中，道德人格也就逐渐形成。每个角色都有一个与之相联系的行为规范，这种行为规范在文化上是被人们接受和认同的。如果你不遵守这些行为规范，你就会面临某种社会压力。

道德人格的形成离不开道德教化与道德实践。文化对个体道德人格的形成主要是通过教化以及主体自觉地对文化的接受和内化来完成的。任何道德人格的形成都离不开特定文化的哺育，个体的道德人格是个体接受特定社会文化教化而产生的，是在一定的社会文化的濡化和熏陶下逐步形成的。中国传统礼仪文化正是以它特有的方式去塑造人格，培养社会所需要的成员。唐君毅曾深刻地指出："中国人言道德修养，则除此之外，尤重在人之各种文化之陶冶、内心之涵养等，以使其气质习惯之日益迁化于不自觉，自觉能随处流露性情，表现善行。故在中国之道德教育中，首重礼乐。实则中国古代所谓礼本身，即含有艺术之意味，而有乐意。中国古代所谓礼乐之教，重在于人最平常之日常生活，人之饮食、衣服、宫室、男女居室、父子、夫妇、兄弟之相处、宾客应对之际、冠、婚、丧、祭、射、乡、朝、聘之事中，皆养成一种顺乎中和之性情。礼乐之教之精义，与其说注重人如何行为之和规则，不如说重在求人行为时之颜色、声音、态度、仪表、气象之敬爱。故礼乐之教育乃自然的培养人之道德性情之教育。"大部分的人格理论家都认为童年经验对成年人格特征具有重要意义，弗洛伊德、阿德勒、霍妮、斯金纳等人的理论都强调这一点。传统中国的儿童在童稚之年就要开始接受系统的礼仪训练，礼仪文化浸润个体的身心，并贯穿其一生。

传统社会把伦理道德融入各种礼仪中，通过礼来正心、修身，培育高尚的道德情操和美德，"学礼""习礼""遵礼"和"行礼"则成为个体终其一生的生存方式。《论语·季氏》云："不知礼，无以立""不学礼，无以立"。在此意义上，礼是个人修养、修身的器具。个体遵循礼的过程也是道德实践过程，在潜移默化中养成道德习惯，把外在的行为规范演变成人内在的道德自觉，人们在日常生活中持续不断地按照道德规范来完善自己的道德品质、提高自我的道德能力。

2. 礼仪文化与道德行为

文化对行为的解释被看作继行为主义的环境决定行为、精神分析的潜意识决定论和人本主义心理学的自我实现论之后的解释行为的"第四势力"。这种观点认为，个人的个性和社会行为深受其所在的文化和社会的影响。在社会学家看来，人的行为是文化塑造的结果，甚至很多看上去是"本能"的行为也是这样。同类的生物体都有相同的生物本能，然而文化的塑模使本能的表现不同。文化对于人的熏陶塑模，其力量是相当强大的，如人的饮食习惯,甚至人的性本能和两性差异都受到文化塑模的影响。文化人类学家李亦园在其《文化与修养》一书里举了这样一个例子:分布在中国台湾南部高屏、台东一带的排湾族,其文化习俗是婚后夫妻间必须彼此忠实,婚前却允许男女双方拥有自己的异性朋友,甚至在婚礼中,男女双方以前的异性朋友都可以列席参加,甚至痛哭话别;行完婚礼后,新郎、新娘必须先向自己婚前的异性朋友敬酒,而后再与配偶对酌,这并非意味排湾族青年男女的嫉妒心较小,他们婚后性关系的排他性亦极大,只是其婚前的排他性较小,这明显是文化塑模的结果。由此可见,性本能也会受文化的约束,其约束力甚至大到使一个民族与另一个民族不一样。

文化影响人的心理与行为,这是无法否认的,这也是很多文化研究者和人类学家的共识。一个人从他出生的那一刻起,就要受到文化的影响。并且,文化对人的熏陶与制约是个体所无法摆脱和随意超越的。他的任何特殊行为或许都是遗传和文化的双重影响的结果,要区别两者实际上是不可能的。对于个体而言,文化表现为一种给定的、带有强制性的规范力量,个体的行为模式往往受到特定文化模式的规约。

从文化的角度来探究人的行为发生以及不同特质的文化对其成员的塑造模式具有非常重要的理论意义。当代美国著名学者爱德华·希尔斯(Edward Shils)在其名著《论传统》中认为,传统是围绕人类的不同活动领域而形成的代代相传的行事方式,是一种对社会行为具有规范作用和道德感召力的文化力量,也是人类在历史长河中的创造性想象的积淀,它包括物质产品、思想观念、惯例和制度。此外,传统又是一个社会的文化遗产,是人类过去所创造的种种制度、信仰、价值观念和行为方式等构成的表意象征,它使代与代之间、不同历史阶段之间保持了某种连续性和同一性,构成了一个社会创造与再创造自己的文化密码,并给人类生存带来秩序和意义。希尔斯的这种观点注意到了文化心理结构和行为方式的沿传和稳定。

道德行为或“伦理行为”是在一定道德意识支配下表现出来

的具有道德意义并能进行道德评价的行为。道德行为与道德品质相互联系,道德行为是道德品质的表现,而道德品质是道德行为发展和积累的产物。道德行为是人的知识、情感、意志、习惯、本能等多种因素综合作用的结果。文化对人的道德行为的影响主要是通过文化学习以及文化濡化来实现的。文化是不能通过遗传得来的,而是习得的。文化和社会在塑造人类行为和社会生活的过程中发生复杂的相互作用。文化给我们提供了一套应对世界的行为模式,并逐渐代替"本能"。

换个角度讲,人作为"可教育的动物",文化对人的行为模式的影响主要是通过教育来实现的。广义地说,教育就是一个社会的文化传递过程。个体逐渐适应其特定的文化,并学会完成与其地位及角色相应的职责,人类学家称一个社会的文化传递过程为"濡化"(enculturation),一般社会科学有时称这种过程为"社会化"(socialization)。教育使人拥有了社会遗传的功能,它突破了人的生物学局限,把"经验的主体从个体扩大到类;每一个体都必须亲自去经验,这不再是必要的了;它的个体的经验,在某种程度上可以由它的历代祖先的经验的结果来代替"。

一般认为利益、情感与快乐是道德行为发生的动力。在传统社会,个体对文化的认同以及社会对个体的认同则是道德行为发生的重要动力。礼仪文化营造的是全社会的崇礼之风,违反礼的要求就是不道德的,不会得到社会的认同,从而个体也就无法得到利益,没有得到利益则无法满足情感。在这样一种强大的社会群体的压力下,礼仪成了类似于法的东西,具有法的权威与强制性,对个体道德行为的发生具有重要的指引作用。人不仅仅根据精神因素如智力和意愿来行动,经验证明行为自身还有心理因素(如情感、倾向、喜好或反感),或有生物因素(如本能以及自然节律),或有机械因素(如习惯、流行的习俗以及社会压力)。以儒家文化为主体的中国传统文化对民众心理的影响深远;在道德品质认知的过程中,道德情感、道德信念、道德意志这些非理性因素作为一种无形的力量,以思想观念的形式由内而外、潜移默化地影响着道德个体在复杂道德情境中的具体选择。

总而言之，人是文化的产物，特定文化模式把一个"生物人"改造成"文化人"，最后不断扬弃人的动物本性，而成为一个"道德人"。在中国传统礼仪文化的塑造下，传统中国人就成为"一个礼仪性的存在"。

二、传统礼仪的德育功能

(一)个体修养功能

我们这里的修养主要是指道德修养，它是指人们在道德品质、道德情感、道德意志、道德习惯等方面进行的自觉的自我约束、自我陶冶、自我改造、自我培养的功夫。人们通常所说的道德修养往往有两层含义：一层含义是动态的"下功夫"，即依照一定的道德原则规范所进行的学习、体验、对照、检查、反省等心理活动和客观的实践活动；另一层含义是指静态的"已达到的功夫"，即在经过长期的努力之后所形成的品质、情操和道德境界。可见，道德修养需要个体主动而自觉地涵育锻炼和勤奋学习，是一种道德素质方面的自我改造和自我完善。中国古代的伦理思想家们在谈到道德修养时经常提到"变化气质"，其意在让人们在日常生活中持续不断地按照道德规范来完善自己的道德品质，提高自我的道德水平。缺少宗教传统的中国传统文化，其主要倾向就是弃绝了道德基础的神秘性，强调道德来自主体的终其一生的不断努力，而不是外在的神秘力量。中国文化的主干——儒家文化就非常注重礼仪在促使人成就德性方面所起到的作用，通过礼仪来修身塑心。

人的品性是在不知不觉中形成的，只有经过长时间的反复练习，才能逐步形成"善"的品性。礼对个人来讲是修养，是修身的器具，其具体实行则表现为生活的礼仪化。孔子发扬了周公的以礼为治的教化传统，不仅主张以礼治国，更注重以礼修身，将礼作为个人安身立命以及达到君子境界的必由之路。礼仪中的揖让进退这类仪节、动作、神态和言行,不仅仅要在正式的仪式活动中严格遵守,更要浸润到个体日常生活的方方面面(冠、婚、丧祭、习射和朝聘等各个方面),在日常的训练中自求变化气质。礼是如何来规范人并帮助人成就德性呢? 在我们看来,主要通过以下几方面。

1. 以礼导情

礼缘人情而制,是由一套象征符号所组成的表达系统,是表达人的情感的重要手段和媒介。人首先是一个感性的存在物,人皆有情感与欲望,喜怒哀乐乃人之常情,这在儒家看来是非常正常的,但是不能放纵,要有所节制。故《礼记·礼运》云:"故圣王修义之柄、礼之序,以治人情。"《礼运》还转引孔子的话:"夫礼,先王以承天之道,以治人之情。故失之者死,得之者生。"在孔子看来,礼是先代圣王顺承自然之道来治理人情的。因为七情好恶不定,故云"治",所谓治人情,就是用礼来导其志而治其情,陶冶人的德性。

在儒家看来,如果对人情不加节制,则会破坏道德,影响社会稳定,故荀子说:"凡用血气、志意、知虑,由礼则治通,不由礼则勃乱提侵;食饮、衣服、居处、动静,由礼则和节,不由礼则触陷生疾;容貌、态度、进退、趋行,由礼则雅,不由礼则夷固僻违、庸众而野。故人无礼则不生,事无礼则不成,国家无礼则不宁。"荀子把人的神态面貌、待人接物的态度和人之行为举止等各方面都纳入礼的架构内,认为礼是区分人的雅与野的标志,并把有无礼提升到人能否生存、事情能否办成、国家能否安定的高度来认识。礼虽然以人类的普遍情感为基础,但是它不是人的感情的自然宣泄,而是对人的感情的有效规约与引导。

礼对个体道德情感的规约功能主要表现为对情感的节制。人都有感情,礼就是对人的情感的节制,放纵感情与节制感情是先进文明与野蛮落后民族的区别。人皆有感情,但社会化的人的情感的表达与抒发要接受礼的规约,反对"直情而径行",人要在礼的规约下不断扬弃人的原始本性,摆脱纯粹感性的主宰,在礼的规约下做到节制有度,将感情限制在一个合理的范围内,最后达到"和"的境界。《礼记·礼运》云:"故圣王修义之柄、礼之序,以治人情。故人情者,圣王之田也。修礼以耕之,陈义以种之,讲学以耨之,本仁以聚之,播乐以安之。"这说明人情是一块田地,要用圣王制定的礼来改造和耕种它,也即"礼义以为器,人情以为田",用礼来引导和规范人情,人情得礼义之耕,如田得耒耜之耕也。如果不节制人情,将使人伦失序、社会混乱。

礼作为整个古代特有的文化设计,融道德精神于具体仪节之中,个体穷其一生"学礼"的过程也是从"自然人"向"社会人"转化的过程,将外在的礼仪制度内化为道德自觉,按照礼的要求来磨炼性情,成就德性,扬弃以情欲为内核的人的原始生命形式。

2. 文质彬彬

"文质彬彬"语出《论语·雍也》,其中记载了孔子关于文质彬彬的论断以及文质关系的分疏:"质胜文则野,文胜质则史。文质彬彬,然后君子。"这表达了孔子对礼的形式与内容相符的殷切期盼,把文质彬彬看作君子理想人格的要求。按字义,文,文采;质,质朴;彬彬,杂半之貌。

文与质的关系,亦即礼与仁的关系。于此一则体现了孔子所竭力推崇的"君子"之理想人格;另一则反映了其一以贯之的中庸思想,即不主张偏胜于文,亦不主张偏胜于质;当不偏不倚,执两用中,而做到这点实属不易。《礼记·表记》引孔子的话说:"虞夏之质,殷周之文,至矣。虞夏之文不胜其质;殷周之质不胜其文。文质得中,岂易言哉?""文质彬彬"即内在道德品质和外在礼仪的完美配合所带来的美感。《礼记·礼器》云:"先王之立礼也,有本有文。忠信,礼之本也;义理,礼之文也。无本不立,无文不行。"这非常明确地指出了礼之文与礼之质的相互依存的关系,礼包括礼仪与礼义,忠信是礼的基本精神,没有它,礼就不能成立;义理是礼的仪式规矩，没有它，礼就不能实行。

文质彬彬就是血肉之躯的人内在德性与外在礼文的统一，这是君子必备的条件。所谓君子，就是内在本质与外在仪容的完美结合。人是礼的践履者，也是道德实践的主体，只有在实践中正确处理好"礼之文"与"礼之质"的关系，才可能成为君子。礼的本质为"仁、敬、和"，这些内在的德性只有通过人的外在行为才得以体现出来。"礼之文"的价值就在于它能够表达内在的德性，缺少了"礼之质"支撑的外在仪节，也将是毫无生命力的形式。当然，一个真正有道德的人，他能够时时刻刻地按照礼的标准去规范自己的言行举止，从这个意义上讲，礼的外在仪节能够帮助人完善德性。故孔子说："恭而无礼则劳，慎而无礼则葸，勇而无礼则乱，直而无礼则绞。"可见，勇、慎、恭等诸种德性若没有礼的平衡与规约，便可能走向极端。

儒家向来具有不离具体的仪式度数而言其义的礼学传统。贺麟指出："儒家思想本来包含三方面：有理学以格物穷理，寻求智慧。有礼教以磨炼意志，规范行为。有诗教以陶养性灵，美化生活。"在他看来，礼教是指儒学体系中的宗教面向，其功能是使人得以内存和悦，外有品节。因为礼对于人具有内外兼修的作用，所以儒家向来注重学礼、习礼和行礼，人们在演礼、习礼的过程中，逐渐养成良好的个人品德，所谓"百姓日用而不知"。孔子把礼作为个人修养的重要项目，要求用礼来克制自己，尊重别人，其教弟子以礼，不徒言其义，有肆其容。"子所雅言，诗书执礼"，执礼即是教弟子习礼。礼是具有特定道德内涵的规矩，要求人们视、听、言、行都要符合身份，符合社会道德规范。

人们正是通过这些形象的、带有审美意味的仪式来感化人心，才能止祸乱于未发。人在行礼的过程中，在执行程序化的身体动作的同时，更为重要的是对这些仪节所蕴含的深意的体会与内化。礼注重的是对人的内心的作用，把外在的行为规范演变成人内在的道德自觉。如果仅仅从礼的外在规定来看，就不免显得枯燥而机械，所以必须给它冠以一种人们乐于接受的美的外形，才能起到感化人心的作用。然而过于注重形式,则又会偏离礼的本来义旨。因此,要在"文"与"质"之间取得调适性平衡,也即是既不过于刻板严酷又不过于自由放纵的"中庸"。

现代人对于礼仪在改变人的行为上所能起到的作用是持存疑态度的,但孔子对此深信不疑。他相信礼仪的力量,并且主要是从生活礼仪的角度强调通过一种潜移默化的方式来改变人的原始状态。礼是判断社会成员一切言行是否适宜的标准,作为一种社会规范,每一个社会成员都必须自觉地熟悉它的内容,接受它的制约,正所谓"礼闻取于人,不闻取人。礼闻来学,不闻往教"。人只有用礼来约束自己,凡事都讲究仪节,言行才有可能做到得体合度。否则,人的行为就可能越礼非分,约束自己是尊重别人的前提。君子如果能够按照礼的要求去做,外表恭,内心敬,就能够与人相处和谐,甚至亲如兄弟,文质彬彬才是君子应当有的理想状态。

(二)社会治理功能

在中国古代社会,"礼"从产生到发展经历了几千年的时间,并经由历代政治家和思想家的持续不断地加工改造,最后扩展到社会生活的方方面面。自西周以来,礼一直被视为治国安邦的大经大法。在漫长的封建社会,被孔子改造过的周礼在古代中国一直发挥着文化整合的作用,礼在古代中国是社会规范秩序的黏合剂,也是全体社会成员活动的行为准则,支配着中华民族的个体行为和群体行为,最后成为全体中国人的"文化无意识"。纵观中国历史的发展,我们可以发现一个很有规律的现象:"礼治"则国家安定统一,"礼坏"则会带来国家分裂。例如,西周末年礼崩乐坏,诸侯争霸,天下大乱;西汉初年礼治未立,而分封诸侯导致叛乱纷起,导致国家陷入分裂之境地;明初,礼所致力于维护的"君君、臣臣、父父、子子"的关系,对于使国家免于陷入分裂与变乱、维护封建社会的大一统具有重要的作用。

礼对于社会的控制作用主要通过以下几个方面来完成。

1. 培育合格的社会成员

任何一个社会的良性运转都需要有特定的"规范体系"来约束人的行为,并调节人与人之间的关系。所谓社会规范,就是"人们共同遵守的、规定了在某种特定情况下采取哪些适当的行为的条例或准则。规范规定了人们在某一社会的某些情况下应该有怎样的行为"。一般而言,社会规范主要是指法律、习俗和道德,法律作为一种正式制度,习俗和道德作为非正式制度,它们作为一种互补的力量来共同调节社会关系的诸多方面。诺贝尔经济学奖获得者、制度经济学代表人物道格拉斯·诺斯认为,在人类行为的约束体系中,非正式制度具有十分重要的地位,即使在最发达的经济体系中,正式规则也只是决定行为选择的总体约束中的一小部分。人们行为选择的大部分行为空间是由非正式制度来约束的。在早期的中国,习俗和传统可能同样提供了足够的凝聚力来保持社区的完整性。

礼在中国传统社会既是仪式,又是制度,也是行为规范。它作为"规则体系"而存在着,并规约着人们的思想与行为,为社会培育着合乎其存在和发展要求的公民。艾朗逊(Elliot Aronson)将遵循规范的动力归为三类:一是就范(compliance),指在威逼或利诱情况下的遵循;二是认同(identification),个人认同某人或某群体,从而遵循其所信守的规范;三是植入(internalization),通过教化过程,把社会的规范内植于个人心中。注重道德教化的古代中国一向倾向于后两种,即植入与认同。

礼对于合格成员的培育主要是通过教育来完成的,而礼仪则是教育的重要工具。人首先要接受礼仪的教育,随着理性能力的发展到接受礼仪的教育,古代中国根据人的生理发展的特点来对人进行适合的教育,以礼育人,以礼来成就人的德性。

社会的顺利运作主要依赖于每个社会成员都能够完全按照自己所属地位的规范要求去做,因为礼是为人们规定的行动准则,人们的行动准则遭到破坏,人们的行动没有约束,很可能纵欲过度,作奸犯科,必然危害于社会。等级社会的合格社会成员是各个等级序列的成员都能够"各安其分,各尽其责"。在儒家看来,人是各种社会角色的总和,他们创立了五种相对角色,即五伦:君臣、父子、夫妇、兄弟、朋友,并对每种角色都给予明确的规定与期望,社会则通过角色期望来对个体的行为加以限制、规定和引导。角色和角色期待是社会学概念,社会学中的角色概念则直接来自戏剧,是指社会个体以其所具有的社会位置所必须具备的特殊行为。社会上的每种角色都有一种被期待的行为模式、权利和义务,这种被普遍接受的、规定了应如何扮演某一角色的社会规范即是角色期待。《礼记·礼运》中表达了人的角色变化以及相应的角色要求或规范:"父慈、子孝、兄良、弟恭、夫义、妇听、长惠、幼顺、君仁、臣忠,十者,谓之人义。""十义"明确规定了社会成员承担不同社会角色而应该具备的基本要求,如作为人生礼仪中的冠礼是中国古代的成人礼,它不仅把人带入华夏礼仪文化的语境,也通过此礼仪实现人从自由无责任的童稚少年向一个承担责任、履行义务的成年人过渡,也是对即将进入社会生活的人开始进行礼的训练。冠礼的主要目的是要每个即将正式踏入社会的成年人明白自己的责任与义务,扮演好"为人子、为人弟、为人臣、为人夫者"的社会角色。有"礼之本"之称的昏礼则是要教人们"男女有别"。只有每个社会成员都能够按照要求进行角色学习以及角色扮演,社会才有可能良性运转,人际关系也才能够和谐发展。

礼把社会政治的起点放在个人的内心修养上,认为这是天下治乱之根本。个体的修身在原始儒家那里更加注重的是拥有权力资源的人要先"正己"而后"正人"。对于上层统治者来讲,走的是一条修身、齐家、治国、平天下的道路;对于下层被统治者来说,修礼则不会犯上作乱。

2. 进行有效的社会整合

礼仪之所以能够起到治国安民的作用,主要是因为礼仪具有道德教化功能。社会规范是维持社会秩序的工具，表现为一种标准或规定，它包括道德规范、法律规范以及各式各样的生活规则。虽然社会规范具有更大和更明确的强制性和约束性，但要使其真正发挥作用，必须通过社会各种形式的教育和舆论的力量，把它内化为人们的信念和行为习惯。

儒家主张通过礼乐教化来化民正俗。教化就是通过教育，使受教育者得到变化、提高。传统社会之所以重视社会教化，是因为它是实现其社会整合功能的根本途径之一。礼之教化的作用是隐蔽的，它能在邪恶尚未形成的时候就加以防止，能使人们不知不觉日趋善良、远离罪恶，正因为如此，圣王都很重视礼教。

礼在古代中国被视为治国安邦的基本法度，也是协调人际关系的基本规范。礼作为一种文化体系，已经不仅仅是沟通人神关系的祭祀礼仪，更是沟通人际关系的交往礼仪。儒家历来将人类社会看作一张"关系网"，人都是处在由礼所联系起来的社会关系的网络中，这张"关系网"主要由五种关系组成，就是一般所谓的"五伦"。所以，儒者的共同理念是通过五伦关系维系社会秩序。五伦主要涵盖了家庭关系和社会关系两种，这五种道德关系是"家国"稳定的基础。中国古代家国不分，国是扩大的家，家是缩小的国，所以五伦之中的人际关系涵盖了家族内部的父子、兄弟关系和社会的君臣关系，而君臣关系则是放大的父子关系。家庭是社会的细胞，和谐的家庭关系对于社会秩序的稳定具有重要的作用。中国古代社会传统家庭关系复杂，若要界定家庭成员间复杂的关系并约束每个人的行为，追求长幼有序的仪节规矩十分必要。礼对于社会安定和国家治理具有重要的作用，从家庭到社会，从宗族到国家，礼通过辨明、强化和巩固等级制度，使个人各安其分，使社会有序运转。

中国古代社会是典型的等级社会，维持社会的稳定，礼的主要贡献是"分"，《礼记·曲礼》云："夫礼者所以定亲疏，决嫌疑，别同异，明是非也。"通过对社会成员进行严格的等级区分，在明分的基础上，以礼规定"君君、臣臣、父父、子子"的等级名分，明分则不犯。用礼来调整各种社会关系,以礼来规范全体社会成员的言行举止,让他们循规蹈矩、安守本分。使礼成为整个规范性社会秩序之黏合剂的原因在于:"礼"的主要内容涉及人们的行为,在一个结构化的社会之内,人们依据角色、身份、等级以及地位而相互联系在一起。人从出生到死亡都无所逃遁于这网络之中,礼以明尊卑,分亲疏,别同异,是处理人际间关系以及人际交往的相处之道,礼使人的行为有法可依、有章可循。

礼仪规定了人际交往的原则:自卑而尊人,礼尚往来。通过这个原则来进行良好的人际互动以及维持和谐的人际关系,这些原则都是通过具体的仪式、仪节而得以体现,并通过礼教灌输给每个行礼之人。可以看出,古代社会最基本的五种关系通过人们在事的层次上囿于礼、依于礼,最后内化为个体的生活方式,也营造了个体之间与社会群体之间和谐有序的社会场景。古代举行各种礼仪活动,其最终目的是要大家在礼仪的实践过程中都能够知礼、守礼,形成良好的人际关系,希望通过举行这些礼仪活动,让兄弟和睦、夫妇和谐、亲朋和好、师长受尊敬、邻国相亲善。

(三)文化传承功能

汤因比曾经在其《历史研究》一书中把世界分成几大文化,中国文化作为独特的文化屹立于世界。中国文化是中国先民在半封闭的地理环境中独立创造出来的,并且这种文化是世界上少数的没有被中断的文化,它绵延存在了几千年,并成就了传承千年的礼仪之邦,中国也因此而闻名于世。一般来说,语言和文字是文化传承的两个重要工具。语言是社会互动的中介,是社会生活的主要运载工具。文字也一向被人们看作文明的重要标志。但是,在中国,除了语言与文字,中国传统礼仪也是文化传承的重要工具。文化传承是文化的内在属性,是人类社会不间断发展的内在要求。以下我们将探讨礼仪在中国文化的形成、演变与传承中所具有的独特价值与功能。

在古代中国,礼仪产生于文字与语言之前,它是人类文明的先导。礼起源于祭祀的说法，给我们描绘了在文字还没有产生之前的中国先人的生存样态。当原始初民面对这个未知且无法操纵的世界时，他们就神化与膜拜自然、困惑灵魂的有无，最早的礼仪因此而产生，主要表现为拜天祭地、拜神祭祖，祈求神的保佑，各种祭祀仪式由此产生。除了各种沟通人神关系的礼仪，还有处理人与人之间关系的礼仪，这些原始社会的礼俗则成为阶级社会很多礼仪的直接来源，如原始社会的"成丁礼"后来演变为冠礼，氏族部落聚会时的饮食的礼仪发展为乡饮酒礼，部落联盟酋长间的盟会演变为朝聘礼等，这也体现了文化发展的连续性和文化的累积性的特点。这些礼仪不仅长期成为社会生活的传统习惯，而且常被用作维护社会秩序、巩固社会组织和加强部落之间联系的手段。因此，人类学家在考察一些原始部落后做出了这样的猜测：在很多原始部落可能还不知道文字为何物时，就已经有一套他们自认为普遍合理的仪式或者礼仪存在，这种仪式对于部落的生存及其文化的延续起着非常重要的作用。原始社会正是通过礼仪将生活经验、习惯以及部落文明代际相传。据此，我们可以说，在文字还没有产生之前，礼仪就作为文化传承的工具而发挥着重要的作用。礼仪活动在先，礼的文字、概念与理论在后，这说明中国古代的礼仪要比文字和语言发达而成熟，具有极强的表达与沟通功能，为人类的意义世界，也就是"文化的世界"的创造与丰富发挥独特的作用。

　　德国著名哲学家恩斯特·卡西尔认为，文化是人所创造的符号体系，人则是符号的动物。文化是通过符号而存在的，不表现为符号，文化就不能成其为文化，就会降为一种自然的、经验的、心理的东西。文化传承也是通过符号传递和认同来实现的。语言是文化的核心，是所有符号系统的内核，也是最典型的符号形式。文字是写下的语言，也是重要的符号形式。但是，先于文字与语言而产生的礼仪承担着文明时代前的文化传承。因为"古礼的礼仪是有准确的表意功能的。正是由于礼仪这种准确表意的功能，再加上中国古礼非常繁复、无所不在的特点，于是礼仪也就变成了与文字一样的传承文化的基本工具。……文字的兴起,并不能取代礼仪的地位;相反,文字反倒成了辅助手段,它记载下来的不是别的东西,而是由这种礼仪传承下来的文化系统"。这种说法是有一定道理的。与礼仪相比,文字成为文化传承的辅助手段,这主要表现为礼仪的发展。有学者称中国文化的整体特征是礼,这种礼文化的有形部分,即礼仪系统是形而下的部分,礼文化的无形部分,即礼仪系统是形而上的部分。正是这有形与无形之分,奠定了文化之"形"与"神"的分野,体现出礼仪传承文化的独特性。礼仪文化之"神"由此借助礼仪之"形"而源远流长。"文化其'神'是文化内在的精神和核心价值,文化其'形'是文化所生长和依附的生活方式及其符号化的表现,是文化其'神'的载体。"中华礼乐文化在封建社会绵延存在几千年,其中一个重要的原因是文化的核心价值观通过语言文字、仪式和器物等符号载体而得以延续与发展,并成为传统中国人的"生活样法"。在中国传统文化中,"礼"是一个内涵极为丰富、外延很广泛的概念,"举凡行为仪节、典章制度、伦理道德以及政治思想和社会观念都属于'礼'的范畴。'礼'既是社会各阶层的行为规范,也是历代社会共同体所追求的理想社会的理论框架和价值标准,并作为历代社会意识形态规范着人们的生活行为、心理情操、伦理观念和政治思想"。所以,对礼的遵从也就是对文化传统的继承,中华礼文化也因此绵延至今。

礼仪对文化的传承主要表现在器物传承、行为传承和深层的心理传承等方面。一般认为,礼的基本要素有礼器、礼义、辞令、礼容、礼法等。"礼器"是行礼的器物,通常有食器、乐器、玉器等;"礼法"是行礼的程式、章法。礼仪活动正是通过各种器物、仪式仪规以及人的行为动作、言语神态等,动态而综合地表达了礼的精神。各种仪式仪规行为、器物都只有象征意义,都只是人们心理传承的物质载体,如冠礼通过具体的仪式活动向冠者传输、培育社会主导价值观念,通过各种象征行为,最终通过心理传承形成文化认同,正如马林诺夫斯基所说,通过"表现原始社会里传统的无上势力与价值，深深地将此等势力与价值印在每代人的心目中，并且极其有效地传延部落的风俗信仰，以使传统不失，团体团结"。

中国礼乐制度在长达 2 000 多年的封建社会中一直被沿用，虽然在不同时代都有所损益，但其本质精神没有丝毫的变化。礼乐教化成了中国民族文化传承过程中固定的形式。中国古代凡观念形态的文化，如伦理道德、哲学思想、政治法律、文学艺术等，无不以这条基本的线索贯穿其中。

作为伦理道德和社会统治的统一规范，礼具有历史的稳定遗传性，不会因世事的变迁而丧失它的意义，因此对礼的遵从也就是对文化传统的继承："礼也者，反本修古，不忘其初者也。"（《礼记·礼器》）"礼仪是对人们具有特殊意义的行为活动仪式化、形式化后的礼文仪节，不仅具有'共时'的而且有'历时'的流通性。礼仪是对合理行为的结构性特征的抽象，具有历史的继承性。"

在社会共同体中，文化的传承不是可以简单移植的，也不是短时间内可以迅速建设起来的，它必须从公民日常生活中的各个方面加以贯彻，逐渐获得训练。社会文化的内化对于社会来说意义更为深远，它关系到文化的传承和延续，个人通过社会化过程将社会价值观念内化，学习和掌握社会规范，事实上就是继承、传递和保存了社会的文化。在这个过程中，教育起到了非常重要的作用。据传在上古三代，服务于此道的教育体制已经相当完备。从王宫国都到闾巷，遍设学校。学校分"小学"和"大学"两类。周代学校教育的内容主要是六艺，即礼、乐、射、御、书、数。这种教学体制是宗法社会政治的需要，也是礼乐教化的实现手段。

儒家非常注重对学生进行各种礼仪教育，如孔子周游列国的途中，甚至在野外的大树下也不忘教导弟子们练习礼仪。儒家烦琐的礼仪教育在古代就遭到人们的反对和批评，齐国大臣晏婴说："今孔子盛容饰，繁登降之礼，趋详之节。累世不能殚其学，当年不能究其礼。君欲用之以移齐俗，非所以先细民也。"然而，我们必须看到的是，古代儒家正是通过礼仪的教育来向人们灌输礼制,规范人们的行为方式,培育人们的价值观念。古代中国悠久的历史和稳固的社会网络使中华文明的价值符号得到了有效的传播和保存,从而延续了中华历史的文化认同。

总结一下,在这个世界上,人与其他动物的重要区别是人不仅生活在一个现实的世界里,而且生活在一个意义的世界里,按照有些学者的观点,认为中国传统礼仪的产生早于文字产生前,与文字和语言相比,礼仪在文化传承方面具有其独特的价值与功能。由于礼仪是在文字产生之前形成的,所以当文字出现的时候,它已经很发达了。文字产生的初始阶段在表意功能上也远远不能与礼仪相抗衡。因此,在文字形成的初始阶段,礼仪不但没有衰落和废止;相反,由于其他相关的条件,它向着更加复杂和完备的方向发展。当文字已经成熟到能够完备地表达各种内容的时候,礼仪形成的整个表意系统已经成了中国文化的全方位系统,任何东西也不能改变它的这个基本特色了。正因如此,在中国,礼仪成了文化的主要传承工具。例如,邹昌林在其《中国礼文化》一书中指出,中国成熟而发达的礼仪可以和文字一样作为文明的标志,中国古礼是一个完整的表意系统,早在文字产生以前,就承担着文化传承的功能,礼仪是传承文化的基本工具。

第二节　礼仪教育对提高国民素质的紧迫性

礼仪是需要人们共同遵守的一项规范和准则,是人们在交往过程中形成的,并且随着习惯、习俗等逐渐固定下来。对一个人而言,他的礼仪代表的是他的个人素养、思想道德水平、交际能力等。对于一个社会而言,礼仪代表的是一个国家的道德风尚与文明程度。对礼仪教育的重视成为一个国家教育的重要内容。因此,本节就来分析礼仪教育对提高国民素质的意义。

一、有助于人们树立正确的价值观

讲礼仪可以使人树立正确的价值观，提升思想道德素质。孔子说："不学礼，无以立。"礼仪是一个人的立身之本，彰显的是他的人生观、价值观，对他处理人际关系、社会关系、自我关系等有着重要作用。

在现实生活中，一些人在国外、家庭、社会中表现出来的不讲礼仪的行为，不仅体现的是他素质的低下，更多地体现的是以自我为中心的利己主义。

人们通过对礼仪的学习，能够使人们树立正确的价值观，自觉调整站位，避免出现以自我为中心的利己主义。做事也会以他人为先，以社会为上，从国家利益、社会利益出发来思考问题，尽力做到"先天下之忧而忧、后天下之乐而乐"以及"己所不欲、勿施于人"，从而使自己的素养提升到一个高层次。

二、有助于人们提升自身的修养

讲礼仪可以帮助人提升自身的素养与修养。中国古代的礼仪将修身作为基础，通过修身来克己，使自己的言谈举止与社会规范相符合。一个公民的素质越高，他就能在任何场合、任何时间自觉遵守礼仪，这显然与自身修养分不开。

也就是说，一个人如果能够不断自省、自律，做到见微知著，关心身边的小事，发现不足时能够及时改正，对自己的行为举止进行约束，那么就说明他的素质是比较高的。

三、有助于人们改掉陋习

讲礼仪可以助人改掉陋习，提升行为素质。现代文明礼仪是一种道德规范，也是一种行为习惯，他体现了公民的一种教养。

当前在社会生活中出现的种种礼仪"失范"现象,如在家对父母不敬,在公共场所随地吐痰、乱扔垃圾、乱闯红灯、上下车乱挤、遇到妇孺不让座等,多源于日常生活中不讲礼仪、不懂文明、不守秩序而形成的陋习。要改变这些不良习惯,必须从讲礼仪做起。通过以立法确定礼仪的权威,以教育掌握礼仪的精神实质和基本的礼仪知识,使公民知道话该怎么说,事该怎么做,在不同的时间、地点、场合,举手投足都要遵守相应的礼仪规范。这样就会逐渐改掉陋习,让文明习惯成自然,从而使个人自身的行为素质得到有效的提升。

目前,许多国家的教育界对学生进行礼仪教育的重要性已经达成普遍共识,对下一代进行礼仪教育,从幼年即开始。世人可以通过各种途径看到诸如美国、日本、韩国、新加坡等国家礼仪教育的成果。我们先来看看一些国家在礼仪教育中的经验。

新加坡将礼仪教育作为"治国之纲"。20 世纪 70 年代后期,伴随经济的飞速发展,新加坡人出现道德危机。当时的李光耀总理及时提出,要把国家建设成为一个"富而有礼"的国家。20 世纪 80 年代初,新加坡进一步把"仁、智、勇、义、礼、信"确定为中学儒家伦理课的重要内容,把"忠、孝、仁、爱、礼、义、廉、耻"作为政府必须贯彻的"治国之纲"。新加坡把仁义道德、礼仪礼貌教育作为"治国之纲",那就不难想象,在整个教育期的礼仪修养教育是何等重要。直至今天,可以看到这个国家对礼仪修养的重视程度以及自身文明程度的高度。

美国指出要牢记"三个 C",即关心(caring)、同情(compassion)、体贴(consideration)。美国是一个开放的国家,国家历史虽然不长,但国民的综合修养程度是有目共睹的。美国孩子从初入学校开始,就开始接受社交技艺和常规礼节的教育,如用力地与对方握手,直视对方的眼睛,微笑着说一些好听的话或礼貌用语等。美国人尤其注重培养孩子公共场合的文明礼貌,要求孩子讲究礼节,不穿着背心、短裤、拖鞋出入公共场所,衣着整洁,身无异味。无论任何时候,接受他人服务时,都要说声"谢谢",否则会被视为无礼。不随便露出令人误解的微笑,不在排队时插队,不乱丢垃圾,不勾肩搭背行走等。

　　韩国人认为礼仪学习要自幼年的问候学习开始。无论在银行,还是在医院、百货商店,都能听到韩国人亲切的问候。韩国人教育孩子,在问候别人时一定会先鞠躬,至少也要上身倾一倾,然后才是面带微笑地问候。韩国孩子的礼仪教育,很小就开始进行。在孩子刚会说话时,礼貌教育就渗透在日常生活中。例如,大人给孩子东西时,孩子一定要双手接过,鞠躬道谢。进入学校,见到教师必须鞠躬问候。当家长离开时,教师还会要求孩子向家长鞠躬道再见。教师教育儿童见到邻居、熟人,要主动上前鞠躬问候。这种人与人的默契和尊重,让人们看到了韩国国民的团结和国家的进步,对韩国的国家素养、国民素质的树立和宣扬,起到了积极的作用。

　　日本人从小学习礼仪。自幼儿园早期教育开始,第一课就是学习尊敬父兄。孩子要给父亲鞠躬,弟弟要给哥哥鞠躬。一个日本人必须懂得在哪种场合该行哪种礼,而且从孩提时就得学习。学校会规范地教授孩子学习礼仪,如告诉孩子以性别、辈分以及长嗣等为基础的等级制,这也是日本家庭礼仪的核心。不论在家中或餐馆内,就餐座位都有等级、长幼区别,孩子在吃饭前必须说一声"那就不客气了"等。

　　在礼仪教育越来越被教育界关注的今天,各地的教育体系也一直在做礼仪早期教育的尝试和探讨,也意识到礼仪早期教育的重要性。但礼仪教育始终没有被正式教育系统地开发和实施,也未被列入九年义务制教育体系中去。因此,礼仪教育缺少系统化和正规化,礼仪教育的目的性、科学性不够;礼仪教育缺乏理论的指导、操作的方法和训练的手段,与学生实际、社会实际距离较远,效果不理想;礼仪教育未能成为学历教育的组成部分,随机性强,持续性差。

　　为此,我们应该在现有的教育体系中,研究开发中小学礼仪教育正规课程,并列入九年制义务教育中去。教材内容要丰富且实用,涵盖中华民族道德水准和礼仪的综合理念,制定中小学生生活礼仪的行为准则。既要让学生学习中华民族的传统美德,又在学生仪表形象、言行举止、文明习惯、精神面貌等都有所涉及。根据学生的年龄特点,语言风格的不同,道德规范的要求也由低到高,加强课程的可操作性。并且以此为基础,切实提高德育的实效性。力求在一定程度上改变当前中小学生道德教育的现状,提高中小学生的文明素养,为提高国民素质、构建和谐社会,构建坚实的基础。

同时,礼仪教育课程要阶梯化:小学一至二年级以示范、启蒙为主。教育目的是树样板,立规矩。教材可以以诗歌形式编写,文字浅显易懂,容易掌握。小学三至四年级以明事理、导言行为主。教育目的是明辨是非,指导行动,课程教材可以以故事会、课本剧为课型。五至六年级以养成、提升为主。教育目的是养成习惯,优化素质,付诸实践,教材安排可以以互动课为主要课型。初中阶段以明理导行为主,教育目的是明辨事理,激励感悟,强化素质,指导实践,教材内容以"爱的教育"为主线,引导学生知情达理,学会爱祖国、爱亲人、尊师长、亲友朋,进而升华到珍爱个人青春年华,探索个人性格完善,引导学生走向成功,激发学生有所作为。

另外,礼仪课程纳入学历教育的考核范围。规定教学内容的同时,对课时课程建立相应的标准和要求,建立起相关的考核标准,并且成为升学的考核标准,也是今后就业、诚信的一项素质标准。

四、有助于弥补礼仪失范的现象

中国素以礼仪之邦闻名于世。尊老爱幼、讲究礼让、待人以诚、相互理解、礼貌待客、尊重妇女、维护民族尊严等,这些都是我们的优良传统。但在现实生活中,也存在着诸多礼仪失范的现象。

　　在社会生活中，一些人行为举止缺乏个人修养。在公共场所举止不文明，随地吐痰，乱扔废弃物；在阅览室、音乐厅等需要保持安静的公共场所大声交谈；在社交活动中，言语粗俗，动作粗鲁，不仅使别人受到侮辱，同时也贬低了自己的人格；不遵守公共秩序，交通违规，车辆不按道行驶，行人乱穿马路；购物不排队，乘车争先恐后，乱拥乱挤；社会交往中信用缺失，不遵守契约，言而无信，言过其实。

　　在公众服务领域，存在礼仪缺失现象。一些从事社会服务行业的人员对顾客态度生硬，对顾客不使用基本的礼貌用语，缺乏应有的热情；也有的服务人员态度过于热情，不考虑顾客的实际需要，向顾客一味地推销产品或服务，使顾客处于两难境地；有些服务人员不注意着装的整洁卫生，满身油污，使服务对象产生反感。在政府机关工作环境，礼仪服务意识薄弱。有些公务员在正式公务场所不注重仪表，衣着随便，不修边幅，或不分场合，当众修饰整理仪容；有的公务员在工作中，对服务对象不认真接待，语言不礼貌，"脸难看、话难听、事难办"。在涉外服务工作中，一些人不尊重对方隐私，询问其个人秘密，打探其不愿公开的私人事宜，如收入支出、个人状况及信仰政见等；在参与外事活动时，不讲究自尊自爱，表现得畏惧自卑，丧失了国格和民族尊严。

　　生活礼仪是家庭美德的具体形式，是人们在日常生活中应该遵循的行为规范。可是，不赡养公婆，虐待儿童，邻里不和的现象比比皆是。

第三节　礼仪的浸润与核心价值观的培育

　　中华民族有着悠久的历史，被称为"礼仪之邦"。无论在礼乐制度上，还是在典章上都非常兴盛。随着礼乐制度的兴废沿革，中国人民世代浸润在悠远绵长的礼仪中，甚至侵润到方方面面，对人们的价值观、言行思想等有着重要影响。

一、礼仪与爱国情怀的激发

(一)礼仪与国家

古人认为,包括典章制度仪式程序在内的礼,对于国家和人民是非常重要的。《礼记·经解》说:"礼之于正国也,犹衡之于轻重也,绳墨之于曲直也,规矩之于方圆也。"故《礼记·礼运》说:"故唯圣人为知礼之不可以已也。故坏国、丧家、亡人,必先去其礼。"

礼不能停止、罢休。那些败坏国家的君主、丧失封邑的大夫、有亡身之祸的人,一定是因为他们先远离了礼仪。反过来,也可以这样理解,要想使对方"坏国、丧家、亡人",必先破坏他们的礼仪。礼仪成了支撑一个民族生存的灵魂。

(二)礼仪的激励

因为在人民心目中,国家的观念,除了江山家园外,还有世代相传的礼仪文化。华夏的礼仪制度、典章程序是国家形象的化身。当人们遭受异族入侵或身陷异域时,连重睹"汉官仪""中华衣冠""中原旌旗",都为再见故国而感动得热泪盈眶,而人们就在"汉官礼仪"世代陶冶中深化了国家观念。

(三)新时期礼仪与爱国主义

新中国成立后,以全新面貌出现的礼仪更有效地发挥了这方面的职能。

中华人民共和国国旗五星红旗和中华人民共和国国歌《义勇军进行曲》是中华人民共和国的象征,在雄壮的国歌声中的庄严升旗仪式最能激发人们的爱国主义情感。当毛泽东主席升起新中国第一面五星红旗,并宣布中华人民共和国中央人民政府成立的时候,当五星红旗在万众瞩目中分别在联合国总部、奥运会、亚运会……升起的时候，人们感到的是中国的崛起与腾飞。当初升的朝阳照射在冰山哨所、茫茫海洋中的船舰、异国他乡的我国领事馆……升起的国旗时，他们能感到背后是强大的祖国。

新中国的阅兵大典和群众游行展示工农科技成就的花车，让人们沉浸在祖国强大和富强繁荣的激情中。当轰鸣的战车、耸天的导弹、铿锵的步伐、各行业成果的花车走过来的时候，当在各种交易会、展览会的开幕式上面对百货琳琅、万国衣冠的时候，那种祖国富强、繁荣、昌盛和爱国主义的情感便会油然而生。

爱国主义价值观的形成使人们自觉地为中国特色社会主义事业贡献自己的力量，勤勤恳恳，尽职敬业。一些礼仪如青年技工技术竞赛、全国劳动模范表彰会、五一劳动奖章颁奖仪式等，也对人们的敬业精神产生了积极的影响。

全国人民代表大会是我国最高的权力机构，各级人大代表按照法定的礼仪和程序，在各级人大会议中代表全国人民行使权力。广大人民则通过广播、电视、互联网、报刊等媒体观看自己民主权利的实施，而人大会议的礼仪很好地保障了这一权利的运用。

礼仪深切地影响了富强、民主、爱国、敬业等核心价值观的形成。

二、礼仪与文明素质的养成

(一)文明之国、礼仪之邦

中国之所以被称为"礼仪之邦"，不仅是因为它有典章制度，还有就是因为中国人在待人接物上有很高的素养。在古人看来，文明素养是人与禽兽区别的重要表现，而要获得文明素养，就必然需要礼仪的规制。

礼，教人文明，使人脱离与自别于禽兽，亦即使不文明的行为得到控制。习俗是约定俗成的，"圣人因俗以制礼"，礼是俗的提升与集中,二者从不同的层面指导人们的行为。在长期实践中,这些行为形成定势和习惯,并自觉地适应它。因而,凡符合礼或俗的准则的,便认为是文明的;凡不符合礼或俗准则的,便被认为是不文明的。所以,礼既是检验文明的标准,又是培育文明的摇篮。

(二)当代礼仪与当代文明

古代中的家训、女范、学规、乡约诸书等,对人们产生了深刻影响。新中国成立之后,一大批文明礼貌修养读物的出版以及"五讲四美"等活动的开展极大地影响了人们无产阶级世界观和审美观的形成。最近网上流传一个题为《你可能不知道的中国老规矩》,内容简列如下。

(1)筷子不许立插米饭中,因为象征着香炉。

(2)不能用筷子敲盘碗,有乞丐之嫌。

(3)客人添饭时一定不能说"还要饭吗?"

(4)敲门应该先敲一下,再连敲两下,急促拍门属于报丧。

(5)吃饭坐哪就不能再换,端着碗满处跑那是要饭的。

(6)全家人围坐用餐,大人不动(筷)孩子不能动。

(7)长辈坐正中,其他人依次而坐,一般来说夫妻要挨着。

(8)有的孩子得宠,可以挨着老人,但座椅不可高于长辈。

(9)喝汤不许吸溜,吃饭不许吧嗒嘴,要闭上嘴咀嚼。

(10)吃饭时,手要扶碗,绝不许一只手在桌下。

(11)不许叉腿待着,不许咋咋呼呼,不许斜着眼看人,不许抖腿。

(12)递剪子时,要手攥剪子尖儿,把剪刀柄让给对方。

所谓"老规矩",就是世代传承下的传统礼仪化成的现代文明。但是,在几千年礼仪滋润下仍具有生命力的"老规矩"何止这区区十二条!信手拈来,随处可见。尊敬师长,孝敬父母,爱护幼小……此其大者,一些细节,如人车出行,右侧通行;出门入户,老者先行,女士优先;登阶迈坎,搀扶长者;乘公共车,给老病孕妇让座;酒席宴上,先向长者布菜敬酒;席位则长者上位,少者居陪;敬酒先干为敬,散席后出为礼;购物办事自觉排队,乘车乘船按序上下;待人接物热情真诚,与人谈话谦和得体;初次握手,女士轻握指部,男士实握并摇;对明星,女性慎问年龄,男性慎问婚姻。

三、礼仪与和谐观念的形成

(一)礼之用,和为贵

中与和在中国传统文化中既是哲学中的一个重要命题,也是思想行为的最高境界,又是礼仪所遵循的普遍原则。《中庸》(朱熹集注)说:"喜怒哀乐之未发谓之中,发而皆中节谓之和。中也者,天下之大本也;和也者,天下之达道也。致中和,天地位焉,万物育焉。"中节,符合规矩。和,恰当、融洽。"致中和"是中和的极至境界。所以,和就成了礼仪所追求的目标。

制定和使用礼时,一定要照顾各个方面的利益,处理好各方面的关系,要恰到好处,故杨伯峻注引杨树达《论语疏证》之说:"事之中节者皆谓之和……乐调谓之龢,味调谓之盉,事之调适者谓之和,其义一也。和今言适合,言恰当,言恰到好处。"此句中的"调"即调和。礼使各方面关系和谐相处,各种礼仪场面也就和谐自然,故朱熹集注说:"和者,从容不迫之意。"杨注、朱注分别着眼于内外,实质一样。

礼的最终目的是调节社会矛盾,创造和谐的人际关系和和谐的社会,以保证国家的长治久安。

(二)礼仪与和谐

1. 制定行为规范,使社会有序运行

从宏观上说,用礼事鬼神、辨地位、别亲疏,并用具体的礼仪

指导他们的行为,《礼记·经解》:"故朝觐之礼,所以明君臣之义也;聘问之礼,所以使诸侯相尊敬也;丧祭之礼,所以明臣子之恩也;乡饮酒之礼,所以明长幼之序也;昏姻之礼,所以明男女之别也。夫礼,禁乱之所由生,犹坊止水之所自来也……故礼之教化也微,其止邪也于未形,使人日徙善远罪而不自知也,是以先王隆之也。"按照这些礼仪,国家的政事、外交、祭祀、婚丧等行为,有序地进行,总体上处于和谐状态。

从微观上说,礼也规定了人们的生活细节,指导人们有序地行动,《礼记·仲尼燕居》:"礼之所兴,众之所治也。礼之所废,众之所乱也。目巧之室,则有奥阼,席则有上下,车则有左右,行则有随,立则有序,古之义也。室而无奥阼;则乱于堂室也;席而无上下,则乱于席上也;车而无左右,则乱于车也;行而无随,则乱于涂也;立而无序,则乱于位也。昔圣帝、明王、诸侯,辨贵贱、长幼、远近、男女、外内,莫敢相逾越,皆由此涂出也。"即使简易之屋也要规定有尊者之位,座席也要讲究以何方为上,乘车也要以尊者居左,出行也要以年岁为序相随,站立时贵贱长幼各有站处……人们只要循规蹈矩,社会就会井然有序、和谐不乱。

2. 新中国的礼制法规使和谐观念升华

不同时代的不同礼仪影响不同时代人们的不同价值观。新中国成立后,以《共同纲领》为临时宪法,规定我国是以工人阶级为领导,以工农联盟为基础,团结小资产阶级、民族资产阶级的人民民主专政的国家。代表了新民主主义革命时期"人民"范畴内的四个阶级的政治利益,理顺了它们的政治关系和政治地位,使国家各族人民出现大团结的和谐局面。社会主义时期的《中华人民共和国公务员法》《中华人民共和国刑法》《中华人民共和国治安处罚条例》等一系列法规条例以及各地众多的公约、乡规,使传统道德有了质的飞跃。人们根据礼制来决定该做什么、不该做什么,对自己的行为进行规范,从而保证社会的和谐进步。

四、礼仪与诚信品德的养成

(一)礼仪与诚信

诚信是中华民族的传统美德。古人对于诚信是非常推崇的,因为从小的方面来说,诚信可以安身立命;从大的方面来说,诚信可以取信于民,加强统治地位。因此,诚信可以立国安邦。

忠信是礼的精神基础,义理是礼的繁盛形式。没有忠信的精神基础,礼就不能确立;没有繁盛的形式,礼也不会顺利施行。在古代文献中,忠信常常并用。信为诚实,忠是尽心竭力,尽职尽责。对国家尽职尽责,则谓忠于国家;对某人尽心竭力,则谓忠于某人。忠又常与敬并用,敬者,严肃认真,对事业严肃认真,古曰敬事,今称敬业。讲诚信者,对所从事之业,亦必严肃认真,故忠、信、敬,其义相近;于道德修养,也是相通的,往往相提并论。

(二)当代礼仪与诚信、敬业观念

作为中华民族的传统美德,经过世世代代的传承,诚信观念已经深深印刻在人们的价值取向中,并不断发展。在新时代,诚信的外在表现是"重言诺"。

首先,表现在新中国的国际交往、礼仪往来以诚信为本。新中国成立后,党和国家第一代领导集体就提出"和平共处五项原则",并严格遵守。对于签订的各项条约,中国始终坚守自己的责任,即便是处于经济困难时期,也要如期偿还外债。甚至,周恩来总理一再强调"言必信,行必果!"现代以习近平同志为总书记的党中央则一再申明中国在国际事务中是负责任的大国,赢得了国际赞赏和信誉,从而也影响与坚定了全国人民的诚信信念。

其次,是国家政策的一贯性。在传统文化中,国家的典章制度和法令章程是礼仪的重要组成部分。新中国成立后,颁布的许多政规法令与条例都具有连贯性,每项条例措施都有可操作的运作程序,这些运作程序构成了新的礼仪规范。人们在这些礼仪规范中感受到诚信的可贵,受到诚信的熏陶,培养了诚信的美好情操。

第四节 礼仪教育对推动科学发展的重要性

一个民族要想站在科学的高峰,就一刻也不能离开理论的创新与实践。"礼仪"从广义上讲,指的是一个时代的典章制度;从狭义上讲,指的是人们在社会交往中由于受历史传统、风俗习惯和时代潮流等因素的影响而形成,并为人们所认同又为人们所遵守,以建立和谐关系为目的的各种符合礼的精神及要求的行为或规范的总和。本节就来分析礼仪教育对推动科学发展的重要意义。

一、党员干部塑造良好公众形象的必要手段

提高礼仪修养是党员干部塑造良好的公众形象的必要手段。国家行政人员的礼仪素养是机关部门精神与文化的重要表现,是部门形象的附着点,是获得社会认同的关键层面。对礼仪的追求,不断提升执政者的礼仪修养,有助于塑造自身的良好形象,解决各方的矛盾,加强机关内部、人民群众以及与其他国家的关系,从而加强国家的凝聚力。可见,讲究礼仪不仅仅是精神文明问题,它在市场经济中作为一种手段,可以直接促进经济的发展。从这一角度讲,提高礼仪修养是促进社会主义市场经济快速发展的有效手段。

二、扩大开放、加强国际交往的必然要求

提高礼仪修养是扩大开放、加强国际交往的必然要求。深入

贯彻落实科学发展观要求我们不断扩大对外开放,加强国与国之间的合作与交流,将改革开放作为促进经济发展的动力,提升我国的综合国力与国际竞争力。随着全球经济一体化的发展,中国面临着前所未有的发展机遇,在日益加强的合作与交流中,不仅有各国来访问的、旅游的,还有走出国门开展合作与交流的,因此讲究礼仪有着非常重要的作用。提高礼仪修养是扩大开放的需求,是时代的需求,也是适应新形势的需要。

三、构建社会主义和谐社会的有力推手

提高礼仪修养是构建社会主义和谐社会的有力推手。落实科学发展观的核心是以人为本,基本要求是全面协调可持续发展。要求我们把构建社会主义和谐社会作为重大战略任务,进一步形成社会主义经济建设、政治建设、文化建设、社会建设"四位一体"的总体布局。

人与人之间能够和谐的交流与合作是离不开礼仪行为的。就交际角度而言,礼仪可以说是人际交往中的一门艺术,是人际交往中对他人友好、表示尊重的做法。孔子提倡和实践了礼仪的一些内容,如敬老尊贤、礼貌待人、礼贤下士等,并且这些内容成为中华文化的瑰宝,其对于人们养成良好的礼仪习惯、提升自身的修养非常重要,也有助于构建社会主义和谐社会。

四、落实科学发展观的重要表现

在以科学发展观为指导,全面提高党员干部的礼仪修养问题上,要做到三点。

第一,加强形象礼仪修养,做政府机关的形象人。党员干部是国家公务人员,在国家机关公共岗位,代表的是政府机关的形象,其形象是否端庄,举止是否稳妥,不仅关系政府机关的整体形象,而且会对待人接物、协调工作带来直接影响。因此,作为国家

公务人员,要紧紧围绕科学发展观"以人为本"的核心理念,本着体现全心全意为人民服务的根本宗旨和立党为公、执政为民的本质要求,始终把实现好、维护好、发展好最广大人民群众的根本利益作为一切工作的出发点与落脚点,全面加强包括着装、妆装、仪容、举止、交谈等方面内容的形象礼仪修养,既保持亲切、质朴人民公仆形象,又体现严肃、向上、具有时代特色的政府工作人员形象。

第二,规范行政礼仪行为,提高机关行政效能。科学发展观的第一要义是发展,作为服务型政府,为发展创造一个良好的环境是工作的第一目标。这要求政府行政机关必须不断完善与规范内部工作制度,理顺工作程序,不断提高机关行政效能。这其中,涉及办公、会议、谈判、调研、信访、慰问等一系列具体工作,这样就需求国家公务人员通过加强学习,按照科学的工作程序,不断规范在这些具体工作的礼仪行为,使机关政务工作规范、有序运行,创建一个有序、高效、文明的政府工作环境,提高机关工作效能,更有效地为发展经济、改善民生服务。

第三,用科学发展观修正人生观,提高道德修养。科学发展观是马克思主义世界观和方法论的集中体现。学习领会科学发展观,让科学发展观入心、入脑,必须从思想深处接纳科学发展观,使科学发展观融化人生观中去。发展观与人生观有着内在的联系。科学发展观是正确人生观的反映和逻辑必然;科学发展观的提出有助于党员个体在实践中校正自己的人生观,以正确的人生观进一步深刻领会和把握科学发展观的内涵,从而提高贯彻落实科学发展观的自觉性和坚定性,使科学发展观真正落到实处。发展观是关于发展问题的总的看法,有什么样的发展观,就有什么样的发展道路、发展模式和发展战略。人生观是关于人生目的、人生意义、人生道路的根本观点。有什么样的人生观,就有什么样的人生目标、人生追求。一个只为自己活着、碌碌无为虚度年华的人,不可能建立科学的发展观,也不可能理解科学发展观的深刻内涵,自然更谈不上落实科学发展观了。科学发展观的提出，进一步为党员干部个体进行人生观的校正提供了基本遵循和更高要求。我们要按照科学发展观的要求，在实践中自觉加强人生观的改造，切实树立起正确的人生观，进一步打牢落实科学发展观的思想基础，做好落实科学发展观的各项工作。

科学发展观的核心是"以人为本"。胡锦涛同志明确指出："坚持以人为本，就是要以实现人的全面发展为目标，从人民群众的根本利益出发谋发展、促发展，不断满足人民群众日益增长的物质文化需要，切实保障人民群众的经济、政治和文化权益，让发展的成果惠及全体人民。"这就清楚地告诉我们，科学发展观就是最大限度地为人民谋利益的发展观。只有贯彻科学发展观，才能把为人民服务的宗旨与人民群众得实惠的效果协调起来，才能防止"好心办坏事"的情况发生，才能正确把握党员干部手中评价的基准点，最大限度地发挥领导的作用。贯彻科学发展观能够具体地把我们党全心全意为人民服务的宗旨落到实处，能够最大限度地实现我们党员干部人的价值，也使得我们树立正确的人生观有了更加明确的方向。

当然，落实科学发展观应与思想解放紧密相连。思想解放首要的问题是解决领导干部的思想认识问题和作风问题，而科学发展观在现实中的落实，是对广大党员干部的一种普遍要求。要使科学发展观得到深入贯彻，就必须使科学发展观普遍深入人心，成为广大党员干部的一种自觉认识和行动。就这一点来说，提高广大党员干部的礼仪道德修养就成了一种更为广泛和更为普遍的要求。"不学礼，无以立"这是2 000多年前孔子留下一句话，也是我们现代人做人的一个基本常识。作为一名新时期的党员干部，加强礼仪修养，树立良好的公众形象，是落实科学发展观，不断提高执政能力的必然要求。

第九章 诗礼之家,薪火相传——
传统礼仪与现代礼仪

中国传统礼仪是中华民族文明的标志,影响了上下五千年。不同时期,礼仪也发生一定变化,所以现代礼仪与传统礼仪出现了一定差异。然而,现代礼仪再变化也不可能完全摒弃传统礼仪。也就是说,二者也存在一定联系。

第一节 传统礼仪与现代礼仪的
区别与联系

随着历史的变迁,礼仪也随之发生了巨大变化,所以中国的传统礼仪与现代礼仪存在一定区别,但也有着不可割舍的联系。

一、传统礼仪与现代礼仪的区别

(一)二者的含义不同

1. 古代的礼仪

在中国古代,礼、仪是分开的。古代汉语中的"礼"有三种含义。第一种含义是指我国奴隶社会和封建社会中的等级制度,以及与其相适应的一整套礼节仪式。例如,《礼记·曲礼上》就有:"礼不下庶人,刑不上大夫",其说明我国古代的"礼"有着严格的阶级区分。第二种含义是表示尊敬和礼貌。例如，《左传·襄公二十二年》曰："执事不礼于寡君"，说的是晋国国君不尊重郑国国君。第三种含义是表示赠送的物品。例如，《晋书·陆纳传》记载："及受礼，唯酒一斗，鹿肉一样"。

然而，"仪"的解释只有两种。其一是指容貌和外表，如《晋书·温乔传》中有"风仪秀整，美于谈论"。其二是指礼节和仪式，如《晋书·谢安传》中有"诏府中备凶仪"（"凶仪"即丧事仪式）。

《诗经》中有："礼仪卒度，笑语卒获"，其要说明的是祭祀礼仪尽合乎法度，笑语尽得其节制。

对于"礼"，我国古代不少思想家都做过专门的论述。例如，孔子曰："礼者何？即事之治也。君子有其事，必有其治。"又曰："礼者，人道之极也。"荀子云："礼者，节之准也。"管子曰："礼者，因人之情，象义之理，而为之节乐者也。"

综上所述可知，古代的礼仪有多种解释，但总体来说有两种：一是由官方专门规定并要求人们遵守执行的涉及政治、经济、文化、军事等制度在内的典章制度；二是社会公众在长期的社会交往过程中自发形成的做人的道德、行为准则以及各种正式的仪式。

2. 现代的礼仪

实际上，礼仪的含义不是始终不变的，而是会随着时间的流逝而有一定变化。就现代礼仪来说，其为统治阶级服务的主要功能逐渐弱化，而人际交往的功能却有所增加，因此其内涵也发生了明显变化。如今，由礼仪发展的规律及其本身的作用可以看出，它已经成了人们在社会人际交往、沟通中约定俗成的律己、敬人的一种行为规范和准则。

（二）家族本位与个人本位

众所周知，传统社会的中国人都注重以家族为本位，认为作为家族中的一员，做任何事情时都应该以家族的利益为根本。人们始终认为,家是组成国的基本单位,国则是家的放大,正所谓"家天下"。因此,任何人的人际关系最终都能归结为家族关系中。因为家族观念衍生的人伦亲情催生了很多道德伦理规范。

近年来,因为中国加快了改革开放的步伐,西方礼仪也趁机传入中国,使得部分中国人的观念也发生了变化,个人本位的观念占据主导地位。这些人认为每个人都是独立的个体,不需要依靠任何人而存在。个人本位的观念强调个人至上、个性自由,反对损害个人尊严,要求尊重个人的隐私,维护人格自尊。

(三)重视身份与追求平等

"份"即身份,其也是中国的一种礼仪。在中国古代,人们认同"贵贱有等,长幼有序,贫富轻重皆有称"(《荀子·礼论》)这种思想。另外,在中国传统社会的家庭中,男女分工明确、地位分明,即男主外、女主内,"男女有尊卑之序,夫妇有唱随之礼"(男尊女卑,夫唱妻随),妇女始终处于从属的地位。然而在现代社会中,人们开始追求男女平等,其不仅体现在交际场合中的男女平等,反对性别歧视,还体现在尊重妇女、关心妇女、体谅妇女、帮助妇女、保护妇女等礼仪上。如今,虽然偶尔也会出现歧视妇女、虐待妇女的事件,但总体上,妇女在社会中的地位有了明显提升,女性的尊严得到了保护。

(四)崇尚礼仪与法律至上

对于政治功能,中国礼仪的这种特征极为明显,并且达到了无法复加的高度。在传统社会中,儒家倡导的德主刑辅、先德后刑的礼治主义深受统治阶级的青睐。因此,将礼仪置于法律之上或者礼仪中包含法的成分已经成了很平常的事情。

在现代社会中,虽然礼仪的社会功能也受到人们的重视,但法律本身的效用更是无可替代的。也就是说,在当今时代,人们更注重法律至上。在一国范围内,法律是有着最高地位的、享有最高权威的、具有最高效力的,任何社会主体都要遵守法律,依法办事。

二、传统礼仪与现代礼仪的联系

中国的礼仪文化是在本民族固有文化的基础上继承、发展而来的,也是我国各个民族传统文化的重要组成部分。换句话说,脱离了对本民族传统礼仪的传承、扬弃就无法形成适应社会发展的、又独具本民族特色的礼仪文化和礼仪规范。不同民族的礼仪作为其民族文化的积淀,是不会因为历史的变迁、社会制度的变革而走向消亡的。对于传统礼仪的文化遗产,我们应该坚持的态度是:不应当食古不化,不加选择,全盘照用,也不可全盘否定,而应该有扬弃、有继承。

实际上,中国古代的礼仪文化极为丰富,其中也有许多可借鉴和传承的地方,如"礼主和"的精神、包容之礼、待客之道等。又如,中国传统伦理道德提倡的公忠、正义、仁爱、中和、诚信、礼让、敬老、尊师、自强、持节、明志、知耻、节制、廉洁、勤俭等基本的道德规范,虽然受当时特殊的历史条件及制度的限制,存在一定的局限性,但基本内涵仍具有现实意义。社会主义的道德应建立在对民族传统道德的批判继承上,应该将我国的优秀文化与传统美德集中起来,并且赋予新的时代内容,形成社会主义精神文明中具有中国特色的价值观、道德观和行为准则。

总之,我国在继承中国传统礼仪文化时应该坚持批判继承的态度,抛弃其封建糟粕,吸收其中的精华,形成既符合国际惯例,体现现代礼仪精神,又具有中国特色的现代礼仪文化。

第二节 中国礼仪的现状与走向

中国古代礼仪思想内容极为丰富,其既涵盖交友之道、修身之本,又涉及执政之道、立国之本。可见,礼仪文化是中国传统文化的重要组成部分。

对于一个人而言,可以集中反映其思想道德水平、文化修养、交际能力的就是礼仪；对于一个国家或一个民族来说，揭示其社会风貌、道德水准、文明程度、文化特色和公民素质的标志也是礼仪。当今时代，我国提倡构建和谐社会，这与我国从古至今都讲究礼仪教育有着直接关系。在将礼仪道德观付诸实践的过程中，我国应该批判地继承和弘扬古代礼仪思想，汲取合理的、有益的内容，同时要与时俱进地赋予其新的内涵，对于提升国民礼仪修养，努力塑造讲求文明礼仪的社会风气，形成人人都讲究文明礼仪、谦逊有礼、祥和融洽的美好社会有重要意义。反过来说，一个有着良好秩序及和谐人际关系的社会，其社会成员必定是有着良好礼仪修养的。

从当前我国的国民礼仪素质的表现可以看出，仍然存在一些不尽如人意的地方。随着改革开放的不断深入，市场经济的建立和发展为社会带来了无限的生机和活力，也使很多传统的思想观念受到了"新思潮"的挑战，价值观呈现多元化的发展态势。在人们的工作和生活中，经常会出现不知礼、不守礼、不文明、不和谐等现象，一些青少年严重缺失文明礼仪，他们"知书"而不"达礼"。这些缺乏礼仪的人说明其也缺乏对传统文明礼仪的认知，缺少公共文明的意识，缺少谦敬的意识。因此，要想切实提高国民思想道德的修养，就要注重素质教育、加强文明礼仪的培养。

中国人在礼仪上的缺失、行为上的失范，主要源于以下几个因素。

（1）传统的礼仪文化扬弃失当。上文提到，礼仪文明是中华民族的传统美德，也是中国传统文化的重要组成部分，其应该与时代要求的新的道德观念相融合，并且要成为我国公民道德建设发展的主流，从而对中国社会历史的发展产生一定影响。然而，在当今社会中的某些领域和地区仍然偶尔发生礼仪失范的问题，其主要原因是人们把"礼"片面地解释为体现等级秩序的"威仪"，"礼"被看成一种形式，而忽视其本义和蕴藏的丰厚思想。"忠信，礼之本也；义理，礼之文也。无本不立，无文不行。"所以，"礼"还涉及"忠信""义理"的意思，这些思想在现实生活中可以很好地调节人与人之间的关系，形成良好的社会氛围。然而，近年来有人认为中国的落后正是因为以"礼"为核心的中华传统文化的过于保守，对此还引发了批判旧文化的运动。这种对封建旧文化的批判使得新文化的民主科学精神深入人心，尽管其出发点是好的，但对传统文化"弃"之过激而"扬"之不足，使得社会在很长一段时间都不重视中华礼仪文化，出现了现代文化与传统文化之间的断裂，从而出现了道德滑坡，社会成员的整体素质也有所下降，最终导致礼仪文化离我们渐行渐远。

（2）外来礼仪文化的冲击。礼仪属于一种文化。在纵向上，文化是可以传承的；在横向上，文化则是可以借鉴与融合的。当然，不同国家的文化在一定程度上也可以互相融合，但一般是一种冲突和对立的关系。不同国家文化体系中的价值观念有所不同，所以他们会按照自己的方式、从自己的利益出发去解释各自的文化，于是就会产生文化冲突。近年来，随着经济全球化进程的加快，经济、文化高速碰撞融合，许多西方文化涌入中国，中国部分传统礼仪遭到了西方礼仪文化的冲击，使得我国的很多传统礼仪失去了原有的地位。因为一些年轻人对中国传统文化的了解和接受不够，反而对外来文化有更大的兴趣，积极迎合并很快适应，甚至盲从地跟风西方文化，对西方礼仪趋之若鹜，大大忽视了中华民族的传统礼仪。从文化与民族的关系看，一个民族最具代表性的东西就是礼仪。中西方文化交流中的一个重要部分就是借鉴西方礼仪的精华，但是如果失去了民族的自尊，那么就会淹没本民族的传统礼仪。

（3）经济整体发展水平还相对较低。社会文化发展的程度主要是由经济所决定的，而中国快速发展的经济在给人们带来物质财富的同时，却没能给人们带来相应的精神安慰和提升。中国工业文明的发展给中国带来了"物质至上"和"精神失落"。目前，我国的社会文化价值和伦理价值遭受了市场经济大潮的猛烈冲击，正处于从无序到有序重新构建的过程中，伦理和道德方面也出现紊乱。

(4)市场经济特性的掣肘。实际上,中国的市场经济源于西方,我国的儒家文化原本并不是最适合市场经济发展的土壤,所以如今要将儒家传统的诚信体系移植到市场经济中,就总是困难重重。在此过程中,就容易产生假冒产品、虚假广告、坑蒙拐骗等问题。

(5)高校不重视礼仪教育。如今,不少高校并不重视对学生的礼仪教育,其主要有如下两个原因。

其一,高校忽视了一个问题,即礼仪与自由的契合点。在如今这个充满个性的新时代,过多的"繁文缛节"总会让人感到碍手碍脚,会感觉自己受到限制,所以容易错误地将礼仪与自由对立起来。然而,在充满自由气氛的高校中,教师也会认为礼仪教育对学生是一种干涉,学生也就认为礼仪教育是一种负担。

其二,德育教育成了意识形态和道德理想的宣传。当一个大学新生要开始过上相对独立的学习和生活时,就告别了高中时代教师和家长的"看管"。与此同时,刚刚从紧张繁重的高中学习走出来,未来的大学学习压力相对会轻松很多,所以对自己在各方面的要求也会有所松懈。到了大学,学生开始不再安于以往的苦读和封闭的校园生活,他们有更多的时间和精力通过更多渠道去感受"外面精彩的世界"。此时高校的教育管理部门也没有对礼仪教育给予足够重视,使得学生或多或少地出现了礼仪缺失的问题。

素质教育中的一个重要内容就是礼仪教育。同样,社会文明的进步也离不开礼仪教育。如今,我们的礼仪教育趋于概念化,更多的是强调外在形式,却忽视了礼仪修养的本质。因此,要加强礼仪教育,就应该从品德修养和文化素质教育入手,摒弃传统的灌输式教育方法以及口号式、概念化的宣扬,要将其放到具体的实践中。在倡导国民学习文明礼仪知识的同时,应该引导他们将礼仪放在生活中进行体验和感悟,主动去实践,将文明礼仪中的要求内化为个人的修养和行为习惯,让礼仪的他律转化为礼仪的自律,让自我行为规范循序渐进、潜移默化地达到自我灵魂的净化和陶冶情操的目的。在社会现实中,很多人都是有知而不行、明知而故犯,将知与行分离开来,所以有道德认识的人既可能做出符合道德的行为,又可能做出不符合道德的行为。

因此,礼仪教育的本质内容和任务就是知行合一,这也是每个公民应承担的责任。俗话说:"环境育人",意思是说环境对一个人有熏陶作用,所以相关组织可以通过广播、电视、新闻媒体等途径开展礼仪宣传工作,使每个公民都了解中华民族博大精深的礼仪知识,取其精华、去其糟粕,形成良好的礼仪态度,以便更好地服务于现代社会。

中国的传统礼仪与道德有着密切关系,其蕴含着大量的道德规范。加强公民道德建设是构建中国社会主义和谐社会的重要方面。尽管当前我国道德建设的内涵与传统道德的内涵有着本质上的区别,但按照"取其精华、去其糟粕"的原则挖掘传统道德中一些有益的思想和做法,对于加强公民道德建设大有裨益。我国的《公民道德建设实施纲要》将"明礼诚信"作为基本道德规范,将"文明礼貌"作为社会公德的主要内容,它们均要求我们把传统礼仪中的积极因素与现代人们的价值观念、社会实践结合起来,创新公民道德建设形式。当然,更需要利用传统礼仪加强社会公德和职业道德建设。作为社会公德的礼仪,其体现了维护社会公共领域和谐秩序的道德要求,主要是协调社会公共生活中的人际关系;作为职业道德的礼仪,其体现了特定职业的道德要求,主要是协调从业人员与服务对象的关系。我们应充分挖掘传统礼仪中的道德规范,教育广大公民讲礼貌、重礼节,以礼待人;教育各行各业的人要爱岗敬业,尊重服务对象,遵守职业道德,从而在全社会形成良好的道德风尚。

社会主义和谐社会的题中之意就是社会安定有序。约束社会行为、稳定社会秩序都不离开制度。通常,社会制度有两种:正式制度和非正式制度,非正式制度就涉及礼仪。从社会调控的方式来看,正式制度运用强制性的调控方式,而非正式制度则运用非直接强制性的调控方式。礼仪对于社会秩序的调控主要是通过约定俗成的群体规范、文化认同等来实现的,有时这是一种更为有效的调控方式。礼仪注重行为的规范、有序和协调。规范要求人们的行为要符合礼仪规范,有序要求人们的行为要有条不紊地进行,协调则要求人们的行为协调一致,这些均有利于社会形成严格的秩序。在构建社会主义和谐社会的过程中,我们应深入研究传统礼仪对社会秩序的调控作用,高度重视礼仪在实现社会安定有序中的意义,充分发挥礼仪作为社会关系的润滑剂、人际交往的纽带和化解矛盾的手段和作用,不断促进社会和谐。

参考文献

[1]陈晓龙.中国传统文化概论[M].西安:陕西师范大学出版社,2009.

[2]丁广惠.中国传统礼仪考[M].哈尔滨:黑龙江教育出版社,2016.

[3]顾希佳.礼仪与中国文化[M].北京:人民出版社,2001.

[4]郭瑞民.中国的礼仪文化[M].芜湖:安徽师范大学出版社,2012.

[5]刘青,邓代玉.中国礼仪文化[M].北京:时事出版社,2009.

[6]陆明义,牛建军,赵斌.中华传统礼仪文化常识[M].郑州:中州古籍出版社,2014.

[7]梦华.图解国学知识[M].北京:中国华侨出版社,2016.

[8]彭林.中国礼仪要义[M].南京:南京大学出版社,2014.

[9]汤海艳.成人之道:中国传统礼仪及其道德教育功能研究[M].江苏:南京大学出版社,2015.

[10]涂振旗.北大国学课[M].北京:中国经济出版社,2014.

[11]王金玲.图说礼仪[M].重庆:重庆出版社,2008.

[12]王群.礼仪宝典[M].上海:复旦大学出版社,2010.

[13]王新婷,金鸣娟,姚晚霞.中国传统文化概论[M].北京:中国林业出版社,2009.

[14]王璇.中国传统礼仪教育及其现代价值[D].兰州:兰州商学院,2014.

[15]王烨.中国古代礼仪[M].北京:中国商业出版社,2015.

[16]王作楫,王臻,贺艳春.中华传统民俗礼仪[M].北京:气

象出版社,2014.

[17]韦克俭.现代礼仪教程[M].北京:清华大学出版社,2006.

[18]魏雯,许海杰.传世礼仪[M].北京:西苑出版社,2010.

[19]武宏钧.礼仪中国[M].太原:山西教育出版社,2012.

[20]杨春枝.源远流长民族魂:中华文化[M].长春:吉林出版集团有限责任公司,2012.

[21]杨志刚.中国礼仪制度研究[M].上海:华东师范大学出版社,2000.

[22]张兆凯.同气连枝:兄仁弟悌与兄弟相处之道[M].长沙:岳麓书社,2001.

[23]钟敬文.中国礼仪全书(2版)[M].合肥:安徽科学技术出版社,2000.

[24]周博琪.永乐大典:第1册[M].北京:中国戏剧出版社,2008.